그리스 로마 신화
인물사전

신화는 넓고 깊게
문화의 뿌리에 퍼져있다

그리스 로마 신화
인물사전 5 。

박규호 · 성현숙 · 이민수 · 김형민 지음

한국인문고전연구소

차례

ㅇ

그 리 스 로 마 신 화 인 물 사 전

Greek Roman mythology Dictionary

아가멤논 Agamemnon

요약

　미케네의 아트레우스 왕의 아들 아가멤논은 메넬라오스와 형제이다.
그는 메넬라오스의 부인 헬레네가 트로이 왕자 파리스에게 납치되
자 그리스군을 결성하여 아킬레우스와 함께 트로이 전쟁에 나섰다.

기본정보

구분	미케네의 왕
외국어 표기	그리스어: Ἀγαμέμνων
어원	많이 생각하는 자
관련 신화	트로이 전쟁, 클리타임네스트라, 오레스테스
가족관계	아트레우스의 아들, 아에로페의 아들, 클리타임네스트라의 남편, 엘렉트라의 아버지

인물관계

　아가멤논은 펠롭스의 아들인 미케네의 아트레우스 왕과 아에로페의
아들이고 메넬라오스와 형제이다. 그는 클리타임네스트라의 남편이자
이피게네이아, 엘렉트라, 크리소테미스, 오레스테스의 아버지이다.
　그는 아트레우스의 손자로 등장하기도 한다.

II

신화이야기

탄탈로스 가문의 저주

　아가멤논의 증조할아버지 탄탈로스 때부터 이 가문에서는 피비린내가 진동한다. 탄탈로스는 올림포스 신들의 전능함을 시험하기 위해 아들 펠롭스를 죽여 신들의 노여움을 샀고, 신들의 도움으로 다시 살아난 펠롭스 역시 그의 죄값을 대대손손 치러야 하는 큰 잘못을 저지르고 말았다.

　펠롭스는 오이노마오스의 딸 히포다메이아와 결혼하고자 오이노마오스의 마부 미르틸로스를 매수하였다. 히포다메이아와 결혼하기 위해서는 오이노마오스를 전차 경주에서 이겨야 하기 때문이다. 미르틸로스는 펠롭스의 제안에 솔깃해 오이노마오스의 마차의 축을 빼놓았다. 그러나 미르틸로스의 도움으로 히포다메이아를 아내로 맞은 펠롭스는 미르틸로스를 배신하고 그를 바다에 던져 죽였다. 그는 죽으면서 펠롭스 가문을 저주하였는데, 그의 저주는 펠롭스의 아들 아트레우스와 티에스테스를 걸쳐 손자 아가멤논과 아이기스토스, 증손자 오레스테스까지 이어졌다.

아가멤논의 황금 마스크
기원전 16세기, 아테네 국립고고학박물관
: 하인리히 쉴레만이 1976년 미케네에서 발견했다.

티에스테스가 아들 아이기스토스와 함께 아가멤논의 아버지 아트레우스를 죽이고 미케네의 왕이 되자 아가멤논의 유모는 아가멤논과 메넬라오스를 시키온으로 피신시켰다. 그들은 아이톨리아의 오이네우스를 거쳐 스파르타의 왕 틴다레오스에게 왔다. 아가멤논 형제는 틴다레오스의 도움으로 티에스테스 부자를 추방하였다.

스파르타의 틴타레오스에게는 두 명의 딸 클리타임네스트라와 헬레네가 있었다. 그들은 각각 아가멤논과 메넬라오스와 결혼을 했는데, 아가멤논은 클리타임네스트라와 결혼하기 위해 그녀의 남편이자 티에스테스의 또 다른 아들인 탄탈로스와 그들의 자식들을 죽였다.('클리타임네스트라' 참조) 두 사람 사이에서 아들 오레스테스와 세 명의 딸 이피게네이아(이피아나사라고도 부른다), 엘렉트라, 크리소테미스가 태어났다.

호메로스의 『일리아스』에는 아가멤논의 딸들로 엘렉트라가 아닌 라오디케가 언급된다.

트로이 전쟁

트로이의 왕자 파리스에게 아내 헬레네를 빼앗긴 메넬라오스는 헬레네의 옛 구혼자들을 모아 헬레네의 남편의 생명과 권리를 존중하겠다고 한 그들의 서약을 지키라고 하였다. 그리하여 메넬라오스의 형 아가멤논을 중심으로 그리스군이 결성되었고, 아가멤논이 전군의 사령관이 되고 아킬레우스가 함대를 지휘했다.

그리스의 함대는 보이오티아의 아울리스 항구에 집결했는데, 그때 제우스는 그들에게 좋은 징조를 보여주었다. 그들이 제단에 제물을 바치고 있을 때 플라타너스 나무 밑에서 시뻘건 뱀이 나와서 나무 위로 재빨리 올라갔다. 나무 꼭대기에는 새 둥지가 있었는데 둥지에는 어린 새가 여덟 마리가 있었다. 뱀은 애처롭게 울어대는 새끼를 모두 잡아먹은 후 마지막으로 요란하게 울어대는 어미새마저 잡아먹었다. 그러자 크로노스의 아들 제우스가 그 뱀을 돌로 만들어버렸다. 이를 본 칼카스는 아홉 마리의 새가 죽은 것은 그리스군이 10년째 되는 해에 트로이를 정복할 수 있다는 제우스의 뜻이라고 해석하였다.(호메로스의『일리아스』)

아이스킬로스는 호메로스와는 다른 이야기를 하였다.

독수리 두 마리가 나타나 새끼를 밴 어미 토끼를 뜯어먹자 그리스의 예언자 칼카스는 아가멤논과 메넬라오스에게 트로이가 함락될 것이라고 예언했다. 하지만 아르테미스 여신은 가련한 토끼들이 찢겨 죽은 것을 불쌍히 여겨 그리스의 군대에게 적대적일 것이라고 덧붙였다.

아울리스의 이피게네이아

아가멤논은 아울리스 항구에 집합한 그리스 함대를 이끌고 트로이로 출정하려 했으나 바람이 전혀 불지 않아 함대를 출발시킬 수가 없었다. 아가멤논이 아르테미스의 분노를 사서 바람이 한 점도 불지 않았기 때문이다. 이에 예언자 칼카스가 그리스 군대의 총사령관 아가멤논의 딸 이피게네이아를 제물로 바쳐야 한다고 말했다. 아가멤논은 딸을 희생시켜야 하는 아버지의 마음과 그리스 군대의 총사령관의 의무 사이에서 극심한 내적 갈등을 겪었다.

결국 아가멤논은 공적인 의무를 다하기로 하고 이피게네이아를 아킬레우스와 결혼시킨다고 거짓말을 하여 딸과 아내 클리타임네스트라를 아울리스로 불렀다. 클리타임네스트라와 이피게네이아가 아울리스에 도착했을 때 마침 아킬레우스가 아가멤논을 찾아왔고 클리타임네스트라는 그에게 자신의 딸과의 결혼에 대해 물었다. 그때 비로소 아킬레우스는 자신을 이용해서 이피게네이아를 제물로 바치려 한다는 사실을 알고 분노했다. 뒤늦게 내막을 알게 된 클리타임네스트라도 분노하며 아가멤논에게 딸을 살려달라고 애원했다. 아킬레우스는 이피게네이아를 구하려고 했으나 함대의 출항을 오매불망 바라고 있는 병사들의 압박에 부딪혀 포기하고 말았다.

이피게네이아는 처음에는 고상한 죽음따위 필요없으니 비참한 삶이라도 살고 싶다고 애원했다. 그러나 차츰 자신의 운명을 받아들이게 되었고 그녀는 그리스를 위해 자신의 한 몸을 희생할테니 트로이를 함락시켜 달라고 말했다. 이피게네이아가 제단에 서자 그 순간 신비한 일이 일어났는데, 제단에 이피게네이아가 아니라 암사슴이 피를 흘리며 누워 있었다. 이피게네이아를 불쌍히 여긴 아르테미스 여신이 그녀 대신 암사슴을 보낸 것이었다.(에우리피데스의 『아울리스의 이피게네이아』)

아킬레우스와의 불화

트로이 전쟁 10년째 되는 해에 아가멤논은 아킬레우스와 함께 트로이의 주변 도시들을 공격하였다. 아킬레우스는 전리품으로 브리세이스를 차지하였고 아가멤논은 아폴론의 사제 크리세스의 딸 크리세이스를 차지하였다.

크리세스가 딸 크리세이스를 찾으러 그리스의 진영으로 찾아왔다. 그는 아가멤논에게 엄청난 몸값을 주며 딸을 돌려달라고 애원하였다. 하지만 아가멤논은 크리세스를 모욕하고 쫓아버렸다. 아가멤논이 무서워 물러난 크리세스는 아폴론에게 자신의 눈물의 대가를 그리스

크리세스가 딸 크리세이스의 몸값을 아가멤논에게 주려고 한다
아풀리안 적색도기 그림, 기원전 360~350년경
루브르 박물관

군대가 치르도록 해달라고 기도하였다. 아폴론은 크리세스의 기도를 듣고 그리스 진영에 9일 동안 분노의 화살을 날렸다. 그리스 진영의 수많은 군마와 개는 물론이고 셀 수 없이 많은 병사가 죽어나가자 아킬레우스가 대책회의를 소집하였고, 이 자리에서 예언자 칼카스는 아폴론 신이 그리스에게 적대적인 이유를 이야기했다.

아가멤논은 할 수 없이 크리세이스를 아버지 크리세스에게 돌려보내기로 하고 그 대신 그에 상응하는 다른 전리품을 요구하였다. 급기야 그는 아킬레우스의 전리품인 브리세이스를 달라고 하였고 아킬레우스는 아가멤논에게 비난을 퍼부었다. 아가멤논은 크리세이스를 아폴론의 사제이자 그녀의 아버지인 크리세스에게 돌려보내기 위해 배에 태운 후 탈티비오스와 에우리바테스에게 아킬레우스의 여자인 브리세이스를 데리고 오라고 했다. 아킬레우스는 아가멤논의 처사에 분노해 더 이상 전쟁에 출전하지 않겠다고 선언했다.

분이 풀리지 않은 아킬레우스는 어머니 테티스에게 그리스 군대가 패배하게 해달라고 부탁하였다. 이에 테티스는 제우스에게 아킬레우스가 참전하지 않는 동안 트로이 군대가 승리하게 해달라고 청하였다. 제우스가 테티스의 청을 들어주자 그리스는 패전의 늪에서 헤어나지 못했다. 그러자 다급해진 아가멤논은 아킬레우스를 달래기 위해 그에게 브리세이스와 트로이의 가장 아름다운 스무 명의 여자와 자신의 세 딸 중 한 명을 주고 그 외에 값비싼 선물을 약속했다. 그러나 이미 돌아선 아킬레우스의 마음은 풀리지 않았다.

아가멤논의 죽음

그리스 군대의 총사령관 아가멤논은 트로이 전쟁이 10년째 접어든 여름에 전쟁에서 승리하고 아르고스로 귀향하면서 트로이의 왕녀 카산드라를 데리고 왔다. 고국으로 돌아오는 중에 아테나 여신의 저주로 그리스 함대가 폭풍에 난파되었지만 오로지 아가멤논 왕의 배 한 척만이 무사 귀환했는데, 귀환 후의 그의 죽음에 대해서는 여러 가지 이야기가 있다.

아이스킬로스의 『아가멤논』을 보면 에우리피데스의 『트로이의 여인들』에서와 달리 카산드라는 자신의 아내에게 학살당할 아가멤논을 가여워하였다. 그녀는 아가멤논을 "나의 주인"이라 부르면서 아가멤논을 기다리고 있는 불행에 안타까워했다. 카산드라는 도대체 아폴론이

아가멤논의 살해
피에르 나르시스 게렝(Pierre-Narcisse Guerin), 1817년, 루브르 박물관

자신을 어떤 집으로 인도한 것인지 두려움에 떨면서 그 집을 "신을 증오하는 집", "친족들을 끔찍하게 학살한 집", "도살장", "땅에 피를 뿌리는 곳"이라고 저주하였다. 그녀는 아트레우스 가문의 피비린내 나는 역사와 곧 닥칠 아가멤논의 처참한 죽음과 자신의 죽음을 고통스럽게 예언했다. 그녀는 일리온의 정복자인 아가멤논이 아내의 가증스런 표정과 그럴싸한 말에 넘어가 그것이 "저주의 인사"인지 짐작도 하지 못하고 있음을 한탄했다.

카산드라는 아가멤논 왕의 아내 클리타임네스트라를 "불길한 여인", "쌍두사", "스킬라", "하데스의 어머니"라 부르며 그녀가 불러올 무시무시한 재앙을 경고했다. 그녀는 클리타임네스트라가 남편을 욕실로 유혹해 아이기스토스와 함께 그를 죽이려고 한다고 몸서리쳤다. 결국 아가멤논의 비명소리가 들려왔고 아가멤논과 카산드라는 잔인한 죽음을 맞았다. 클리타임네스트라는 욕실에서 아가멤논에게 큰 그물을 던져 그를 도끼로 세 번을 내리쳐 죽였다.

히기누스의 『이야기』에 따르면 팔라메데스의 형제 오이악스가 클리타임네스트라를 자극해 남편을 죽이도록 한 살인의 주동자이다. 그는 클리타임네스트라에게 남편 아가멤논이 트로이에서 카산드라를 첩으로 데려왔다고 말했다. 클리타임네스트라는 아이기스토스와 함께 아가멤논이 제사를 드리는 동안 도끼로 아가멤논과 카산드라를 죽였다. 한편 아가멤논은 식사 도중에 클리타임네스트라에 의해 살해당했다 전해지는 이야기도 있다.

살인에 대한 죄를 물어 아르고스의 원로들이 클리타임네스트라를 도시에서 추방할 것이라고 소리치자, 클리타임네스트라는 자신의 딸 이피게네이아를 죽이고 카산드라를 고국으로 데려온 아가멤논을 용서할 수 없다고 맞받아쳤다. 그녀는 아가멤논의 죽음은 자신의 죄에 대한 응분의 벌이니 저승에 가서도 큰소리치지 못할 것이라고 냉정하게 내뱉었다. 이어 아이기스토스도 아버지의 원수를 갚아 죽어도 여한이 없다고 당당하게 말했다. 그는 자신의 아버지 티에스테스에게 친자식의 살점을 먹게 한 아가멤논의 아버지 아트레우스의 끔찍한 범죄를 언급하면서 아가멤논의 죽음은 정당하다고 주장하였다.

살인 후의 클리타임네스트라
존 콜리어(John Collier), 1882년
길드홀 아트갤러리

아가우에 Agave

요약

아가우에는 테바이의 왕 펜테우스의 어머니이다.
광기에 빠져 아들 펜테우스를 그의 동생들과 함께 찢어 죽였다.

기본정보

구분	왕녀, 님페
외국어 표기	그리스어: Ἀγαύη
어원	존귀한
별칭	아가베(Agave)
관련 신화	펜테우스, 디오니소스
가족관계	카드모스의 딸, 하르모니아의 딸, 에키온의 아내, 펜테우스의 어머니

인물관계

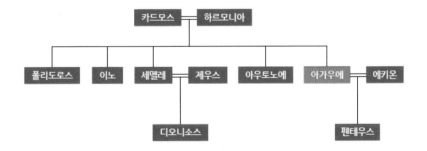

헤시오도스는 아가우에가 테바이의 왕 카드모스와 아프로디테의 딸 하르모니아의 딸이라고 했다. 제우스와 세멜레의 아들 디오니소스를 양육하다 헤라의 노여움을 산 이노가 아가우에의 자매이다.

아가우에는 에키온과 결혼하여 할아버지의 뒤를 이어 테바이의 왕이 된 아들 펜테우스를 낳았다.

신화이야기

아가우에의 거짓말

제우스는 카드모스와 하르모니아 여신의 딸 세멜레를 사랑하였고 세멜레는 디오니소스를 잉태하였다. 뒤늦게 그들의 관계를 눈치 챈 헤라 여신은 세멜레의 어린 시절 유모로 변장하고 세멜레를 찾아가 그녀를 걱정하는 척하면서, 제우스에게 본 모습을 보여달라고 말하라고 충동질하였다. 유모가 돌아간 후 세멜레는 제우스가 찾아오자 그에게 신의 모습을 보여달라고 부탁하였고, 제우스가 영광스런 신의 모습을 드러내는 순간 안타깝게도 그의 광채에 불타 죽고 말았다.

세멜레의 자매 아가우에는 동생의 죽음을 애도하기보다는 나쁜 소문을 퍼뜨렸다. 세멜레가 인간 남자와 사랑을 나누었는데 그 사실을 숨기고자 제우스의 아이를 가졌다는 거짓말을 했고 그 때문에 제우스에게 천벌을 받아 죽은 것이라는 소문이었다. 후에 디오니소스는 자신의 어머니 세멜레를 비방한 아가우에에게 잔인한 벌을 내렸다.

아들을 죽인 어머니

오비디우스의 『변신이야기』에서 테바이의 왕인 아들 펜테우스를 잔인하게 죽인 불행한 어머니 아가우에를 만날 수 있다. 오비디우스는 디오니소스와 펜테우스의 악연과 아가우에와 아들 펜테우스의 끔찍

펜테우스를 찢어죽이는 아가우에와 디오니소스 여신도들
붉은 도기 그릇 뚜껑의 그림, 미상, 기원전 5세기, 루브르 박물관

한 운명을 상세하게 그리고 있다.

디오니소스가 고향 테바이로 돌아오지만 그의 사촌인 펜테우스 왕은 새로운 종교 즉 디오니소스의 종교를 인정하지 않았다. 하지만 디오니소스의 귀환이 알려지자 남녀노소할 것 없이 뛰어나와 그를 환영하였고 특히 여자들이 그에게 열광했다. 예언자 테이레시아스는 펜테우스에게 디오니소스 신을 경배하지 않는다면 몸이 갈기갈기 찢기고 어머니와 이모의 손에 피를 묻히는 끔찍한 일을 당하게 될 것이라고 경고했지만 그는 그의 말을 완전히 무시하였다. 펜테우스는 테이레시아스의 간곡한 예언뿐만 아니라 외조부 카드모스와 이모부 아타마스의 충고와 절친한 친구들과 슬기로운 신하들의 간언에도 귀를 기울이지 않았다.

갖은 충고와 간언을 무시한 펜테우스는 자신이 직접 디오니소스 여신도들이 신성한 의식을 행하는 키타이론 산으로 가서 동정을 살펴보기로 했다. 그는 그곳에서 절정에 이른 디오니소스 여신도들의 의식을 엿본다. 그때 하필이면 그의 어머니 아가우에가 아들 펜테우스와 눈이 마주치는데 광란에 빠진 아가우에는 자신의 아들을 알아보지 못했고, 그녀는 앞장서서 아들의 죽음을 진두지휘하며 그녀의 언니들에게 외쳤다.

"들판을 헤매는 엄청나게 큰 멧돼지를 같이 잡아 죽입시다. 저기 저 멧돼지 말이에요."

제정신이 아닌 어머니에게 아들은 그저 들판을 헤집고 다니는 거대한 멧돼지로 보였던 것이다. 그러자 여신도 무리 전체가 펜테우스에게 미친듯이 달려들어 그를 추격하였다. 공포에 질린 펜테우스는 디오니소스 신을 홀대한 자신의 죄를 뉘우친다고 다급하게 외쳤지만 때는 이미 늦었다. 펜테우스에게 두 명의 이모들이 달려들어 오른팔과 왼팔을 잡아 뜯자 속수무책의 고통 속에서 어머니 아가우에를 애타게 불렀다. 하지만 아가우에의 눈에 펜테우스는 자신의 귀한 아들이 아니라 잡아 죽여야 할 멧돼지로 밖에 보이지 않았다. 어머니는 몸통만 남은 아들의 애타는 구원의 요청을 무시하고 아들의 머리를 뒤로 젖혀 잡아 뽑은 후 자신이 한 일을 보라고 주변의 여인들에게 목청껏 외쳤다. 이렇게 디오니소스는 자신의 어머니를 음해한 아가우에에게 잔인한 복수를 하였다.

히기누스의 『이야기』에 따르면 아가우에는 끔찍한 행동을 저지른 후 일리리아로 도망가 그곳의 왕 리코르테르세스와 결혼을 하지만 훗날 리코르테르세스의 왕국을 아버지 카드모스에게 주기 위해 남편마저 죽였다고 한다.

아게노르 Agenor

요약

그리스 신화에 나오는 페니키아의 왕으로 에우로페, 카드모스 등의 아버지이다. 제우스에게 납치된 딸 에우로페를 찾기 위해 아내와 아들들을 모두 떠나 보내고 홀로 죽음을 맞았다.

기본정보

구분	페니키아의 왕
외국어 표기	그리스어: Ἀγήνωρ
어원	남자다운, 영웅적인
관련 신화	에우로페의 납치
가족관계	포세이돈의 아들, 벨로스의 형제, 에우로페의 아버지, 카드모스의 아버지

인물관계

아게노르는 포세이돈과 에파포스의 딸 리비에 사이에 난 아들로 벨로스와 쌍둥이 형제이다. 아게노르와 벨로스는 외조부 에파포스가 제우스의 아들이므로 제우스의 자손이기도 하다.

아게노르는 나중에 페니키아의 왕이 되고 벨로스는 이집트의 왕이 된다. 아게노르는 텔레파사와 결혼하여 딸 에우로페와 세 아들 카드모스, 포이닉스, 킬릭스를 비롯하여 여러 명의 자식을 두었다.

제우스 — 이오

에파포스 — 멤피스

리비에 — 포세이돈

아게노르 — 텔레파사   벨로스 — 안키노에

에우로페   아스테리오스   카드모스   포이닉스   킬릭스

미노스   사르페돈   라다만티스

신화이야기

딸 에우로페의 유괴

　딸 에우로페가 황소로 변신한 제우스에게 유괴되어 종적을 감추자 아게노르는 아들들에게 누이의 행방을 찾아보라고 시키고는 찾지 못하면 아예 돌아오지도 말라고 명하였다. 길을 떠난 세 아들 카드모스, 포이닉스, 킬릭스는 누이를 찾을 길이 막막하자 고국으로 돌아가지 않고 자신들이 머문 곳에 새로운 도시를 건설하였다.

　카드모스는 용의 이빨에서 생겨난 전사들과 함께 그리스의 도시 테바이를 창건하였고, 킬릭스는 나중에 자신의 이름이 붙는 소아시아 동남부 킬리키아로 가서 그곳의 왕이 되었고, 포이닉스는 아프리카 쪽으로 가서 그 지역에 자신의 이름을 딴 페니키아라는 지명을 부여했다.

　아게노르의 아내 텔레파사도 카드모스와 함께 딸을 찾아나섰지만

에우로페와 황소
귀도 레니(Guido Reni), 1640년
덜위치 미술관

끝내 딸을 보지 못하고 트라키아에서 죽었다.

에우로페는 황소로 변한 제우스의 등에 실려 크레타 섬까지 가서 그곳에서 제우스와의 사이에 세 아들 미노스, 라다만티스, 사르페돈을 낳은 다음 크레타의 왕 아스테리오스의 아내가 되어 정착하였다. 결국 아게노르는 딸 에우로페도 찾지 못하고 아들들과 아내도 모두 보지 못한 채 숨을 거두게 되었다.

아게노르 가계도에 대한 다른 이야기

일설에 따르면 포이닉스는 벨로스의 아들이며 아게노르는 아버지가 아니라 형제이고, 제우스에게 납치당하는 에우로페와 테바이와 킬리키아를 세운 카드모스와 킬릭스는 포이닉스의 자식들이라고 한다. 호메로스는 『일리아스』에서 에우로페를 아게노르가 아니라 포이닉스의 딸로 소개하고 있다.

또 다른 아게노르

그리스 신화에는 아게노르라는 이름의 다른 인물들도 여럿 등장한다.

1) 안테노르의 아들 아게노르는 트로이 전쟁 때 아킬레우스에게 맞서 용감히 싸운 장수이다. 아폴론은 아게노르를 다치지 않게 보호해 주고 심지어 자신이 직접 아게노르로 변해 아킬레우스의 관심을 다른 곳으로 돌리기도 하였다.

2) 오디세우스가 귀향하지 못하고 오랜 세월을 떠도는 동안 그의 아내 페넬로페를 괴롭히던 구혼자들 중에도 아게노르가 있는데 그는 나중에 고향으로 돌아온 오디세우스의 손에 죽임을 당하였다.

아겔라오스 Agelaus

요약

   그리스 신화에는 아겔라오스라는 이름을 가진 인물이 여러 명 등장한다. 아겔라오스는 '목동'이라는 뜻이다.

기본정보

구분	왕자
외국어 표기	그리스어: Ἀγέλαος
어원	목동
관련 신화	헤라클레스, 트로이 전쟁, 칼리돈의 멧돼지 사냥

신화이야기

프리아모스의 양치기

   트로이 왕 프리아모스의 가축을 돌보는 시종이다.
   왕자 파리스가 태어날 때 프리아모스의 아내 헤카베는 횃불 하나가 도시 전체를 불태우는 꿈을 꾸었다. 프리아모스는 이를 트로이의 멸

망을 암시하는 불길한 전조로 여겨 아겔라오스를 시켜 파리스를 숲속에 버리게 하였다. 5일이 지난 뒤에 아겔라오스가 다시 숲 속에 가보았는데 파리스가 암곰의 젖을 먹으며 살아있는 것을 보고는 집에 데려다 자기 아들처럼 길렀다.

헤라클레스의 아들

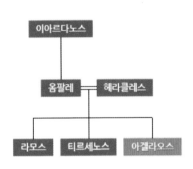

헤라클레스와 리디아 왕 이아르다노스의 딸 옴팔레 사이에서 태어난 아들이다. 아폴로도로스의 『비블리오테케』에 따르면 리디아의 마지막 왕 크로이소스가 그의 후손이라고 한다. 하지만 헤로도토스는 리디아 왕가의 시조를 헤라클레스가 이아르다노스의 시녀에게서 얻은 아들인 알카이오스라고 하였다.

오이네우스의 아들

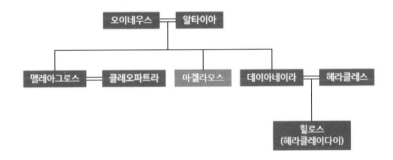

칼리돈의 왕 오이네우스와 알타이아 사이에서 태어난 아들로 멜레아그로스와 형제지간이다. 멜레아그로스의 주최로 열린 칼리돈의 멧돼지 사냥이 끝난 뒤 멧돼지 가죽을 놓고 칼리돈 사람들과 쿠레테스족 사이에 전쟁이 벌어졌을 때 전사하였다.

테메노스의 아들

데이아네이라 — 헤라클레스

힐로스 — 이올레

클레오다이오스

아리스토마코스

아리스토데모스　크레스폰테스　테메노스

아겔라오스　에우리필로스　칼리아스　히르네토　데이폰테스

　헤라클레이다이의 일원으로 아르고스의 지배자가 된 테메노스 왕의 아들이다. 테메노스가 자신의 후계자로 딸 히르네토와 결혼한 사위 데이폰테스를 지목하자 아겔라오스는 다른 형제들과 반역을 일으켜 아버지 테메노스를 살해하였다. 하지만 아르고스 사람들은 인륜을 저버린 아겔라오스 형제들을 몰아내고 데이폰테스를 왕으로 옹립하였다.

페넬로페의 구혼자

다마스토르

아겔라오스 — 구혼 → 페넬로페 — 오디세우스

살해

오디세우스가 트로이 전쟁에 나가서 돌아오지 않자 그의 아내 페넬로페에게 결혼을 요구하며 행패를 부린 구혼자들 중에도 아겔라오스가 있다. 호메로스의 『오디세이아』에서 그는 사메 출신으로 다마스토르의 아들이며 독설을 잘 퍼붓는 인물로 묘사되었는데 고향으로 돌아온 오디세우스에게 살해되었다.

스팀팔로스의 아들

아르카디아의 왕 스팀팔로스의 아들이다. 아겔라오스의 아들 팔란토스는 아르카디아에 자신의 이름을 딴 도시 팔란토스를 건설하였다.

트로이 전쟁에 등장하는 아겔라오스들

트로이 전쟁에는 여러 명의 아겔라오스가 등장한다.

밀레토스에서 트로이를 지원하러 왔다가 메게스의 칼에 죽은 히파소스의 아들, 둘째 날 전투 때 트로이 성문 앞에서 디오메데스에게 살해된 프라드몬의 아들, 소(小)아이아스에게 살해된 마이온의 아들이 모두 아겔라오스이다. 또 아카이아 출신으로 트로이 성문 앞에서 헥토르의 창에 찔려 죽은 그리스 병사의 이름도 아겔라오스이다.

아그디스티스 Agdistis

요약

  그리스 신화에 나오는 남녀 양성을 모두 지니고 태어난 정령(데몬)이다. 신들에 의해 남근을 거세당하고 여성이 되어 미소년 아티스를 사랑하였으나, 아티스가 프리기아의 왕녀와 결혼하려 하자 그를 미치게 하여 스스로 거세하게 만들었다.

기본정보

구분	정령
상징	출산, 죽음, 부활
외국어 표기	그리스어: Ἄγδιστις
관련 동식물	석류나무, 편도나무, 전나무, 제비꽃
가족관계	제우스의 자식, 가이아의 자식, 아티스의 부모

인물관계

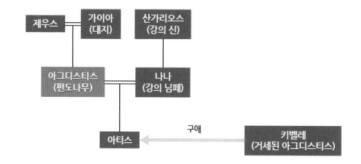

아그디스티스는 제우스의 정액에서 태어났다고 한다. 아그디스티스의 거세된 남근에서 흘러나온 피가 땅에 떨어져 편도나무(혹은 석류나무)가 자라나자 강의 님페 나나가 그 나무의 열매를 가슴에 품어 아티스를 낳았다. 아티스가 미치광이가 되어 스스로 거세한 뒤 흘린 피에서는 제비꽃이 피어났다.

신화이야기

파우사니아스의 기록

파우사니아스의 기록에 따르면 제우스가 잠을 자는 동안 정액을 프리기아 땅에 흘렸는데 거기서 양성을 모두 지닌 정령 아그디스티스가 태어났다고 한다. 신들은 아그디스티스의 괴이한 모습에 놀라 그의 남근을 잘라 땅에 묻어버렸다. 얼마 뒤 그 자리에서는 편도나무가 자라나 금세 열매를 맺었다. 그러자 하신(河神) 산가리오스의 딸인 강의 님페 나나가 열매를 한 개 따서 가슴에 품었는데 그 일이 있고 나서 곧 그녀가 임신을 했다. 딸의 행실이 못마땅했던 하신 산가리오스는 아이가 태어나자 곧바로 들판에 내다버렸다. 하지만 아이는 죽지 않고 숫염소와 양떼의 보살핌을 받으며 무럭무럭 자랐다. 나나가 낳은 아이는 아티스였다.

아티스는 아름다운 양치기 소년으로 성장했는데 거세를 당하여 여성이 된 아그디스티스가 그만 아티스에게 반하고 말았다. 하지만 아티스의 양부모는 그를 페시누스의 왕 미노스의 딸과 결혼시키려 했다. 그러자 질투심에 사로잡힌 아그디스티스가 아티스의 결혼식장에 나타나 그를 미치광이로 만들어버렸다. 제정신을 잃은 아티스는 자기 스스로 거세를 하고는 그 고통을 이기지 못해 죽고 말았다.

나중에 아그디스티스가 자기 행동을 후회하면서 제우스에게 아티스의 시신이 썩지 않게 해달라고 간청했다. 파우사니아스는 페시누스에 있는 아그디스티스 산 속에 아티스가 묻혀 있다고 하였다.

아르노비우스의 기록

아르노비우스는 『이교도들에 대하여』에서 아그디스티스에 관한 또 다른 신화를 전해주고 있다. 그에 따르면 페시누스의 아그도스라는 산에 있는 돌에서 키벨레 여신이 탄생했다고 한다. 그런데 키벨레에게 반한 제우스가 그녀와 사랑을 나누려다 뜻을 이루지 못하자 그곳의 바위에 정액을 흘렸고 얼마 뒤 그 자리에서

아그디스티스: 키벨레 석상
프리기아 지방에서 출토된 기원전 6세기 석상, 앙카라 아나톨리아 문명 박물관

남녀 양성을 모두 지닌 아그디스티스가 태어났다.

아그디스티스가 자라자 디오니소스는 그에게 술을 먹여 취하게 한 다음 남근을 거세하여 여성으로 만들어버렸다. 디오니소스는 평소에 아그디스티스가 사냥을 하고 나서 목을 축이는 샘물을 포도주로 바꾸어 아그디스티스를 술에 취해 잠들게 한 다음 그의 남근을 자신의 머리카락을 꼬아서 만든 끈으로 나무에 묶어놓았다. 이렇게 해서 아그디스티스는 잠에서 깨어 일어날 때 자기도 모르게 스스로 거세를 하고 말았다.

잘려진 남근에서 흘러나온 피가 땅에 스며들자 그 자리에서 석류나무가 자라났고 위의 이야기에서처럼 하신 산가리오스의 딸 나나는 그 열매를 가슴에 품어 임신을 하였다. 나나가 낳은 아이는 들판에 버려진 채 염소젖과 꿀을 먹으며 자랐는데 그래서 아이에게 아티스라는

이름이 붙여졌다. 프리기아에서는 염소를 '아타구스'라고 불렀다.

아티스가 아름다운 청년으로 자라나자 아그디스티스와 키벨레 사이에 그를 놓고 싸움이 벌어졌다. 하지만 아티스는 페시누스의 미다스 왕의 딸 이아와 결혼하려 했고 아그디스티스는 결혼식장에 나타나 아티스를 미쳐버리게 만들었다.

제정신이 아닌 아티스는 전나무 아래서 스스로 거세를 하고 죽었다. 키벨레는 아티스의 시체를 묻어주었고 그가 흘린 피에서는 제비꽃이 피어나 전나무를 둥그렇게 둘러쌌다. 아티스의 신부 이아도 스스로 목숨을 끊었는데 그녀가 흘린 피에서도 제비꽃이 피어났다. 키벨레는 그녀도 묻어주었다.

이아가 묻힌 자리에서는 편도나무가 자라났다. 제우스는 아그디스티스의 청을 받아들여 아티스의 몸이 썩지 않게 하고 머리카락이 계속 자라고 새끼손가락도 계속 움직일 수 있게 해주었다.

헤시키오스와 스트라보 등은 아그디스티스와 키벨레를 동일 인물로 보았다. 남녀 양성을 모두 지닌 아그디스티스가 거세를 통해 남성성을 잃고 키벨레라는 이름을 얻었다는 것이다.

아그론 Agron

요약

　그리스 신화에 나오는 코스 섬의 주민이다.

　농사가 잘 된다고 대지의 여신 가이아에게만 제사를 올리고 다른 신들은 무시하다가 이에 분노한 아테나, 아르테미스, 헤르메스에 의해 한 가족이 모두 새로 변해버렸다.

기본정보

구분	신화 속 인물
상징	오만, 신성모독
외국어 표기	그리스어: Αγρων
관련 동식물	물떼새
관련 지명	코스 섬

인물관계

　아그론은 메롭스의 아들 에우멜로스의 삼남매 중 외아들이다. 두 누이는 빗사와 메로피스이다.

34

신화이야기

새로 변한 오만한 가족

메롭스의 아들 에우멜로스는 두 딸 빗사와 메로피스, 그리고 아들 아그론과 함께 살았다. 그들 가족은 코스 섬의 외딴 영지에서 농사를 지으며 살았는데 땅은 그들에게 많은 소산을 내주었다. 이에 대한 보답으로 그들은 대지의 여신 가이아에게는 제사를 드렸지만 다른 신들은 우습게 알고 무시해버렸다. 특히 아그론은 아테나 여신과 아르테미스 여신 그리고 헤르메스를 싫어했다. 혹시라도 누이들이 아테나 여신의 축제에 초대를 받으면 아그론은 올빼미 눈을 한 여자들을 좋아하지 않는다며 누이들을 대신해서 초대를 거절했다. 청록색으로 반짝이는 아테나 여신의 눈이 올빼미 눈을 닮았다는 것이다. 또 아르테미스 여신의 향연에 초대를 받으면 밤중에 나다니는 신을 좋아하지 않는다고 말했고, 헤르메스 신에 대해서는 도둑질하는 신은 좋아하지 않는다며 한마디로 거절했다.

오만불손한 이런 행동을 신들이 가만히 두고 볼 리가 없었다. 화가 치민 세 신들은 복수를 작정하고 어느 날 밤 이들의 집에 나타났다. 헤르메스는 목동의 모습으로 아테나와 아르테미스는 시골 처녀의 모습이었다. 헤르메스는 목동들이 헤르메스 신을 위해 벌이는 축제에 에우멜로스와 아그론을 초대하면서, 아테나와 아르테미스를 기리는 성스런 숲에 젊은 처녀들이 많이 모여 있으니 빗사와 메로피스를 그곳으로 보내라고 일러주었다. 자신들이 싫어하는 여신들의 이름을 들은 메로피스는 곧바로 아테나 여신을 그리고 빗사는 아르테미스를 모욕하기 시작했다. 그러자 메로피스는 곧 올빼미로 변했고 그와 동시에 빗사는 '레우코테아의 새' 혹은 '빗사'로 불리는 갈매기로 변해버렸다. 곧이어 아그론 역시 헤르메스에 의해 물떼새로 변했다. 이를 본 아버지 에우멜로스가 헤르메스에게 따지자 그 역시 불행한 소식을 전해준다는 밤까마귀로 변해버리고 말았다.

아글라이아 Aglaea

요약

그리스 신화에 나오는 우미(優美)의 여신 카리테스 세 자매 중 한 명으로 '빛나는 아름다움'을 상징한다. 다른 두 자매와 함께 삼미신(三美神)으로서 여러 예술 작품 속에 등장한다.

아글라이아는 대장장이 신 헤파이스토스가 아프로디테와 이혼한 뒤 그와 결혼하였다.

기본정보

구분	개념이 의인화된 신
상징	빛나는 아름다움
외국어 표기	그리스어: Ἀγλαΐα
어원	화려한, 빛나는
별칭	카리테스(우미의 여신)
관련 신화	헤파이스토스
가족관계	제우스의 딸, 에우리노메의 딸, 헤파이스토스의 아내, 탈리아의 자매

인물관계

아글라이아는 제우스와 에우리노메(혹은 에우노미아, 하르모니아, 레테, 헤라) 사이에서 태어난 우미의 여신 카리테스 세 자매 중 한 명이다.

나머지 두 명은 에우프로시네(명랑)와 탈리아(기쁨)인데, 호메로스는 『일리아스』에서 파시테아(환각)를 카리테스 세 자매 중 한 명으로 언급하였다.

아글라이아는 대장장이 신 헤파이스토스와 결혼하여 에우클레이아(좋은 평판), 에우페메(칭송), 에우테니아(번영), 필로프로시네(환대) 등의 자녀들을 낳았다.

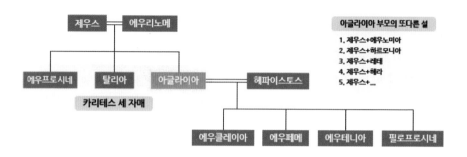

신화이야기

출생

헤시오도스에 따르면 아글라이아는 제우스와 오케아노스의 딸 에우리노메 사이에서 태어난 딸들인 우미의 여신 카리테스 세 자매 중 한 명으로 '빛나는 아름다움'을 상징한다. 다른 두 자매는 에우프로시네(명랑)와 탈리아(기쁨)이다. 호메로스의 『일리아스』에서는 파시테아가 카리테스의 한 명으로 언급되기도 한다.

전승에 따라 카리테스의 아버지는 대개 제우스로 동일하지만 어머니로는 호라이의 하나인 에우노미아에서부터 하르모니아, 레테, 헤라 등 다양한 이름들이 등장한다. 그밖에도 닉스와 에레보스, 헤카테와 헤르메스, 태양신 헬리오스와 님페 아이글레 등이 카리테스 자매들의 부모로 거론된다.

카리테스 자매는 풍부한 자연의 은혜가 가져오는 기쁨을 상징하여 식물을 성장시키고 인간과 신들에게 기쁨을 주는 존재로 묘사된다. 그녀들은 음악의 신 아폴론을 수행하며 무사(뮤즈)들과 함께 올림포

스에서 합창을 하고 미의 여신 아프로
디테의 시중을 들거나 화장을 돕기도
하였다.

그리스 신화의 카리테스와 동일시되
는 로마 신화의 그라티아이 자매는 주
신 디오니소스(바쿠스) 혹은 리베르와
미의 여신 아프로디테(베누스) 사이에
서 난 딸들로 이야기된다.

헤파이스토스와 결혼한 아글라이아

그리스 신화에서 아글라이아와 그녀
의 자매들에게는 미의 여신 아프로디테의 시중을 드는 역할이 주어지
기도 하는데 아글라이아는 종종 아프로디테의 말을 전하는 전령 역
할을 하였다.

아글라이아는 아프로디테가 군신 아레스와 바람을 피우다 남편인
대장장이 신 헤파이스토스에게 이혼을 당한 뒤 헤파이스토스의 아내
가 되었다. 아글라이아와 헤파이스토스 사이에서는 에우클레이아(좋
은 평판), 에우페메(칭송), 에우테니아(번영), 필로프로시네(환대) 등의 자
녀들이 태어났다.

호메로스가 『일리아스』에서 카리테스 자매 중 한 명으로 언급한 파
시테아는 잠의 신 힙노스와 결혼하였다. 헤라 여신이 그리스군을 돕기
위해 잠의 신 힙노스에게 제우스를 잠들게 해달라고 부탁할 때 그 일
의 대가로 아름다운 파시테아를 신부로 맞이하게 해주겠다고 약속했
기 때문이다.

예술 작품 속의 카리테스

카리테스 세 자매는 신화의 무대에서보다 미술작품 속에서 더 큰

활약을 한다. 그리스 미술에서 카리테스 세 자매는 올림포스의 신들과 함께 춤추고 노래하는 모습으로 많이 그려졌고, 세 여신의 나체상은 헬레니즘 시기에 처음으로 출현한 이래 현재까지 수많은 미술가들이 즐겨 표현하는 주제가 되었다. 미술작품 속에서 카리테스는 종종 계절의 여신 호라이나 예술의 여신들인 무사이와 함께 등장한다.

삼미신(三美神)
폼페이의 프레스코화, 1세기경

보티첼리(Sandro Botticelli)의 유화 『봄』
에 등장하는 카리테스 세 자매
피렌체 우피치 미술관

삼미신
라파엘로 산치오(Raffaello Sanzio), 1504~1505년
파리 콩데 미술관

삼미신
페테르 파울 루벤스(Peter Paul Rubens),
1635년경, 마드리드 프라도 미술관

또 다른 아글라이아

그리스 신화에는 그밖에도 여러 명의 아글라이아가 등장한다.

1) 의술의 신 아스클레피오스와 에피오네 사이에서 태어난 딸로 건강한 안색을 상징한다.

2) 만티네우스의 딸로, 아르고스 왕 아바스와 결혼하여 쌍둥이 형제 아크리시오스와 프로이토스를 낳았다. 아크리시오스는 영웅 페르세우스를 낳은 다나에의 아버지다.

3) 카로포스와 사이에서 트로이 전쟁의 영웅 니레우스를 낳은 님페이다. 테스피아이의 왕 테스피우스와 메가메데 사이에서 태어난 50명의 딸 중 하나로, 헤라클레스와 사이에서 아들 안티아데스를 낳았다.

아낙사고라스 Anaxagoras

요약

그리스 신화에 나오는 아르고스의 왕이다.

예언자 멜람푸스의 도움으로 아르고스 여인들의 집단 광기를 치료
한 뒤 멜람푸스와 그의 동생 비아스에게 왕국을 3분의 1씩 떼어주었
다. 이때부터 아르고스 왕국은 영토가 셋으로 나뉘어 통치되었다.

기본정보

구분	아르고스의 왕
원어 표기	그리스어: Ἀναξαγόρας
관련 신화	아르고스의 분할
가족관계	메가펜테스의 아들, 알렉토르의 아버지, 아르게우스의 형제, 이피아네이라의 남매

인물관계

아낙사고라스는 메가펜테스의 아들로 티린스 왕국을 건립한 프로이
토스의 후손이다. 메가펜테스에게는 그 외에도 아들 아르게우스와 딸
이피아네이라가 있었다. 일설에 의하면 아낙사고라스는 메가펜테스가
아니라 그의 아들 아르게우스의 자식이라고도 한다. 아낙사고라스가
죽은 뒤 아르고스의 왕위는 그의 아들 알렉토르에게 계승되었다.

신화이야기

아르고스 여인들의 집단 광기와 왕국의 분할

역사가 파우사니아스와 디오도로스의 전승에 따르면 아낙사고라스 왕의 치세 때 아르고스의 여인들이 집단으로 광기에 휩싸이는 일이 벌어졌다고 한다. 여인들은 자신들을 암소라고 하면서 들판이며 숲을 온통 헤집고 다녀 나라를 큰 혼란에 빠뜨렸다.

아르고스의 여인들이 이렇게 미쳐버린 것은 디오니소스에 대한 숭배를 소홀히 하여 신의 노여움을 산 탓이라고 했다. 시름에 잠긴 아낙사고라스 왕에게 예언자 멜람푸스가 찾아왔다. 그는 여인들의 광기를 고쳐줄테니 왕국의 절반을 달라고 하였다. 아낙사고라스는 그의 제안을 거절하였다. 하지만 여인들의 광기는 점점 더 심해져만 갔고, 하는 수 없이 멜람푸스에게 도움을 청하자 멜람푸스는 이제 자신과 자신의 동생 비아스에게 왕국을 3분의 1씩 떼어달라고 요구했다.

아낙사고라스가 그의 요구를 받아들이자 멜람푸스는 아르고스의 여인들을 치료하여 정상으로 되돌려놓았다. 아낙사고라스는 약속대로 왕국을 멜람푸스와 비아스에게 떼어주었고 이때부터 아르고스 왕국은 삼등분 되어 세 가문의 통치를 받게 되었다. 멜람푸스는 아낙사고라스의 누이 이피아네이라와 결혼하여 만티오스와 안티파테스 등을 낳았다.

다른 이야기에 따르면 아르고스 왕국을 멜람푸스와 비아스에게 떼어준 왕은 아낙사고라스가 아니라 그의 조부 프로이토스였고 광기가 들린 여인들은 프로이토스 왕의 세 딸 이피노에, 리시페, 이피아나사였다고 한다. 멜람푸스는 이들의 광기를 치료한 뒤 왕국의 3분의 1을 물려받고 왕의 딸 이피아나사와 결혼하였다.

왕국의 재통합

셋으로 나뉘어 통치된 아르고스는 아낙사고라스의 후손 스테넬로스의 아들 킬라라베스에 의해 다시 통일되었다.

멜람푸스의 마지막 자손인 알크마이온의 아들 암필로코스가 트로이 전쟁이 끝난 뒤 예언자 몹소스와 말로스의 통치권을 놓고 결투를 벌이다 죽었고, 비아스의 마지막 후손은 아이기알레우스의 아들 키아니포스였는데 트로이 목마 안에 들어갔던 그리스 용사 중 한 명이었지만 후사가 없이 생을 마쳤다.

그 후 멜람푸스와 비아스 가문의 왕위는 모두 킬라라베스가 계승하였다. 하지만 킬라라베스 역시 자식이 없이 죽고 말았기 때문에 아르고스의 왕권은 미케네의 왕 아가멤논의 아들 오레스테스에게 넘어갔다. 메넬라오스의 사위로 스파르타의 왕권도 물려받은 오레스테스는 미케네, 아르고스, 스파르타를 아우르는 거대한 왕국을 다스리게 되었다.

아낙사레테 Anaxarete

요약

  그리스 로마 신화에 등장하는 키프로스 귀족 가문의 처녀이다.
  가난한 목동의 구애를 비정하게 거절하고 조롱하였다가 아프로디테의 분노를 사게 되어 돌로 변하였다.

기본정보

구분	신화 속 인물
상징	돌같이 굳은 마음.
외국어 표기	그리스어: Ἀναξαρέτη
관련 상징	살라미스의 석상

인물관계

  아낙사레테는 키프로스 섬의 살라미스 시를 건설한 테우크로스의 후손으로 천민 출신의 목동 이피스의 사랑을 받았다.

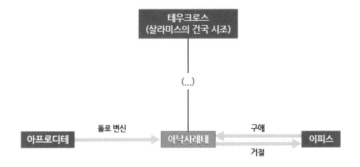

신화이야기

46

아낙사레테와 이피스

아낙사레테는 키프로스 섬의 처녀로 그곳에 살라미스 도시를 건설한 테우크로스의 후손이라고 한다. 그녀는 천민 출신인 이피스라는 목동의 사랑을 받았지만 매정하게 거절했을 뿐만 아니라 그의 구애를 비웃기까지 했다. 이피스는 오랜 사랑의 고통을 견디지 못하고 아낙사레테의 집 문 앞에서 목을 매고 죽으며 이렇게 말했다.

> "아낙사레테여, 그대가 이겼소. 나는 이제 더 이상 그대를 귀찮게
> 하지 않을 것이오. 즐거운 개선 행렬을 준비하시구려!
> 머리에 번쩍이는 월계관을 쓰고 파이안(승리의 노래)을 부르시구려!
> 그대는 이겼고, 나는 기꺼이 죽으니까요. 자, 무쇠 같은 여인이여
> 기뻐하시구려!
> (중략)
> 하지만 하늘의 신들이시여 인간들이 하는 짓을 그대들이 보고 계
> 신다면 나를 기억해주시고 (…)
> 내 이야기가 긴긴 세월 사람의 입에 오르내리게 해주소서!"
>
> (오비디우스, 『변신이야기』)

하지만 아낙사레테는 청년의 죽음에 아랑곳하지 않았고 그의 장례 행렬이 집 앞을 지나갈 때는 호기심에 다락방으로 올라가 내다보기까지 했다. 그러자 분노한 미의 여신 아프로디테는 마음이 돌같이 굳은 이 비정한 처녀를 진짜 돌로 만들어버렸다.

살라미스의 석상

키프로스의 살라미스에 있는 아프로디테의 신전에는 베누스 프로

아낙사레테와 이피스

비르길 졸리스(Virgil Solis)가 오비디우스의 『변신이야기』를 위해 그린 삽화, 1581년

스피키엔스(앞을 바라보는 베누스)라 불리는 석상이 서 있었는데 아낙사레테의 신화는 기이한 자세를 취하고 있는 이 석상에서 유래하였다고 한다. 이 석상과 관련된 신화는 플루타르코스와 안토니누스 리베랄리스의 글에도 등장하는데 모두 내용은 비슷하고 남녀 주인공의 이름만 다르다. 플루타르코스의 이야기에 등장하는 처녀와 목동은 레우코만티스와 에욱신테토스폰이고, 안토니누스 리베랄리스의 이야기에서는 아르시노이와 아르케오폰이다.

아난케 Ananke

요약

　그리스 신화에서 필연적인 운명의 강제력을 의인화한 여신이다.

　아난케는 개인적 운명을 관장하는 운명의 여신 모이라이나 행운과 불행을 모두 포함하는 맹목적인 우연을 뜻하는 티케 여신과 구별된다. 고대의 시인들은 아난케를 신들조차도 복종해야 하는 절대적인 힘으로 묘사하였다.

기본정보

구분	개념이 의인화된 신
상징	운명의 강제력, 불가항력
외국어 표기	그리스어: Ἀνάγκη
어원	힘, 강제, 필연
로마신화	네케시타스(Necessitas)
가족관계	카오스의 어머니, 크로노스의 아내

인물관계

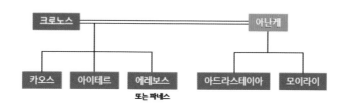

오르페우스교의 전승에 따르면 아난케는 크로노스와 결합하여 세 아들 카오스, 아이테르, 에레보스(혹은 파네스)를 낳았다. 그밖에도 아난케는 복수의 여신 아드라스테이아(네메시스의 별칭으로 여겨진다)와 운명의 여신 모이라이 자매의 어머니라고도 한다.

신화이야기

기원

아난케는 원래 노예와 죄인을 구속하는 사슬이나 멍에를 뜻하는 셈족의 단어 '카낙(chanak)'이 이오니아로 건너와서 생겨난 개념인데 호메로스의 작품에서는 아직 의인화된 신으로 등장하지 않았다. 호메로스는 아난케라는 개념을 통해 신들조차도 행동의 자유를 제약받고 있음을 표현하였다. 이와 같은 어원의 의미는 고전시대에도 계속 통용되었는데 가령 고전비극작가 아이스킬로스는 『결박된 프로메테우스』에서 아난케의 개념을 그와 같은 뜻으로 사용하였다.

운명의 여신 아난케

아난케가 의인화된 운명의 여신으로 등장하는 것은 오르페우스교의 『신들의 계보』에서였다. 여기서 아난케는 태초의 여신으로 우주에 시간이 시작될 무렵 스스로 태어나 시간의 신 크로노스와 뱀처럼 똬리를 튼 모습으로 교합하여 삼형제 아이테르(창

아난케
근대에 출간된 플라톤의 『국가론』에 수록된 삽화

공), 카오스(혼돈), 에레보스(어둠) 혹은 파네스(빛)를 낳았다.

다른 이야기에서 아난케는 딸 아드라스테이아와 함께 어린 제우스를 돌보는 유모 역할을 맡기도 했다.

플라톤은 아난케를 운명의 여신 모이라이 자매의 어머니로 묘사하면서 세상을 창조한 태초의 힘들 중 하나로 보았다.

아난케 숭배

그리스인들은 신에게나 인간에게나 일어나야 할 일은 반드시 일어나고야 만다고 생각했으므로 아난케에게는 제물을 바치는 것조차 전혀 의미가 없다고 생각하여 별다른 숭배의 대상으로 삼지도 않았다. 그래서 고대에 아난케의 신전이 있었다고 알려진 곳은 코린토스 지역 한 곳뿐이다. 이곳에서 아난케는 폭력의 여신 비아와 함께 숭배되었다.

로마의 네케시타스

고대 로마에서 아난케는 '네케시타스'라는 이름의 시적 알레고리로 바뀌었다. 예를 들어 호라티우스의 『카르미나』에 묘사된 운명의 여신 네케시타스는 순전히 문학적인 은유로써 아무런 고유한 신격을 갖지 못한다.

아도니스 Adonis

요약

아프로디테의 연인이다. 사냥을 열광적으로 좋아하다 멧돼지의 송곳니에 찔려 죽었다. 아도니스의 죽음을 슬퍼한 아프로디테는 그를 기념하기 위해 그가 피를 흘리고 죽은 곳에 꽃이 피어나게 했는데, 이 꽃이 핏빛색의 아네모네이다.

기본정보

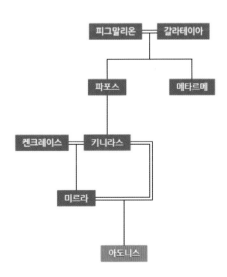

구분	왕자
상징	미소년
외국어 표기	그리스어: Ἄδωνις
어원	셈어: 군주, 주인
관련 동식물	멧돼지, 아네모네
관련 신화	아프로디테, 페르세포네, 미르라

인물관계

키니라스와 그의 딸 미르라 사이에 태어난 아들이다. 그의 아버지 키니라스는 키프로스의 왕이자 조각가인 피그말리온의 손자이다.

신화이야기

출생이야기

『변신이야기』에 의하면 아도니스는 아름다운 조각상 여인과 결혼한 피그말리온의 손자인 키프로스의 왕 키니라스가 그의 딸과 관계하여 낳은 자식이다. 여기에서 키니라스는 "자식이 없었더라면 행복한 사람들" 중 하나라고 언급되어 있는데, 여기서 자식은 켄크레이스와의 사이에서 낳은 아름다운 딸 미르라이다. 이렇게 해서 아도니스는 "누나의 아들이자 할아버지의 아들"이 된 것이다.

미르라를 숭배하는 많은 귀족 청년들이 그녀에게 구혼했지만 미르라는 오로지 아버지만을 남자로서 사랑했다. 그녀는 아버지를 사랑한다는 죄책감과 수치심, 절망감에 자살을 시도했지만 그녀를 어릴 때부터 길러준 유모의 도움으로 아버지와 동침하여 『변신이야기』에 쓰인 표현에 의하면 "근친상간의 씨앗"을 임신하게 된다.

키니라스는 나중에 진실을 알고 미르라를 죽이려 했지만 그녀는 어둠 속으로 도망가 죽음을 모면했다. 미르라는 공포스러운 죽음과 혐오스러운 삶 사이에서 살아남아 산 자들을 모욕하고 죽어서 죽은 자들을 모욕하지 않도록 "살아있는 것도 아니고 죽은 것도 아니게 해달라고" 신들에게 기도하였고 이에 신들은 그녀를 나무로 만들어주었다. 분만의 여신 에일레이티이아가 나무가 된 미르라의 출산을 도와주었고 이때 태어난 아기가 바로 아프로디테의 연인 아도니스이다.

아도니스의 출생에 관해서는 이외에도 다른 이야기들이 전해져온다. 『비블리오테케』에 의하면 아도니스의 아버지 키니라스는 피그말리온의 후손이 아니라 케팔로스의 후손이며, 아도니스는 키니라스가 피그말리온의 딸 메타르메와 사이에 낳은 자식이라고 한다. 이외에도 『비블리오테케』는 아도니스의 출생에 대해 또 다른 이야기들을 전하고 있다.

　나무가 된 어머니 다시 말해서 나무에서 태어난 아도니스는 미소년을 상징하는 이름으로 불리울 만큼 아름다운 남자이다. 『비블리오테케』에 의하면 아도니스는 아직 어린아이인데도 눈이 부실 정도로 아름다워 사랑과 미의 여신 아프로디테가 그에게 매료되었다고 한다. 아프로디테는 아무도 모르게 어린아이인 아도니스를 상자 속에 감추고는 페르세포네에게 맡겨 아이를 길러달라고 부탁하였다. 그러나 페르네포네 또한 아이의 아름다움에 매혹되어 아프로디테에게 아이를 돌려주기를 거부하면서 두 여신 사이에는 아름다운 아도니스로 인해 갈등이 빚어지게 되었다.

　이 다툼에 중재를 맡게 된 제우스는 아도니스에게 1년의 3분의 1은 페르세포네와 함께 지하세계에서 살고, 3분의 1은 아프로디테와 함께 지상세계에서 살고, 나머지 3분의 1은 그가 원하는 곳에서 지내라는 판결을 내렸다. 아도니스는 자신의 처분에 맡겨준 3분의 1의 시간도 아프로디테와 함께 보냈다.

아프로디테와 아도니스
티치아노 베첼리오(Tiziano Vecellio), 1554년
프라도 미술관

　아도니스는 사냥을 매우 좋아했는데 아프로디테는 사냥을 열광적으로 좋아하는 연인이 염려스러워 도망가는 짐승을 쫓아가 사냥해도 되지만 대적하는 짐승과는 겨루지 말라고 충고하곤 하였다. 아프로디테는 사냥을 좋아하지 않지만 '너무나 사랑하는' 아도니스와 '잠시도 떨어지기 싫어' 그가 사냥을 할 때마다 '마치 사냥

의 여신 아르테미스처럼' 따라 나섰다. 그러나 늘 같이 있을 수는 없는 일. 아프로디테에게 볼 일이 생겨 잠시 연인의 곁을 떠나야 하는 상황이 왔다. 바로 이 순간에 아도니스는 멧돼지 사냥을 하다 사나운 멧돼지의 이빨에 찔려 죽었다.

백조들이 끄는 수레를 타고 날아가던 아프로디테는 아도니스의 신음소리를 듣고 돌아왔지만 아도니스는 이미 숨이 끊어져 있었다. 슬픔에 절규하던 아프로디테가 연인이 흘린 피에 향기로운 넥타르를 붓자 그곳에서 붉은 핏빛의 꽃이 피어났다. 그 꽃은 눈부시게 아름다운 아도니스가 젊은 나이에 죽은 것처럼, 바람만 불어도 떨어지는 아네모네이다.

아프로디테의 저주

미르라가 아버지인 키니라스를 사랑하여 그에게 욕정을 느끼게 된 것은 아프로디테의 저주 때문이라는 이야기가 있다. 히기누스 『신화집』에 의하면 그녀의 어머니 켄크레이스가 자기 딸이 아프로디테 여신보다 더 아름답다고 자랑했기 때문에 아프로디테가 벌을 내린 것이라고 한다. 그러나 『비블리오테케』에 의하면, 미르라(『비블리오테케』에는 미르라가 '스미르나'라고 불리어진다)가 아프로디테를 공경하지 않았기 때문에 여신의 분노로 저주를 받은 것이라 한다.

아도니스의 복수

아도니스의 어머니 미르라의 비극적인 사랑과 아프로디테의 연인 아도니스의 비극적인 죽음이라는 이 관계에 대해 『변신이야기』는 아도니스가 아프로디테에게 자신에 대해 이룰 수 없는 사랑을 가득 채움으로써 어머니의 비극적인 정념에 대해 아프로디테에게 복수를 했다고 언급하고 있다.

아드라스테이아 Adrastea

요약

 아드라스테이아는 딕테산의 동굴에서 어린 제우스를 키운 크레타 섬의 님페이다. 제우스의 유모 가운데 한 명으로 그녀의 보살핌 아래 제우스는 꿀과 아말테이아의 젖을 먹고 무럭무럭 자랐다.

기본정보

구분	님페
외국어 표기	그리스어: Ἀδράστεια
어원	피할 수 없는 여자, 빠져나갈 수 없는 여자
별칭	복수의 여신 네메시스
관련 신화	제우스의 탄생, 네메시스
가족관계	멜리세우스의 딸, 이데의 자매

인물관계

 그녀는 에게 해 남부 크레타 섬의 지배자인 멜리세우스(혹은 멜리소스)의 딸이고 이데와 자매이다.

신화이야기

딕테 산의 제우스의 유모

아드라스테이아는 크레타 섬의 지배자 멜리세우스의 딸이자 님페로 신들의 제왕 제우스를 키운 유모이다. 제우스가 어떻게 아드라스테이아의 손에서 자라게 되었는지는 아버지 크로노스의 권력욕과 엄마 레아의 모성애가 맞물려 있다.

아버지 우라노스를 제거하고 권좌에 오른 크로노스는 그 역시 아버지처럼 자식에게 축출당할 것이라는 예언을 두려워하였다. 크로노스가 찾은 방법은 자식들이 태어나는 대로 가장 안전한 자신의 뱃속에 가두는 것이었다. 그는 자식들이 태어날 때마다 삼켜버렸다. 이렇게 헤스티아, 데메테르, 헤라, 하데스, 포세이돈까지 차례로 크로노스의 배로 들어가 버리자 이에 분개한 레아는 여섯 번째 자식만은 지키고자 했다. 레아는 제우스를 임신했을 때 크레타로 가서 딕테 산에 있는 동굴(오늘날에는 프시크로의 동굴로 알려져 있다)에서 해산을 하고 크로노스에게 아이만 한 돌덩이를 강보에 싸서 주었다. 크로노스는 아무런 의심 없이 돌덩이를 삼켰다. 그리고 레아는 제우스를 쿠레테스(크레타 섬의 전설적 인종)들과 멜리세우스의 딸들인 님페 아드라스테이아와 이데에게 기르도록 하였다.

님페 아드라스테이아의 보살핌 아래 제우스는 꿀과 아말테이아의 젖을 먹고 무럭무럭 자랐다. 아폴로니오스 로디오스는 아드라스테이아가 제우스에게 아름다운 공을 장난감으로 만들어 주었다고 한다. 그의 『아르고나우티카』를 보면 제우스의 장난감에 대한 언급이 나온다. 아프로디테가 아들 에로스에게 자신이 시키는 일을 순순히 하면 아드라스테이아가 어린 제우스를 위해 만들어준 장난감을 주겠다고 하였다. 그 공은 신과 영웅들의 무기는 물론 각종 진기한 귀중품을 만드는 헤파이스토스도 결코 만들 수 없는 귀한 물건이며, 마치 천체와

어린 제우스와 함께 하는 님페 아드라스테이아와 산양 아말테이아
이그나츠 슈테른(Ignaz Stern), 개인 소장
©Gorshasb@wikimedia(CC BY-SA-3.0)

같아서 던지면 별똥별처럼 하늘에 긴 불꽃 꼬리를 끌면서 날아간다
고 말했다.

복수의 여신 네메시스의 별칭

아드라스테이아의 이름은 '피할 수 없는 여자', '빠져나갈 수 없는 여
자'라는 뜻으로 복수와 처벌을 하는 존재라는 의미를 품고 있다. 그래
서 그녀는 복수의 여신 네메시스와 동일시되기도 한다.

아드메테 Admete

요약

 그리스 신화에 나오는 미케네의 왕 에우리스테우스의 딸이다.

 헤라클레스의 12과업 중 아홉 번째인 아마조네스의 여왕 히폴리테의 허리띠를 가져오는 일은 에우리스테우스의 왕의 딸 아드메테가 그 허리띠를 갖고 싶어했기 때문에 부과된 과업이었다.

기본정보

구분	공주
외국어 표기	그리스어: Ἀδμήτη
어원	길들여지지 않은 여인
별칭	아드메타(Admeta)
관련 상징	헤라 여신상
관련 신화	헤라클레스의 12과업

인물관계

 아드메테는 미케네의 왕 에우리스테우스와 안티마케 사이에서 태어난 딸로 제우스와 영웅 페르세우스의 후손이다. 형제로는 이피메돈, 멘토르, 페리메데스 등이 있다.

신화이야기

헤라클레스의 12과업

제우스와 알크메네 사이에서 태어난 헤라클레스는 그를 미워하는
헤라 여신의 저주로 광기에 사로잡혀 자기 자식들을 모조리 죽이게
된다. 델포이의 신탁은 그에게 죄를 씻으려면 미케네로 가서 에우리스
테우스 왕의 노예가 되어 그가 시키는 일들을 하라고 명하였다. 에우
리스테우스는 그에게 열두 가지의 몹시 어려운 과업을 부과했는데 그
중 아홉 번째 과업에서 에우리스테우스 왕의 딸 아드메테가 등장한다.

히폴리테의 허리띠

헤라클레스의 아홉 번째 과제는 아마조네스의 여왕 히폴리테가 아
버지인 군신(軍神) 아레스로부터 받은 허리띠를 가져오는 것이었다. 에

우리스테우스가 헤라클레스에게 이런 일을 시킨 것은 진귀한 물건을 좋아하는 그의 딸 아드메테가 히폴리테의 허리띠를 갖고 싶어했기 때문이었다. 헤라클레스는 이 일을 처리하기 위해 사나운 여전사들이 살고 있는 아마조네스의 나라로 떠났다.

 일은 생각보다 쉽게 풀리는 듯했다. 히폴리테가 헤라클레스에게 반하여 순순히 허리띠를 내어주겠다고 했기 때문이다. 하지만 헤라 여신은 이를 잠자코 지켜보고만 있지 않았다. 그녀는 아마조네스 여전사로 변신하여 헤라클레스가 자신들의 여왕을 납치해가려 한다고 소리쳤다. 그러자 분노한 여전사들과 헤라클레스 사이에 격렬한 싸움이 벌어졌고 결국 헤라클레스는 허리띠를 가져가기 위해 수많은 여전사와 히폴리테까지도 죽여야 했다. 다른 이야기에 따르면 히폴리테는 죽지 않았고 헤라클레스가 전투 중에 사로잡은 많은 여전사들과 교환 조건으로 허리띠를 넘겨주었다고 한다.

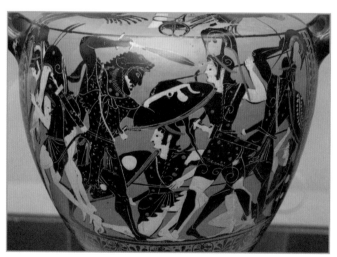

아마조네스와 싸우는 헤라클레스
불치에서 출토된 아티카 도기 그림, 기원전 530년, 뮌헨 국립고대미술박물관

사모스 섬의 헤라 여신상

아드메테는 아버지 에우리스테우스 왕의 치세에 아르고스에 있는 헤라 신전의 여사제로 일했다. 하지만 아버지가 헤라클레스의 후손들과 전쟁을 벌이다 사망하자 그녀는 더 이상 아르고스에 있지 못하고 사모스 섬으로 피신해야 했다. 이때 아드메테는 신전에 있던 헤라 여신상을 함께 가져가서 사모스 섬의 헤라 신전에 모셔두었다.

헤라 여신상이 사라진 것을 뒤늦게 발견한 아르고스인들은 티레노이족 해적들을 고용하여 여신상을 다시 찾아오게 하였다. 사모스 섬에 도착한 해적들은 별 어려움 없이 신전 안에 있는 헤라 여신상을 훔쳐서 배로 돌아올 수 있었다. 하지만 섬을 출발한 해적들의 배는 돛을 있는 대로 다 올렸지만 바다 위에서 꼼짝도 하지 않았다. 해적들은 이를 헤라 여신의 뜻이라고 여겨 여신상을 다시 섬에 가져다 놓았다.

다음 날 아침 헤라 여신상이 바닷가에 나와 있는 것을 본 사모스 섬 사람들은 신상이 스스로 그곳으로 왔다고 여겨 버드나무 가지에 묶어 놓았다. 이 소식을 듣고 달려온 아드메테는 여신상을 묶은 나뭇가지를 풀고 예식을 행하여 사람들의 손길로 더럽혀진 여신상을 다시 정결하게 한 뒤 신전으로 옮겼다. 그 뒤로 사모스 섬에서는 이 사건을 기려 매년 같은 시기에 여신상을 바닷가로 옮겨 제사를 지내는 '토네아' 축제를 벌였다.

아라크네 Arachne

요약

  아라크네는 리디아의 콜로폰 출신의 베 짜는 여인이다.

  베를 짜는 빼어난 솜씨와 자수 솜씨를 자랑하는 아라크네는 자신의 실력이 직물의 수호신인 아테나 여신에 못지않다고 자만하여 여신과 내기를 하였다. 아라크네의 실력에 신들도 감탄했지만 신을 조롱하는 대담한 장면을 그려 아테나 여신의 분노를 샀다. 아테나 여신은 아라크네를 영원히 베를 짜는 거미로 변신시켰다.

기본정보

구분	신화 속 인물
원어표기	그리스어: Ἀράχνη
관련상징	거미
관련 신화	아테나

신화이야기

  아라크네는 리디아 출신의 여자로 콜로폰의 염색 기술자 이드몬의 딸이다. 비록 초라한 집안 출신이지만 아라크네의 베를 짜는 빼어난 솜씨는 명성이 높아 주변 숲의 님페까지도 아라크네를 찾아와 그 솜씨에 감탄할 정도였다. 하지만 불행하게도 아라크네는 겸손하지 않았다. 그녀는 자신의 재능이 베 짜는 여인들의 수호신인 아테나 여신과

는 아무 상관이 없다고 큰소
리쳤다.

아테나 여신과 아라크네

그녀의 교만은 하늘을 찔
러 아테나 여신의 귀에 들어
갔다. 아테나 여신은 노파로
변장하고 아라크네를 찾아
가 아테나 여신에게 겸손하
게 용서를 구하라고 충고하
였다. 하지만 아라크네는 되
려 노파를 꾸짖으며 왜 아테
나 여신이 자신의 도전을 피하냐고 반문했다. 그러자 아테나는 노파
의 모습을 벗고 여신 본연의 모습을 드러냈다. 그 자리에 있던 님페와
리디아의 여인들은 모두 아테나에게 공손하게 고개를 숙이고 겁에 질
렸지만 아라크네의 자신감은 여전했다.

자신의 실력을 굳게 믿고 있는 아라크네는 여신의 등장에도 한치도
물러서지 않았다. 결국 아라크네는 인간이 신을 이길 수 있다는 자만
심으로 불행의 구덩이로 뛰어들었고, 이렇게 신과 인간의 한판승부가
시작되었다.

아테나 여신은 제우스를 중심으로 높은 왕좌에 근엄하게 앉아있는
올림푸스 12신의 위풍당당한 모습을 수놓았다. 그리고 신에게 도전한
인간은 어떤 벌을 받을지 예상할 수 있는 미세화를 네 귀퉁이에 짜
넣었다. 스스로를 제우스와 헤라라고 칭한 대가로 산으로 변해버린
트라키아 왕 하이모스와 그의 아내 로도페, 헤라와의 다툼에서 지고
학이 되어 자신의 백성에게 전쟁을 선포하는 키그마이이족의 여왕의
비참한 운명이었다. 감히 헤라와 미모를 다투다 황새로 변한 라오메돈
의 아름다운 딸 안티고네, 헤라의 저주를 받아 돌계단으로 변해버린
딸을 부둥켜안고 우는 키니라스의 모습 등 신의 권위에 도전한 인간

들의 비참한 최후를 수놓았다. 그리고 마지막으로 올리브 가지로 가장자리를 둘러서 마무리하였다. 이렇게 아테나는 신성을 강조하고 신의 권위에 도전한 인간에게 경고의 메시지를 보냈다.

반면 아라크네는 올림푸스 주신들의 애정행각을 화려하게 베틀에 펼쳐 놓았다. 황소, 독수리, 백조, 황금 소나기, 불, 목자, 뱀으로 변신하여 불륜을 저지르는 제우스, 사나운 황소와 숫양과 말과 돌고래로 변신하여 여성을 겁탈하는 포세이돈, 에리고네를 속이기 위해 포도송이로 변한 디오니소스와 헤라의 눈을 피해 말로 변신하고 오케아노스의 딸 필리라에게 접근한 크로노스 등을 묘사하고 담쟁이 덩굴과 꽃들로 가장 자리를 마무리하였다.

시합이 끝났을 때 아테나는 물론 질투의 여신 젤로스조차도 아라크네의 훌륭한 솜씨를 부정할 수 없었다. 제아무리 여신이라 해도 도저히 흠잡을 데가 없었던 것이다. 금발의 처녀신 아테나는 경쟁자 아라크네의 탁월한 손재주에 마음이 상했다. 결국 여신은 신들을 모욕

아테나와 아라크네
디에고 벨라스케스(Diego Velazquez), 1656년경, 프라도 미술관

아테나와 아라크네
르네 앙투안 우아스(Rene-Antoine Houasse), 1706년경, 베르사유궁

한 불경스런 아라크네의 작품을 찢어버렸고 회양목 북을 들고 아라크네의 이마를 서너 번 내리쳤다. 이드몬의 딸 아라크네는 억울한 마음에 들보에 목을 매고 말았는데 아테나 여신은 불쌍한 생각이 들어 아라크네를 살렸다. 하지만 목숨을 보존하는 대가는 아라크네에는 어쩌면 죽음보다도 더 가혹한 것이었다.

여신이 아라크네에게 헤카테의 액즙을 끼얹자 그녀의 몸이 변하기 시작했다. 머리카락이 빠지고 코와 귀도 사라지고 머리는 물론 몸 전체가 작아졌다. 그리고 양쪽 옆구리에 가느다란 손가락들이 자라났다. 그녀는 평생 줄에 매달려 있어야 하는 거미로 변한 것이다.

신화해설

그리스 신화를 보면 뛰어난 자신의 재주를 믿고 감히 신에게 도전

거미로 변하는 비참한 아라크네
단테(Dante)의 『지옥(Inferno)』에 실린
구스타브 도레(Gustave Dore)의 삽화, 1861년

장을 내밀거나 신을 업신여기고 모욕을 하다가 비참한 최후를 맞는 사람들이 나온다. 아라크네도 예외가 아니었다.

아라크네는 베 짜기 분야의 탁월한 명인이다. 그녀는 베 짜는 여인들의 수호신인 아테나 여신 앞에서도 주눅이 들지 않을 만큼 자신의 실력에 대해 확신에 차 있다. 대단한 장인 정신이라 하지 않을 수 없다. 하지만 그녀의 자신감은 결국 화를 불러 영원히 같은 모양으로 실을 짜야 하는 거미로 변하고 말았다. 아테나 여신의 분노에 아라크네의 창조적인 훌륭한 능력은 사라지고 그녀는 단순한 모양의 실을 잣는 거미로 변신한 것이다.

여신에게 도전한 여인 아라크네에게 우리는 신에게 도전하는 교만함이 화를 부른다는 교훈을 얻어야 하는 걸까. 겸손함이 미덕이라는 교과적인 도덕심을 배워야 하는 걸까. 비록 거미로 변하고 말았지만 자신의 실력을 믿고 신들의 진실을 낱낱이 고하는 그녀의 용기를 다른 시각에서 볼 수 있지 않을까.

어떤 도전도 두려워하지 않는 아라크네의 위풍당당한 장인 정신에 박수를 보내고 싶다.

아레스 Ares

요약

그리스 신화에 나오는 올림포스 12신 중 하나로, 전쟁과 파괴를 주관하는 신이다. 피와 살상을 즐기고 잔인하고 야만적이다. 갑옷과 투구를 쓰고 칼이나 창과 방패를 든 모습으로 표현되며, 미의 여신 아프로디테의 연인으로도 유명하다.

로마 신화의 마르스와 동일시된다.

기본정보

구분	올림포스 12신
상징	전쟁, 살생, 폭력
외국어 표기	그리스어: Ἄρης
어원	싸움
로마 신화	마르스(Mars)
관련 상징	횃불, 개, 독수리, 검, 창, 방패
별자리	화성
가족관계	제우스의 아들, 헤라의 아들, 아프로디테의 연인

인물관계

아레스는 제우스와 헤라 사이에서 난 아들로 헤베와 에일레이티이아가 같은 부모에게서 태어난 누이들이다.

아레스는 신과 인간을 막론하고 수많은 여성들에게서 수많은 자식들을 낳았다. 아프로디테와 사이에서 에로스, 하르모니아, 포보스, 데이모스, 안테로스 등 여러 자식을 낳았고 아글라우로스와 사이에서 딸 알키페를 낳았고, 무사이 여신 칼리오페와 사이에서 미그돈을 낳았고, 키레네와 사이에서 트라키아 왕 디오메데스를 낳았고, 복수의 여신 에리니에스 자매 중 한 명과 사이에서 테바이의 아레스 샘을 지키던 용을 낳았고, 아마조네스 여왕 오트레레와 사이에서 펜테실레이아, 히폴리테, 안티오페, 멜라니페 등의 딸들을 낳았다.

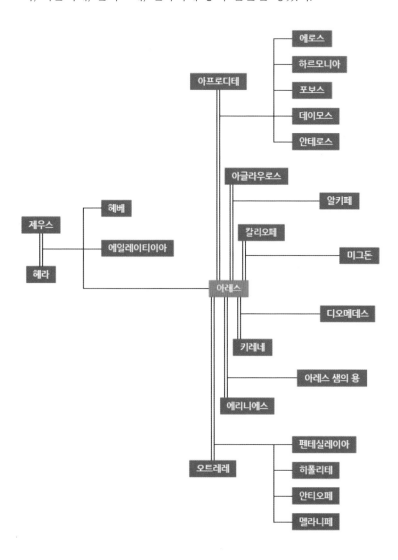

신화이야기

전쟁의 신

아레스는 원래 호전적인 민족들이 많이 살고 날쌘 말과 혹독한 날씨로 유명한 그리스 북부 트라키아 지방의 전쟁의 신이었다가 나중에 올림포스 세대의 신들에 편입된 것으로 여겨진다. 아레스의 후손으로 알려진 아마조네스도 트라키아 출신이다.

아레스
그리스 조각을 모사한 로마 시대 석상
티볼리 빌라 아드리아나

아레스는 갑옷을 입고 투구를 쓰고 창과 방패로 무장한 모습에, 덩치는 보통 사람들보다 훨씬 크게 묘사되었다. 아레스는 피와 살육을 즐기는 난폭하고 잔인한 신으로서 전쟁터에 나갈 때는 두려움과 공포의 신인 데이모스와 포보스, 불화의 여신 에리스, 싸움의 여신 에니오 등 네 명의 신들을 거느리고 다녔다.

아레스는 트라키아 외에 그리스의 테바이에서 숭배되었는데 이는 카드모스의 자손들이 아레스를 자신들의 선조로 여겼기 때문이다.

카드모스는 테바이를 건설할 때 샘물가에서 아레스의 자식인 용을 죽인 적이 있었는데 나중에 그 죄를 씻기 위해 8년 동안 아레스의 노예가 되어 일해야 했다. 그 기간이 끝난 뒤 아레스는 카드모스를 자신의 딸 하르모니아와 결혼시켰다.

아레스와 아테나

아레스는 전쟁의 신으로서 흔히 아테나와 비교되었다. 또 다른 전쟁의 신인 아테나가 지략과 전술로 무장하고 오히려 무차별적 파괴로부터 인명과 도시를 보호하는 신이라면, 아레스는 아무런 목적도 명분도 없는 파괴적이고 야만적인 전쟁을 즐겼다. 그래서 그리스인들은 전쟁의 신으로서 아레스보다 아테나를 더 좋아했으며 제우스도 같은 자식이지만 아테나는 끔찍이 아끼면서도 아레스는 좋아하지 않았다. 그리스 신화에 아레스가 싸움에서 부상당하는 이야기가 자주 등장하는 것도 그 때문으로 보인다.

가령 아레스는 헤라클레스가 자신의 아들 키크노스를 죽이자 직접 헤라클레스를 공격한 적이 있었다. 이때 아레스는 헤라클레스를 향해 청동 창을 힘껏 던졌지만 아테나 여신이 헤라클레스를 도와 창을 빗나가게 하는 바람에 오히려 아레스 자신이 헤라클레스의 창에 넓적다리를 깊이 찔리고 말았다. 그러자 아레스의 두 아들 포보스와 데이모

아레스와 아테나의 대결
자크 루이 다비드(Jacques Louis David), 1771년, 루브르 박물관

스가 황급히 나타나 그를 올림포스 산으로 데리고 도망쳤다.

또 트로이 전쟁 때는 연인 아프로디테가 지원하는 트로이를 아레스도 따라 돕다가 아테나의 비호를 받는 디오메데스가 던진 창에 아랫배를 찔려 비명을 지르며 올림포스 산으로 도망치기도 했다.

아레스와 아테나는 심지어 트로이 전쟁에서 직접 맞붙어 싸우기도 했다. 두 진영의 싸움이 격해지자 아레스는 아테나의 가슴을 향해 창을 던졌다. 하지만 창은 아테나 여신을 피해 갔고 아레스는 오히려 아테나가 던진 돌에 맞았다. 이를 본 아프로디테가 아레스를 보호하려다 그녀 역시 아테나의 주먹맛을 보아야 했다.

헤파이스토스에게 붙잡힌 아레스와 아프로디테
알렉상드르 샤를 길레모(Alexandre Charles Guillemo), 1827년, 인디애나폴리스 미술관

그밖에도 아레스는 사납고 힘센 거인 형제 알로아다이가 올림포스를 공격할 때 이를 막으려다 그들에게 붙잡혀 헤르메스가 다시 풀어줄 때까지 13개월(월력으로 1년) 동안이나 청동 항아리 속에 갇혀 지내는 수모를 겪기도 했다.

아레스와 아프로디테

아레스의 수모는 전쟁에만 국한되지 않았다. 아레스는 대장장이 신 헤파이스토스의 아내 아프로디테와 몰래 바람을 피우다 모든 신들의 웃음거리가 된 적도 있었다.

제우스는 아들 헤파이스토스를 하늘에서 떨어뜨려 절름발이로 만든 것이 미안하여 그 보상으로 아름다운 아프로디테를 아내로 주었다. 하지만 애욕의 여신 아프로디테는 못생긴 헤파이스토스에게 만족

하지 못하고 끊임없이 바람을 피웠는데 특히 아레스와의 관계가 유명
했다. 두 연인은 헤파이스토스가 자리를 비우기만 하면 밤이고 낮이
고 만나서 사랑을 나누었는데 보다 못한 태양의 신 헬리오스가 이를
헤파이스토스에게 일러주었다. 헤파이스토스는 미칠 듯이 분노했지만
아내 앞에서는 아무런 내색도 하지 않고 눈에 보이지 않는 그물을 만
들어 몰래 아내의 침대에 설치하였다. 그리고는 렘노스 섬에 다녀온다
며 집을 나서는 척 하였다.

아레스를 무장해제시키는 아프로디테
자크 루이 다비드(Jacques Louis David), 1824년
벨기에 왕립미술관

남편이 집을 비우자 아프
로디테는 곧 아레스를 불
러들여 침대로 갔고 두 사
람은 헤파이스토스가 쳐
놓은 그물에 꼼짝없이 붙
잡히는 신세가 되었다. 헤
파이스토스는 모든 신들을
불러 이 광경을 구경시키면
서 아프로디테와 아레스를
웃음거리로 만들었다. 결국
두 연인의 숙부인 포세이
돈이 이들을 풀어주도록
헤파이스토스를 설득하였
고 헤파이스토스는 충분한
보상을 하겠다는 아레스의 다짐을 받고 나서야 그물을 풀어주었다.
하지만 아프로디테와 아레스의 관계는 그 뒤로도 계속 되어 둘 사이
에서는 여러 명의 자식들이 태어났다.

아프로디테와 아레스는 서로에 대한 애욕 못지않게 질투심도 강했
다. 아레스는 아프로디테가 미소년 아도니스와 사랑에 빠지자 질투심
에 불타 숲으로 사냥하러 나온 아도니스를 멧돼지로 변신하여 들이

받아 죽였다. 또 아프로디테는 새벽의 여신 에오스가 아레스를 유혹하여 그의 사랑을 받게 되자 분을 참지 못하고 에오스에게 끊임없이 사랑을 갈구하게 되는 저주를 내렸다. 게다가 아프로디테는 에오스로 하여금 죽을 운명의 젊은 인간만을 사랑하게 하였다. 이때부터 에오스는 아침마다 지평선 위로 날아올라 사방을 두리번거리며 젊은 청년을 살펴야 했는데 이런 행동은 그녀의 얼굴에 부끄러운 홍조를 띠게 하여 새벽 하늘을 붉게 물들였다.

아레오파고스

아테네 시에는 고대인들이 종교와 살인 범죄를 심판하기 위한 재판이 열리는 언덕이 있었는데 여기에는 아레오파고스 즉 아레스의 언덕이라는 이름이 붙여졌다. 이런 이름이 붙여지게 된 것은 이 언덕 아래의 샘물가에서 벌어진 사건 때문이었다.

아레스에게는 아테네 왕 케크롭스의 딸 아글라우로스와 사이에서 낳은 알키페라는 딸이 있었는데 그녀가 어느 날 샘물가에서 포세이돈

아테네 아레오파고스(아레스의 언덕)
©ajbear AKA KiltBear@Wikimedia(CC BY-SA)

의 아들 할리로티오스에게 강제로 겁탈을 당한 것이다. 분노한 아레스는 당장 달려가 딸을 욕보인 할리로티오스를 죽여버렸다. 그러자 포세이돈이 아레스를 고발하고 올림포스 신들로 이루어진 법정에 재판을 요구했다. 재판이 열린 곳은 살인이 벌어진 바로 그 언덕이었다.

재판 결과 아레스는 무죄가 선포되었고 이를 기념하기 위해 언덕에는 아레오파고스(혹은 아레이오스 파고스)라는 이름이 붙여졌다. 그 뒤로도 아레오파고스에서는 많은 중요한 재판들이 열렸다. 어머니 클리타임네스트라를 죽인 오레스테스가 아테나 여신과 아테네 시민들에게 심판을 받은 곳도 아레오파고스였고, 케팔로스가 아내 프로크리스를 죽인 죄로 재판을 받은 곳도 아레오파고스였다.

그리스에서는 오늘날에도 최고 법정을 아레오파고스라고 부른다.

아레테 Arete

요약

그리스 신화에 등장하는 현명하고 관대한 왕비이다.

그녀의 남편 알키노오스 왕이 다스리는 파이아케스인들의 섬에 오디세우스 일행과 이아손 일행이 도착했을 때 그들이 무사히 귀향할 수 있게 도와주었다. 호메로스는 『오디세이아』에서 그녀를 모든 사람들에게 존경받는 여인으로 묘사하였다.

기본정보

구분	왕비
상징	현명하고 유능한 여인
외국어 표기	그리스어: Ἀρήτη
어원	탁월함, 유능함, 덕
관련 신화	오디세우스의 모험, 아르고호 원정대의 모험

인물관계

호메로스에 따르면 아레테와 그녀의 남편 알키노오스는 모두 포세이돈의 자손이다. 아레테의 아버지 렉세노르와 알키노오스는 형제지간인데, 그들의 아버지 나우시토오스는 포세이돈이 기간테스족의 왕 에우리메돈의 딸 페리보이아를 취해서 낳은 아들이다.

에우리메돈

포세이돈 ═══ 페리보이아

나우시토오스

렉세노르

아레테 ═══ 알키노오스

나우시카

오디세우스와 아레테

　호메로스의 『오디세이아』에서, 트로이 전쟁을 끝마치고 고향으로 돌

오디세우스와 나우시카
미켈레 데수블레오(Michele Desubleo), 18세기
나폴리 카포디몬테 미술관

아가던 오디세우스는 갖
은 고난 끝에 배와 부하
들을 모두 잃고 판자 조
각에 의지하여 파이아
케스인들의 섬에 도착하
였다. 탈진하여 수풀 속
에서 잠든 오디세우스는
그곳을 다스리는 알키
노오스 왕과 아레테 왕
비의 딸 나우시카 공주

에게 발견되어 궁으로 가게 되었다. 공주 일행을 먼저 보내고 홀로 궁으로 가던 오디세우스에게 아테나 여신이 소녀의 모습으로 변신하고 나타나 왕비 아레테에게 도움을 청하라고 말했다.

그대는 홀에서 먼저 안주인을 만나시게 될 것인데
그녀는 이름이 아레테이며
그녀도 알키노오스 왕을 낳았던
바로 그분들에게서 태어났지요.
(…)
그리하여 알키노오스가 그녀를
아내로 삼아 존경했는데
남편 밑에서 가사를 돌보는 모든
여인들 중에서
그렇게 존경 받는 여인은 지상에
누구도 달리 없을 거예요.
그만큼 그녀는 사랑하는 자식들
과 알키노오스 자신과
백성들에게 진심으로 존경받았고
또 존경받고 있지요.
(…)
그녀는 또한 분별력이 뛰어나 그
녀가 마음 속으로 호의를 가지면
남자들을 위해서도 분쟁을 해결
준답니다.
그녀가 그대에게 마음 속으로 호의를 가지면
그때는 가족들을 만나보고 지붕이 높다란 집과
그대의 고향 땅에 닿을 희망이 있어요.

아레테 석상
터키 에페소스
©Carlos Delgado@wikimedia(CC BY-SA)

오디세우스는 결국 아레테와 알키노오스 왕의 도움으로 꿈에 그리던 고향 이타카로 돌아가게 되었다. 아레테와 알키노오스는 오디세우스를 이타카까지 데려다 줄 배와 선원들을 제공하고 많은 진귀한 선물도 주었다.

아르고호 원정대와 아레테

아폴로니오스 로디오스의 『아르고나우티카』에서도 아레테는 이아손과 메데이아에게 도움을 주는 현명하고 관대한 왕비로 등장한다.

아르고호 원정대가 콜키스 왕의 추격을 피해 파이아케스인들의 섬에 도착했을 때 알키노오스 왕과 아레테 왕비가 일행을 따뜻하게 맞아주었다. 하지만 콜키스의 추격대도 곧 섬에 도착하였다. 추격대는 알키노오스 왕을 찾아가 메데이아와 황금 양털을 넘겨줄 것을 콜키스 왕 아이에테스의 이름으로 정중히 요구하였다. 그러자 메데이아가 아레테 왕비에게 도움을 청하였고 왕비는 알키노오스 왕에게 메데이아의 처지를 설명하며 그녀를 콜키스인들의 손에 넘겨주지 말라고 부탁했다. 아레테의 말을 들은 알키노오스는 메데이아가 결혼하지 않은 처녀라면 그녀의 아버지인 아이에테스 왕에게 돌려보내야 하지만 이아손과 결혼한 몸이라면 계속 남편의 곁에 있게 하겠다고 말했다.

아레테는 남편이 잠들기를 기다렸다 메데이아에게 가서 이 사실을 알려주었다. 아직 이아손과 결혼하지 않았던 메데이아는 그날 밤 아르고호 근처 동굴에서 이아손과 결혼식을 올렸고 콜키스의 추격대는 메데이아를 데려갈 수 없게 되었다. 아레테는 아이에테스 왕의 처벌이 두려워 콜키스로 귀환하기를 꺼리는 추격대도 모두 받아들여 자신의 섬에서 살게 해주었다.

아레투사 Arethusa

요약

그리스 신화에 등장하는 시칠리아 섬의 님페이다.

강의 신 알페이오스의 구애를 피해 도망치다 지하수로 변하여 엘리스에서 시칠리아 섬의 시라쿠사까지 흘러가서 그곳의 샘이 되었다.

기본정보

구분	님페
상징	지하수, 샘
외국어 표기	그리스어: Ἀρέθουσα
어원	물을 주는 자
관련 지명	시칠리아, 시라쿠사
관련 신화	페르세포네의 납치
가족관계	제우스의 딸, 오케아노스의 딸

인물관계

아레투사는 제우스, 혹은 오케아노스의 딸로 불리는 물의 님페 나이아데스 중의 한 명이다.('나이아데스' 참조)

신화이야기

알페이오스와 아레투사

강의 신 알페이오스는 아름다운 님페 아레투사에게 반하여 구애하였지만 처녀신 아르테미스의 시녀인 그녀는 여신과 마찬가지로 남자

아레투사를 뒤쫓는 알페이오스
베르나르 피카르(Bernard Picart), 1731년

를 싫어했기 때문에 그의 사랑을 받아들이지 않았다. 그러던 어느 더운 여름날 아레투사는 사냥을 하다 더위를 식히려 옷을 훌훌 벗어던지고 물로 뛰어들었는데 이를 본 강의 신 알페이오스가 욕망을 참지 못하고 그녀를 범하려 하였다. 아레투사는 놀라서 물 밖으로 도망쳤지만 알페이오스는 포기하지 않고 인간의 모습으로 변하여 엘리스까지 그녀를 쫓아왔다.

알페이오스의 손에 거의 붙잡힐 지경이 된 아레투사는 아르테미스 여신에게 도움을 청하였고 여신은 아레투사를 구름으로 감쌌다. 하지만 알페이오스는 아레투사가 구름 속으로 사라진 곳을 떠나려 하지 않았고 아레투사는 구름 속에서 점점

시라쿠사의 아레투사 샘
1847년, 이탈리아 ©Giovanni Dall'Orto@Wikimedia

물로 변해서 샘이 되었다. 그러자 알페이오스는 다시 강물의 신으로 모습을 바꾼 뒤 아레투사의 샘으로 들어가 그녀와 결합하려 하였다. 이를 본 아르테미스 여신은 알페이오스가 아레투사를 범하지 못하도록 땅을 갈라 그 틈바구니로 물로 변한 아레투사가 스며들게 하였다. 지하수가 된 아레투사는 시라투사까지 흘러가서 샘이 되었다.

엘리스의 알페이오스 강물에 술잔을 던지면 시라쿠사의 샘에서 다시 떠오른다고 하는데, 고대의 역사학자 스트라본은 『지리지』에서 이것이 단순히 신화가 아니며 실제로 두 곳의 물길이 지하수를 통해 서로 연결되어 있다고 주장하였다.

시라쿠사의 수호신이 된 아레투사

샘물의 님페 아레투사는 페르세포네의 납치와 관련한 신화에도 등장한다. 딸 페르세포네가 어느 날 갑자기 사라지자 분노한 데메테르 여신은 온 세상을 황무지로 만들어버리려 하였다. 그러자 시라투사의 샘이 된 님페 아레투사는 무고한 시라쿠사의 들판이 황무지로 변하는 것을 막기 위해 데메테르 여신에게 페르세포네가 사라지게 된 자초지종을 말해주었다. 그녀는 알페이오스를 피해 지하수가 되어 땅 밑을 흐르던 중 하계의 신 하데스가 페르세포네를 납치해가는 것을 보았던 것이다.

데메테르와 아레투사
빈센츠 그뤼너(Vincenz Gruner), 1791년

이때부터 아레투사는 시라쿠사의 수호신으로 숭배되었다. 기원전 5세기 무렵에 나온 시라쿠사의 동전에는 그녀의 모습이 주조되어 있다.

돌고래에 둘러싸인 아레투사
기원전 400년경에 제작된
시라쿠사 은화

또 다른 아레투사

그밖에도 그리스 신화에는 몇 명의 아레투사가 더 눈에 띈다.

1) 해신 네레우스의 딸인 네레이데스 중에도 아레투사가 있는데 그녀는 포세이돈과 관계를 맺어 에우보이아의 왕 아바스를 낳았다.

2) 세상의 서쪽 끝 정원에서 용 라돈과 함께 헤라의 황금사과를 지키는 님페인 헤스페리데스 세 자매 중 한 명의 이름도 아레투사이다.('헤스페리데스' 참조)

아르게이아 Argia, Argeia

요약

  그리스 신화에 나오는 아르고스 왕 아드라스토스의 딸이다.
  그녀는 아버지 아드라스토스에게 내려진 신탁에 따라 오이디푸스 왕의 아들 폴리네이케스와 결혼하였다. 폴리네이케스가 테바이와 전쟁을 치르다 죽자 적의 매장을 금하는 테바이 섭정 크레온의 명령을 어기고 남편의 누이 안티고네와 함께 그의 장례를 치르다 사형을 선고받았다.

기본정보

구분	공주
외국어 표기	그리스어: Ἀργεία
관련 신화	7장군의 테바이 원정

인물관계

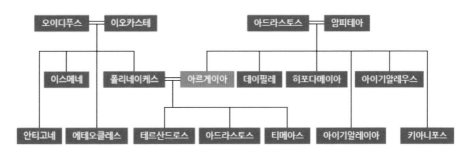

아르게이아는 아드라스토스와 암피테아 사이에서 난 딸로 데이필레, 히포다메이아, 아이기알레이아 등과 자매지간이고 남자형제로는 아이기알레우스와 키아니포스가 있다.

아르게이아는 폴리네이케스와 결혼하여 세 아들 테르산드로스, 아드라스토스, 티메아스를 낳았다.

신화이야기

두 딸을 사자와 멧돼지에게 시집 보낸 아드라스토스 왕

아르게이아의 아버지인 아르고스의 왕 아드라스토스는 두 딸 아르게이아와 데이필레를 사자와 멧돼지에게 시집 보내라는 신탁을 받았다. 어느 날 그의 궁전 입구에서 의자를 놓고 싸움이 벌어졌는데 아드라스토스가 가서 보니 싸움을 하는 두 사람이 각각 사자와 멧돼지의 가죽을 걸치고 있었다.(혹은 두 사람이 들고 있는 방패에 각각 사자와 멧돼지가 그려져 있었다) 두 사람은 테바이의 왕 오이디푸스의 아들 폴리네이케스와 칼리돈의 왕 오이네우스의 아들 티데우스였다.

폴리네이케스는 아버지 오이디푸스가 테바이에서 추방된 뒤 쌍둥이 형제 에테오클레스와 테바이를 1년씩 돌아가며 다스리기로 약속했으나 먼저 왕위에 오른 에테오클레스가 약속을 어기는 바람에 테바이에서 쫓겨나 아르고스로 왔고, 티데우스는 칼리돈에서 사람을 죽이고 추방되어 아르고스를 찾아온 것이었다.

아드라스토스는 이것이 신탁의 의미라고 여기고 두 사람을 사위로 삼고 이들이 다시 고국으로 돌아갈 수 있도록 도와주기로 했다. 그에 따라 아르게이아는 폴리네이케스와 데이필레는 티데우스와 결혼하였다.

아드라스토스 왕은 먼저 폴리네이케스의 왕권을 되찾아주기로 하고 군대를 소집하여 테바이로 쳐들어갔다. 이것이 '테바이 공략 7장군'의 1차 테바이 원정이다. 하지만 원정은 실패로 돌아가고 폴리네이케스는 에테오클레스와 결투를 벌이다 둘 다 죽고 말았다.

전쟁이 끝나고 에테오클레스의 어린 아들 라오다마스를 대신하여 테바이의 섭정에 오른 크레온은 에테오클레스를 위해서는 성대한 장례식을 치러주었지만 폴리네이케스는 외국의 군대를 이끌고 조국을 공격한 반역자로 규정하여 매장을 불허하였다.

아르게이아
작자 미상. 프랑스 국립 도서관

아르게이아는 폴리네이케스의 누이 안티고네를 도와 들판에 버려진 남편의 시체에 흙을 덮어 장례를 치렀다. 안티고네는 죽은 가족의 매장은 신들이 부과한 신성한 의무라고 주장하였지만 크레온은 자신의 명령을 어긴 두 여인에게 사형을 선고하였다. 결국 안티고네는 감옥에서 목을 매어 스스로 목숨을 끊었고 아르게이아는 아테네에서 군사를 이끌고 온 테세우스에 의해 구출되어 다시 아르고스로 돌아갔다.

하지만 아르게이아와 폴리네이케스의 아들 테르산드로스는 10년 뒤 7장군의 후손들을 규합하여 재차 테바이를 공격하였고 에피고노이라 불리는 이들 7장군의 자식들은 마침내 테바이 공략에 성공하였다. 테르산드로스는 에테오클레스의 아들 라오다마스를 내쫓고 테바이의 왕위에 올랐다.('에피고노이' 참조)

아르고스 Argos, 아르고스의 왕

요약

이나코스의 증손자로 아르고스 지역을 다스리는 세 번째 왕이다.

아폴로도로스에 의하면 아르고스는 제우스의 피를 물려받은 최초의 인간이다. 외할아버지 포로네우스로부터 펠로폰네소스 지역을 다스리는 왕권을 물려받고 그 나라를 자신의 이름을 따서 아르고스라 불렀다.

기본정보

구분	아르고스의 왕
외국어 표기	그리스어: Ἄργος
어원	빛나는
관련 지명	아르고스 시
관련 신화	니오베, 포로네우스
가족관계	제우스의 아들, 니오베의 아들, 에우아드네의 남편, 에크바소스의 아버지

인물관계

니오베와 제우스 사이에 태어났다. 에우아드네와 결혼하여 네 명의 아들을 낳았다.

```
        이나코스 ─── 멜리아
           │
   ┌───────┼───────────┐
 페게우스  아이기알레오스  포로네우스 ─── 텔레디케
                            │
              ┌─────┬───────┴──┬──────┐
           니오베 ─── 제우스   아피스   카르      네아이라 ─── 스트리몬
              │                                       │
   ┌──────────┴────────────────────────┐         │
 펠라스고스 ─── 멜리보이아            아르고스 ─── 에우아드네
              또는 데이라네이라              │
              │              ┌─────────┼───────────┬──────────┐
            리카온        에크바소스    피라스     에피다우로스    크리아소스
                             │
                          아게노르
                             │
                         아르고스 ─── 이스메네
                             │
                          이아소스
```

신화이야기

조상 및 부모

아르고스는 아르고스 지방을 다스리던 세 번째 왕으로 강의 신 이나코스의 증손자이다. 『비블리오테케』에 의하면 대양의 신 오케아노스의 아들인 이나코스는 배다른 누이동생 멜리아와 결혼하여 포로네우스와 아이기알레오스라는 아들을 얻었다. 그런데 아폴로도로스는 펠라스고스도 이나코스의 아들이라고 주장하는 이야기도 소개하고 있다.

아이기알레오스는 후사가 없이 죽었는데 나라의 이름은 그의 이름을 따서 아이기알레이아라고 불리었다. 그의 형제 포로네우스 즉 아르고스의 아버지는 나중에 펠로폰네소스 지역이라 불리는 지역 전체를 다스리는 왕이 된다. 그는 요정 텔레디케와 결혼하여 아피스와 니오베를 낳았다.

아폴로도로스에 의하면 니오베는 제우스가 관계를 맺은 최초의 여자라고 한다. 니오베는 제우스와의 사이에 아르고스를 낳은 것이다. 따라서 니오베는 제우스의 자식을 낳은 최초의 여자이고 아르고스는 제우스의 피를 물려받은 최초의 인간인 것이다.

파우사니아스의 『그리스 안내』에 의하면 그는 외할아버지 포로네우스로부터 펠로폰네소스 지역을 다스리는 왕권을 물려받고 왕국을 자신의 이름을 따서 아르고스 왕국이라 불렀다. 이렇게 해서 그는 아르고스 지역을 다스리게 된 세 번째 왕으로 아르고스 시의 이름난 조상이자 아르고스 왕국의 초대 왕이 되었다. 아르고스 사람들이 그리스 사람들을 총칭하는 이름으로 쓰일 만큼 이 도시는 그리스 신화에 중요한 의미를 지니고 있다.

아내와 자식들 그리고 후손들

『비블리오테케』에 의하면 그는 트라키아 지역에 흐르는 강의 신 스트리몬과 네아이라 사이에 태어난 딸 에우아드네와 결혼했다. 그는 에우아드네와 사이에 아들 넷을 낳았는데, 아들들 중 크리아소스가 왕위를 이어받았다.

그리고 또 다른 아들 에크바소스의 손자가 바로 아르고스와 이름이 같은 그 유명한 백 개의 눈을 가진 거인이다. 백 개의 눈을 가진 아르고스는 모든 것을 보는 아르고스인이라는 의미에서 '아르고스 파놉테스'라는 별명을 가지고 있다.('아르고스-아르고스 파놉테스' 참조)

이 아르고스 파놉테스가 아르고스 왕의 증손자이다.

또 다른 아르고스

1) 아르고호를 만든 목수의 이름도 아르고스이다. 그는 아테나 여신의 도움으로 유례없는 훌륭한 배를 만들었다. 그리고 나중에는 선원으로 원정에 참가했다.

2) 오디세우스의 집에서 기르던 개의 이름도 아르고스이다. 20년 만에 돌아온 옛 주인 오디세우스를 보자 첫눈에 그를 알아보았고, 그후 마지막 숨을 거두었다.

아르고스 Argos, 거인

요약

 백 개의 눈을 가진 거인이다.

 제우스가 헤라의 눈을 피해 이오와 관계를 맺은 다음 이오를 암소로 변신시키자 아르고스는 헤라의 명령에 따라 암소가 된 이오를 감시하였다. 이에 제우스는 헤르메스에게 아르고스를 죽이라는 명령을 내리고 헤르메스는 피리를 불어 아르고스를 잠들게 한 후 목을 베어 죽였다.

기본정보

구분	거인
상징	모든 것을 보는 자-파놉테스
외국어 표기	그리스어: Αργος Πανοπτης
어원	모든 것을 보는 아르고스인
관련 신화	이오, 에키드나, 헤르메스, 헤라
가족관계	아게노르의 아들, 이아소스의 아버지, 가이아의 아들

인물관계

 이 가계도는 아폴로도로스에 의거한 것으로, 아르고스 파놉테스는 아게노르의 아들로 아르고스의 세 번째 왕 아르고스의 증손자이다.

신화이야기

출생이야기

'파놉테스' 즉 '모든 것을 보는 자'라는 별명을 갖고 있는 아르고스의 부모에 대해서 여러 가지 다른 이야기들이 존재한다. 아이스킬로스가 쓴 『묶여있는 프로메테우스』와 『탄원하는 여인들』에는 아르고스가 가이아의 자식으로 언급된다. 그리고 아폴로도로스가 쓴 『비블리오테케』에 의하면 아르고스가 아게노르의 아들이라고 한다.

아게노르는 아르고스 지역을 다스린 세 번째 왕 아르고스 왕의 손자이다. 따라서 아르고스 파놉테스는 아르고스 왕의 증손자가 되는 셈이다.

엄청난 힘을 가진 거인 아르고스

아르고스의 외모에 대해서는 여러 가지 서로 다른 이야기들이 존재하는데 일반적인 설에 의하면 눈이 여러 개 있는 엄청난 힘을 가진 거인이다. 『비블리오테케』에 의하면 아르고스는 아르카디아 지방을 온통 황폐하게 만들던 황소를 죽였고, 반은 인간이고 반은 뱀인 괴물 에키드나도 아르고스에 의해 죽었다고 한다.

이오의 감시자

제우스의 사랑을 받았다는 이유로 아마도 이오만큼 헤라에게 박해를 받은 여인도 없을 것이다. 『비블리오테케』에 의하면 이오는 원래 헤라를 모시는 여사제였다고 한다. 제우스는 강의 신 이나코스의 아름다운 딸 이오가 강에서 돌아오는 모습을 보고 첫눈에 반해 도망가는 이오를 붙잡아 그녀의 순결을 빼앗았다. 제우스는 아내 헤라의 눈을 피하기 위해 온통 먹구름으로 주위를 덮고 이오와 사랑을 나누고는 그래도 혹시나 헤라가 눈치 챌까 이오를 하얀 암송아지로 변하게 하였다.

암소로 변해도 여전히 아름다운 이오! 헤라가 모든 상황을 눈치 채고는 암송아지를 선물로 달라고 하자 제우스는 '창피스러운 마음'과 '사랑' 사이에

『제우스와 이오』 중 이오의 모습
안토니오 다 코레조(Antonio da Correggio), 1531~1532년
빈 미술사 박물관

서 갈등하다 결국 암소를 선물로 주었다. 이에 헤라는 아르고스에게 암소를 감시하게 했다.

오비디우스에 의하면 아르고스는 돌아가며 한 번에 두 개의 눈만 감은 채 자고 나머지 눈은 뜨고 있기 때문에 암소가 된 이오의 모든

행동은 아르고스의 눈에서 벗어날 수가 없었다.

아르고스의 살해자

아르고스의 죽음에 대해서는 여러 가지 다른 이야기들이 전해지고 있다. 아이스킬로스가 쓴 『묶여있는 프로메테우스』는 이오의 말을 통해 아르고스가 원인이 밝혀지지 않은 채 그저 갑자기 죽었다고 전하고 있다. 그리고 논노스의 『디오니시아카』와 아폴로도로스의 『비블리오테케』에 의하면 아르고스는 몽둥이에 맞아 죽었다고 한다.

그의 죽음에 대해 여러 가지 이야기가 존재하지만 대부분의 경우에 '아르고스의 살해자'로 헤르메스가 등장한다. 오비디우스의 『변신이야기』는 아르고스의 죽음에 대해 상세하게 전하고 있다.

제우스는 이오의 불행을 보다 못해 헤르메스에게 아르고스를 처단하라고 지시하였다. 이에 헤르메스는 손수 만든 피리를 불러 아르고스를 유혹하고는 온갖 이야기와 피리소리로 아르고스를 잠재우려 하였다. 그 이후의 상황에 대해 『변신이야기』는 다음과 같이 전하고 있다.

헤르메스와 아르고스
르네 앙투안 우아스(Rene-Antoine Houasse), 1688년경
베르사유궁

"아르고스는 슬그머니 다가오는 잠에서 벗어나려 애를 썼다. 그러나 아르고스의 눈들 중 몇몇이 잠에 빠져도 다른 몇몇은 깨어 있었다. (…) 킬레네

에서 태어난 신이 이야기를 계속하려고 하는데 아르고스의 눈이 잠을 이기지 못해 모두 감기는 것을 보았다. 그는 곧바로 풀어져버린 아르고스의 눈들 위로 요술방망이를 지나가게 해서 아르고스가 더욱 더 깊은 잠에 빠지게 했다. 그리고는 지체 없이 낫처럼 생긴 칼로 꾸벅꾸벅 조는 아르고스의 목을 쳐서 피 흘리는 그를 바위 밑으로 내던졌고 가파른 절벽이 피투성이가 되었다."

이렇게 해서 헤르메스는 '아르고스의 살해자'라는 별명을 갖게 되었다. 헤라는 자신에게 봉사한 아르고스를 영원히 잊지 않기 위해 '별처럼 총총한' 아르고스의 눈들을 자신의 성조인 공작의 깃털에 옮겨놓았다.

또 다른 아르고스

1) 아르고스 파놉테스의 증조 할아버지 이름도 아르고스이다.
그는 제우스와 포로네우스의 딸인 니오베 사이에 태어난 아들로 니오베의 왕국 펠레폰네소스를 받고 자신의 이름을 따 아르고스 왕국이라 이름 지었다.

2) 아르고호를 만든 목수의 이름도 아르고스이다.
그는 아테나 여신의 도움으로 유례없는 훌륭한 배를 만들었고 나중에는 선원으로 원정에 참가하였다.

3) 오디세우스의 집에서 기르던 개의 이름도 아르고스이다.
20년 만에 돌아온 옛 주인 오디세우스를 보자 첫눈에 그를 알아보았고, 그 후 마지막 숨을 거두었다.

아르고호 원정대

요약

아르고호 원정대는 그리스 신화의 영웅 이아손이 아버지 아이손의 빼앗긴 왕권을 되찾기 위해 이올코스의 왕 펠리아스의 요구에 따라 콜키스의 황금 양털을 가져오기 위해 결성하였다.

그리스 각지의 영웅들이 참여한 원정대의 모험 이야기는 그리스 로마 시대 때부터 큰 인기를 끌며 시인과 예술가들을 위한 영감의 원천이 되었다.

기본정보

구분	영웅
상징	영웅들의 모험
외국어 표기	그리스어: Ἀργοναῦται
어원	아르고 = 빠르다, 아르고나우타이 = 아르고호 선원들
별칭	아르고자리
관련 별자리	아르고자리
관련 신화	황금 양털, 이아손, 메데이아, 펠리아스

신화이야기

개요

이아손의 아버지 아이손은 이올코스의 왕 크레테우스가 낳은 아들로 적법한 왕위 계승자였지만 크레테우스 왕이 죽은 뒤 아버지가 다른 형제인 펠리아스에게 왕권을 빼앗기고 유배되었다. 펠리아스는 아직 나이 어린 아이손이 성인이 되면 왕권을 돌려주겠다고 했지만 약속은 지켜지지 않았다.

아이손은 유배 생활 중에 필라코스 왕의 딸 알키메데와 결혼하여 아들 이아손을 낳았다. 하지만 그

아르고호
로렌초 코스타(Lorenzo Costa), 1500년
파도바 시립미술관

는 시시때때로 목숨을 위협하는 펠리아스에게서 아들을 지키기 위해 알키메데가 사산하였다고 속이고 이아손을 켄타우로스족의 현자 케이론에게 몰래 보내 교육시켰다.

케이론의 교육을 받으며 건장한 청년으로 자란 이아손은 아버지의 나라로 돌아가 왕위의 반환을 요구하기로 결심하고 켄타우로스들이 사는 펠리온 산을 떠나 이올코스로 갔다. 이아손은 표범가죽을 걸치고 양손에 창을 들고 왼발은 신을 신지 않은 맨발의 차림이었다. 그의 한쪽 발이 맨발인 것은 아이톨리아 지방 전사들의 오랜 관습이라고도 하고 이올코스로 오는 도중에 노파로 변신한 헤라를 업고 시냇물을 건너다 한쪽 신발을 잃어버렸기 때문이라고도 한다.

헤라 여신이 이올코스로 가는 이아손 앞에 나타난 이유는 펠리아스에 대한 미움 때문이었다. 펠리아스는 어머니 티로를 박해하는 계모 시데로를 죽일 때 헤라 여신의 신전 안에까지 쫓아들어가 살해했을 뿐만 아니라 그 뒤로도 헤라 여신에 대한 숭배에 소홀하여 여신의 분노를 샀다.('펠리아스' 참조) 이아손이 귀국길에 오르자 헤라는 그를 시험해보려고 일부러 노파로 변신해서 자신을 업고 급류를 건너달라고

부탁했는데 이때 이아손은 갈 길이 바쁜데도 불구하고 노파를 건네 주어 헤라의 신임을 얻게 되었다.

한쪽 신발만 신고 있는 아이올로스의 자손에게 살해당할 거라는 신탁을 듣고 두려워하던 펠리아스는 실제로 그런 젊은이가 나타났다는 소식을 듣고는 이아손을 궁궐로 불러들였다. 이아손은 펠리아스에게 자신의 신분을 밝히고 찾아온 목적을 솔직하게 이야기하였다. 펠리아스는 이아손에게 왕위를 되찾으려면 절대로 잠들지 않는 용이 지키고 있는 콜키스의 황금 양털을 가져오라고 하였다. 이아손이 그 제안을 받아들이면 절대로 살아서 돌아오지 못하리라고 생각했던 것이다. 하지만 이아손은 펠리아스의 조건을 수락하였다.

아르고호 원정대 모집
아티카 적색상도기, 기원전 460년, 루브르 박물관

이아손은 머나먼 콜키스의 황금 양털을 가져오기 위해 아테나 여신의 도움을 얻어 50개의 노가 달린 전대미문의 거대한 배를 만드는 한편 그리스 각지에서 모험에 동참할 영웅들을 불러 모아 아르고호 원정대를 결성하였다.

아르고호라는 배의 이름은 '빠르다'는 뜻을 지닌 그리스어 '아르고'에서 유래하였다고도 하고 배를 건조한 장인 아르고스에서 비롯되었다고도 한다.('프릭소스' 참고) 아르고호의 뱃머리는 도도네의 신성한 떡갈나무로 만들어졌는데 아테나 여신은 자신이 직접 다듬은 이 목재에 예언하는 능력까지 부여하였다.

이아손의 아르고호 원정대에 참여한 영웅들의 면모는 전승에 따라 다양하지만 대체로 그 숫자는 아르고호에 달린 노의 수와 비슷한 50명 정도로 본다. 원정대에 관한 가장 중요한 문헌으로 꼽히는 아폴로도로스의 『비블리오테케』와 아폴로니오스 로디오스의 『아르고나우티카』에 이름을 올리고 있는 원정대의 주요 인물은 다음과 같다.

- ·이아손: 아르고호 원정대의 결성자이자 리더이다.
- ·아르고스: 아르고호의 건조자. 아르고스가 콜키스에 황금 양털을 가져다준 프릭소스의 아들이라고도 하고 아레스토르의 아들이라고도 한다.
- ·티피스: 하그니스의 아들로 아르고호의 키잡이다.
- ·에르기노스: 포세이돈의 아들로 티피스가 죽은 뒤 아르고호의 키잡이가 되었다.
- ·오르페우스: 아폴론의 아들로 리라의 명수이다. 아르고호가 세이레네스의 섬을 지날 때 그의 음악 덕분에 세이레네스의 노래에 현혹되지 않고 무사히 항해할 수 있었다.
- ·몹소스: 원정대의 예언자이다. 아르고호에 승선한 예언자는 그 외에도 암피아라오스와 이드몬이 있다.
- ·제테스와 칼라이스: 북풍 보레아스의 쌍둥이 아들로 어깨에 날개가 달려 있다.
- ·카스토르와 폴리데우케스: 제우스와 레다 사이에서 태어난 쌍둥이 아들로 디오스쿠로이라고 불렸다. 디오스쿠로이는 '제우스의 아들들'이라는 뜻이다.
- ·이다스와 린케우스: 메세네 왕 아파레우스의 쌍둥이 아들이다. 나중에 디오스쿠로이 형제와 싸우다 목숨을 잃었다.
- ·헤라클레스: 미소년 힐라스와 함께 참여했다가 힐라스가 실종된

뒤 그를 찾기 위해 원정대에서 빠진다.

·네스토르: 넬레우스의 아들로 트로이 전쟁에도 참여하였다. 장수와 노년의 지혜를 상징하는 인물이다.

·라에르테스: 영웅 오디세우스의 아버지이다.

·펠레우스: 영웅 아킬레우스의 아버지이다.

·텔라몬: 펠레우스의 형제이자 영웅 아이아스의 아버지이다.

·멜레아그로스: 칼리돈의 왕 오이네우스의 아들로 칼리돈의 멧돼지 사냥을 개최한 인물이다.

·아카스토스: 펠리아스의 아들로 아버지의 반대를 무릅쓰고 원정에 참여하였다.

·오이디푸스: 테바이 왕 라이오스의 아들이다. 친어머니와 근친상간의 저주를 받은 인물로 오이디푸스 콤플렉스의 주인공이다.

·아탈란테: 처녀 사냥꾼으로 펠리아스의 장례 경기에서 아킬레우스의 아버지 펠레우스와 씨름을 겨루어 승리했다. 유일한 여성 참여자라고도 하고 여자이기 때문에 이아손이 승선을 거부하였다고도 한다.

리비아 해안의 아르고호
도소 도시(Dosso Dossi), 1520년경, 런던 내셔널갤러리

집결지는 이올코스였다. 영웅들을 태운 아르고호는 오르페우스의 노래가 울려 퍼지는 가운데 항구를 출발하였다. 일행이 가장 먼저 도착한 곳은 렘노스 섬이었다. 섬에는 아프로디테의 저주로 심한 악취를 풍기는 여자들밖에 없었다. 섬의 남자들은 악취를 핑계로 바람을 피우다 모두 섬의 여자들에게 살해당했기 때문이었다.

렘노스 섬의 여자들은 새로 도착한 아르고호의 남자들을 극진히 대접하였다. 섬의 여자들에게 빠진 원정대는 하염없이 지체하다 홀로 배에 남아 있던 헤라클레스의 경고를 듣고서야 겨우 출발할 수 있었다.(원정대가 섬에 1년이나 머물렀다는 이야기도 있지만 이는 전체 원정 기간이 4달 남짓인 신화의 전체 맥락에 어긋난다)

그 다음으로 원정대는 프리기아 연안을 따라 키지코스에 도착하였다. 일행은 키지코스 왕으로부터 환대를 받은 뒤 다시 출발했지만 도중에 폭풍을 만나 어느 섬에 도착하게 되었다. 섬의 주민들은 원정대를 해적으로 착각하고 공격하였고 원정대는 그들을 싸워 물리쳐야 했다. 하지만 원정대가 죽인 사람들은 키지코스 왕과 그 부하들이었다. 아르고호가 다시 키지코스로 돌아왔던 것이다.

이 일로 원정대는 프리기아의 여신 키벨레의 노여움을 사 배를 출항시킬 수가 없었다. 여신이 항해에 필요한 바람을 멎게 했기 때문이었다. 아르고호는 예언자 몹소스의 충고에 따라 키벨레 여신에게 제물을 바치고 진노를 가라앉힌 다음에야 다시 출발할 수 있었다.

아르고호는 그밖에도 억지로 권투 시합을 청해 방문자를 죽이는 베브리케스인들의 왕 아미코스를 권투로 때려죽이고('아미코스' 참조), 장님 예언자이자 포세이돈의 아들인 피네우스의 식탁을 더럽히는 괴조 하르피아이를 물리치고('피네우스' 참조), 서로 맞부딪쳐 지나는 배를 난파시키는 움직이는 바위 '심플레가데스'를 무사히 통과하는 등 수많은 모험을 거친 뒤 마침내 콜키스에 도착하게 된다.

황금 양털과 메데이아

하지만 콜키스의 왕 아이에테스는 이아손 일행에게 순순히 황금 양털을 내줄 생각이 없었다. 아이에테스는 이아손의 용기와 힘을 시험해 보겠다며 콧구멍에서 불을 내뿜는 황소에 멍에를 씌워 밭을 갈고 용의 이빨을 그 밭에 뿌린 다음 거기서 생겨난 무장한 병사들을 싸워 물리치라고 하였다. 이것은 물론 아이에테스가 이아손을 죽이기 위해 낸 과제였다. 이때 이아손에게 도움의 손길을 내민 사람이 바로 아이에테스 왕의 딸인 마녀 메데이아였다.

이아손에게 첫눈에 반한 메데이아는 황금 양털을 얻도록 도와주겠다며 그 대신 황금 양털을 가지고 돌아갈 때 자신도 데려가서 결혼해 달라고 했다. 이아손은 아름다운 메데이아의 제안을 기꺼이 받아들였다. 일설에 따르면 메데이아가 이아손에게 그렇게 순식간에 반한 것도 헤라 여신의 작품이라고 한다. 이아손을 도와 펠리아스를 벌하기 위해 아프로디테 여신에게 부탁하여 메데이아를 사랑에 빠지게 하였다는 것이다.

이아손은 메데이아 덕분에 아이에테스 왕의 과제를 해결하고 또 그녀의 마법으로 용을 잠재운 뒤 황금 양털도 손에 넣을 수 있었다. 이아손 일행은 메데이아와 함께 곧바로 콜키스를 떠났다. 메데이아는 아버지의 궁전을 몰래 떠날 때 이복동생 압시르토스를 납치해서 아르고호에 태웠다. 그리고는 아버지가 자신들을 뒤쫓아 올 때 남동생을 죽여 그 사지를 하나씩 바다에 던졌다. 아이에테스 왕은 어린 아들의 장례를 치르려면 사지를 바닷물에서 건져낼 수밖에 없었고 이아손 일행은 그렇게 지체된 틈을 타서 추격을 벗어났다.

하지만 메데이아의 잔인한 행동에 분노한 제우스는 폭풍을 일으켜 아르고호의 항로를 가로막았다. 이아손 일행은 예언능력을 가진 떡갈나무로 만든 뱃머리가 일러준 대로 메데이아의 고모인 마녀 키르케를 찾아가서 죄를 씻어야 했다.

귀로

황금 양털을 가지고 이올코스로 돌아가는 아르고호의 귀로 역시 모험으로 가득 찬 여정이었다. 원정대는 아름다운 노래로 뱃사람들을 유혹하여 잡아먹는 세이레네스의 섬을 오르페우스의 음악 덕분에 무사히 통과하고, 무서운 괴물 스킬라와 카립디스가 위협하는 길을 지나 알키노오스 왕이 다스리는 코르키라에 도착하였다. 이곳에서 그들은 아이에테스가 보낸 콜키스의 추격대와 마주쳤다.

콜키스인들은 알키노오스 왕에게 메데이아를 넘겨달라고 요구했고 왕은 메데이아가 아직 아버지에게 속한 처녀의 몸이라면 넘겨주겠다고 하였다. 그러자 이아손과 메데이아에게 호의를 품고 있던 알키노오스의 아내 아레테 왕비가 이 사실을 두 사람에게 알리고 그날 밤으로 결혼식을 올리게 하였다. 콜키스의 추격대는 메데이아를 더 이상 데리고 갈 수 없게 되자 아이에테스 왕의 진노가 두려워 돌아가지 못하고 코르키라 섬에 남았다.

코르키라를 출발한 원정대는 거센 폭풍에 떠밀려 리비아의 사막에 표착하는 바람에 트리토니스 호수까지 배를 어깨에 짊어지고 가야 했다. 여기서 그들은 호수의 신 트리톤의 도움으로 다시 바다로 나가는 길을 찾아갈 수 있었다.

원정대는 리비아 해안을 따라 크레타 섬에 도착했는데 이곳에는 미노스 왕의 명에 따라 하루에 세 번씩 섬을 돌며 외부인의 접근을 막는 청동 거인 탈로스가 있었다. 탈로스는 커다란 바위를 던지며 원정대를 공격하였다. 탈로스는 청동으로 된 불사의 몸이었지만 발뒤꿈치에 박힌 못이 유일한 약점이었다. 탈로스의 몸에는 신의 피 '이코르'가 흐르고 있었는데 발뒤꿈치에 박힌 못을 뽑아내면 그리로 이코르가 모두 흘러나와 죽게 되기 때문이었다. 메데이아는 그를 완전한 불사신으로 만들어주겠다고 속여 잠들게 한 다음 발뒤꿈치의 못을 뽑아 죽였다.

크레타를 떠난 원정대는 바다 한가운데서 칠흑 같은 어둠에 휩싸였다. 그러자 이아손은 빛의 신 아폴론에게 어둠 속에서 길을 보여달라고 기도하였다. 그러자 아폴론은 빛의 화살을 쏘아 주위를 밝혀주었고 원정대는 근처에 있는 작은 섬을 발견하고 상륙할 수 있었다. 이아손은 그 섬을 '아나페(계시의 섬)'라고 이름 지었다. 날이 밝은 뒤 원정대는 아폴론에게 감사를 드리고 섬을 출발하여 마침내 이올코스에 도착하였다.

이올코스에 도착한 이아손은 황금 양털을 펠리아스 왕에게 넘겨준 뒤 다시 아르고호를 타고 코린토스로 가서 포세이돈에게 감사의 제물로 배를 바쳤다. 신들은 아르고호를 하늘에 올려 별자리로 만들었다.(아르고자리)

펠리아스에게 황금 양털을 가져온 이아손
아풀리아 적색상 도기, 기원전 330년
루브르 박물관

신화해설

황금양털

이아손의 아르고호 원정대 이야기는 호메로스의 『일리아스』와 『오디세이아』에도 언급된 유명한 사건으로, 고대인들은 아르고호 원정이 트로이 전쟁보다 더 이전 시기에 실제로 있었다고 믿었다. 이아손이 그리스 각지의 온갖 영웅들로 구성된 아르고호 원정대를 이끌고서 찾아나서는 황금 양털은 신화에서 왕권을 상징하는 물건으로 간주된다. 하지만 이 신비한 물건에 어떤 구체적인 마력이나 힘이 있었던 것은 아닌 듯하다. 황금 양털이 어떤 신비한 능력을 발휘했다는 이야기는 전해지지 않는다.

학자들은 황금 양털과 아르고호 원정대의 신화를 콜키스 지방의 금과 연결시켜서 주로 해석하고 있다. 오늘날의 그루지아(조지아) 서부에 위치한 이 지역은 예로부터 금 산지로 유명했다. 고대인들은 강물에서 사금을 캘 때 양털 뭉치를 물 속에 넣어 금가루를 골라냈는데 양털 뭉치 사이사이에 사금이 잔뜩 달라붙은 모습은 말 그대로 황금 양털이었다.

원정과 관련해서는 그리스 본토의 테살리아 지방 사람들이 주로 콜키스 지역으로 가서 금을 캤다고도 하고 두 지역 사이에 금 무역이 활발했다고도 한다.

일부 학자들은 이 신화에 아테나 여신의 이야기가 많이 등장하는 점을 들어 아르고호 원정이 지중해 연안에 흩어져 있는 아테나 여신의 성소를 순방하는 순례 여행을 상징한다고 종교적으로 해석하기도 한다.

아르시노에 Arsinoe

요약

그리스 신화에 나오는 알크마이온의 아내이다.

그녀는 모친 살해범으로 광기에 사로잡혀 복수의 여신들에게 쫓기는 알크마이온과 결혼하였으나 얼마 뒤 버림받았다. 하지만 알크마이온을 죽이려는 아버지와 오빠들에게 반대하다가 궤짝에 담겨 노예로 팔려가는 신세가 된다.

기본정보

구분	공주
상징	헌신적인 아내
외국어 표기	그리스어: Ἀρσινόη
관련 신화	하르모니아의 목걸이, 테바이 공략 7장군

인물관계

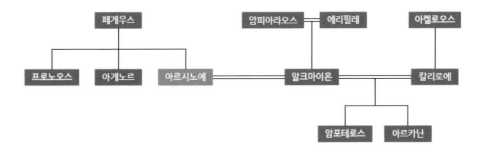

아르시노에는 프소피스의 왕 페게우스의 딸로 프로노오스와 아게노르(혹은 테메노스와 악시온) 두 명의 오빠가 있다. 그녀는 암피아라오스와 에리필레의 아들 알크마이온과 결혼하였다.

나중에 알크마이온은 아르시노에를 버리고 하신 아켈로오스의 딸 칼리로에와 결혼하여 두 아들 암포테로스와 아르카난을 얻었다.

신화이야기

모친살해

암피아라오스의 아들 알크마이온은 테바이를 정복한 뒤 아버지의 유언에 따라 어머니를 살해하였다. 그의 어머니 에리필레는 하르모니아의 목걸이와 결혼 예복에 매수되어 남편과 아들을 테바이 전쟁으로 내몰았는데, 예언자이기도 했던 암피아라오스는 전쟁에 나가면 자신이 죽을 운명이라는 것을 알면서도 에리필레 때문에 어쩔 수 없이 참전해야 했다. 그는 전쟁터로 나가면서 아들에게 어머니를 죽여 자신의 죽음을 복수해달라고 당부했다.

저주받은 하르모니아의 목걸이

하지만 알크마이온은 어머니를 죽인 뒤 광기가 들린 채 복수의 여신 에리니에스에게 쫓기는 신세가 되었다. 그는 여러 곳을 전전한 끝에 아르시노에의 아버지 페게우스 왕이 다스리는 프소피스로 갔는데 페게우스 왕은 알크마이온의 죄를 씻어주고 자신의 딸 아르시노에와 결혼시켰다. 알크마이온은 아내 아르시노에에게 결혼 선물로 어머니 에리필레가 뇌물로 받았던 하르모니아의 목걸이와 결혼 예복을 주었다. 하지만 하르모니아의 목걸이는 이제껏 그것을 소유했던 여인들을 모두 불행하게 만든 저주받은 물건이었다.

얼마 뒤 프소피스에 커다란 기근이 들었다. 게다가 알크마이온은 죄의 사면을 받았는데도 여전히 광기가 가시지를 않았다. 알크마이온이 신탁에 그 이유를 물었더니 그가 어머니 에리필레를 죽일 때 태양을 보지 않았던 오염되지 않은 땅을 찾아가 거기서 죄를 씻고 새롭게 살라고 하였다. 이에 알크마이온은 아켈로오스 강 하구의 충적지로 옮겨갔다. 그곳의 하신 아켈로오스는 다시 알크마이온의 죄를 씻어주고 딸 칼리로에와 결혼시켰다. 두 사람 사이에서는 두 아들 아르카난과 암포테로스가 태어났다.

그런데 칼리로에는 남편이 아르시노에에게 선물한 하르모니아의 목걸이와 결혼 예복이 탐이 났다. 그녀는 남편에게 그 물건들을 되찾아오라고 요구했다. 알크마이온은 하는 수 없이 프소피스로 가서 페게우스 왕에게 하르모니아의 목걸이와 예복을 델포이 신전에 바쳐야만 자신의 광기가 나을 수 있다며 다시 돌려줄 것을 청했다. 페게우스는 알크마이온을 불쌍히 여겨 돌려주려 하였으나 도중에 알크마이온의 종으로부터 사실을 전해 듣고는 분노하여 자신의 두 아들 프로노오스와 아게노르(혹은 테메노스와 악시온)를 시켜 알크마이온을 죽이게 하였다. 페게우스의 두 아들은 함정을 파서 알크마이온을 붙잡은 다음 죽여서 삼나무 숲에 묻어버렸다.

파우사니아스에 따르면 그의 시대에도 프소피스 북쪽 고지대에는 커다란 삼나무로 둘러싸인 알크마이온의 무덤이 있었다고 한다.

노예로 팔려간 아르시노에

아르시노에는 알크마이온을 죽이려는 계획에 반대하였다가 오빠들에 의해 궤짝에 담겨져 테게아의 왕 아가페노르에게 노예로 팔려가는 신세가 되었다. 이후 아르시노에의 행적에 관해서는 더 이상 전해지지 않는다.

전승에 따르면 알크마이온을 죽인 아르시노에의 오빠들은 아가페노르의 집에서 알크마이온과 칼리로에의 두 아들 아르카난과 암포테로스에 의해 살해되었다고 한다. 이들은 당시 아직 어린아이에 불과했지만 칼리로에가 아버지의 원수를 갚을 수 있도록 자식들을 빨리 자라게 해달라고 옛 연인 제우스에게 부탁하였다고 한다.

이들은 프소피스로 가서 페게우스와 그의 아내도 죽이고 하르모니아의 목걸이와 결혼 예복은 델포이의 아폴론 신전에 바쳤다.

또 다른 아르시노에

그리스 신화에는 그밖에도 아르시노에라는 이름의 여인이 여럿 등장한다.

1) 오르코메노스 왕 미니아스의 세 딸 중 한 명으로 아르시페라고도 불린다. 디오니소스 숭배 의식을 거부하였다가 광기에 사로잡혀 어린 조카 히파소스를 노루 새끼로 여기고 갈가리 찢어죽였다.('미니아데스' 참조)

2) 미케네 왕 아가멤논의 아들 오레스테스의 유모이다. 레우키포스의 딸로 아폴론과 사이에서 의술의 명인 아스클레피오스를 낳았다고 한다. 하지만 아스클레피오스는 아폴론과 플레기아스의 딸 코로니스 사이의 아들로 언급되기도 한다.

3) 테우크로스의 후손인 살라미스 왕 니코크레온의 딸이다. 페니키아 청년 아르케오폰의 사랑을 냉정하게 거절하여 그를 굶어죽게 만든 벌로 아프로디테 여신에 의해 돌로 변하였다. 그리스 신화에는 아르시노에의 이름이 아낙사레테 혹은 레우코만티스로 바뀌었을 뿐 내용은 거의 똑같은 이야기들이 또 있다.('아낙사레테' 참조)

아르카스 Arcas

요약

그리스 신화에 나오는 아르카디아의 왕이다.

그의 어머니인 숲의 님페 칼리스토는 제우스와 정을 통하고 아르카스를 낳은 뒤에 질투에 사로잡힌 헤라 여신에 의해 곰으로 변했다. 아르카스는 사냥터에서 자기 어머니가 변한 곰인 줄 모르고 화살을 겨누었다가 모자의 처지를 불쌍히 여긴 제우스에 의해 둘 다 하늘로 올라가 별자리가 되었다.

기본정보

구분	아르카디아의 왕
외국어 표기	그리스어: Ἀρκάς
별자리	작은곰자리 혹은 아르크투루스(곰의 보호자)
관련 동식물	곰, 늑대
가족관계	제우스의 아들, 칼리스토의 아들, 에라토의 남편

인물관계

아르카스는 리카온의 딸인 님페 칼리스토가 제우스와 결합하여 낳은 아들로, 펠로폰네소스 지역에 처음 정착한 펠라스고이족의 시조 펠라스고스의 후손이다. 아르카디아의 왕이 된 아르카스는 숲의 님페 에라토와 결혼하여 세 아들 아잔, 아피다스, 엘라토스를 낳은 뒤 그들에게 아르카디아 왕국을 분할하여 맡겼다.

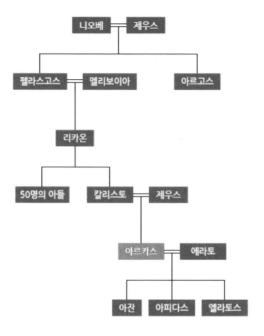

신화이야기

곰이 된 칼리스토

아르카스의 어머니 칼리스토는 아르카디아를 다스리는 리카온의 딸로 아르테미스를 섬기는 아름다운 숲의 님페였다. 제우스는 칼리스토의 미모에 반해 유혹하려 했지만 처녀신 아르테미스의 시종인 그녀는 영원히 순결을 지키기로 맹세한 몸이었으므로 제우스의 구애를 한사코 거절하였다. 몸이 달아오른 제우스는 아르테미스 여신으로 변신한 다음 칼리스토에게 접근하여 마침내 욕망을 채웠고 칼리스토는 아르카스를 임신하였다.

칼리스토는 아르테미스 여신의 처벌이 두려워 임신 사실을 감추었지만 여름날 사냥을 끝내고 다 함께 목욕을 할 때 그만 들키고 말았다. 당장 여신의 무리에서 추방당한 칼리스토는 홀로 숲에서 아들 아르카스를 낳아 기르다가 제우스의 아내 헤라 여신의 눈에 띄었고 질투심에 불타는 헤라는 그녀를 곰으로 둔갑시켜버렸다.

늑대로 변한 리카온

제우스는 숲에 홀로 남겨진 아르카스를 외조부 리카온에게 맡겨 기르게 하였다. 하지만 리카온은 제우스를 시험해보려고 아르카스를 죽여 그 고기를 제우스에게 제물로 바쳤다. 리카온의 극악무도한 짓에 격노한 제우스는 벼락을 들어 리카온의 집을 모두 불태우고 리카온은 늑대로 만들어버렸다.

오비디우스는 『변신이야기』에서 제우스가 데우칼리온의 대홍수를 일으킨 것도 리카온의 극악무도한 짓을 보고 이 세상을 정화시킬 필요를 느껴 그렇게 했다고 쓰고 있다.

아르카디아의 왕이 된 아르카스

리카온을 벌한 제우스는 아르카스를 되살려내서 리카온에 뒤이어 아르카디아를 다스리게 하였다. 그때부터 펠로폰네소스의 펠라스고이

III

칼리스토를 활로 겨눈 아르카스
헨드리크 골치우스(Hendrik Goltzius), 1590년
오비디우스 『변신이야기』의 삽화, 로스앤젤레스 카운티 미술관

족이 살던 이 지역에 아르카디아란 이름이 붙여졌다.

아르카디아의 왕이 된 아르카스는 트리프톨레모스에게서 배운 밀 재배법을 백성들에게 알려주고 빵 만드는 법과 양모 짜는 법도 가르쳐주었다. 아르카스는 목신 판의 신전에서 신탁을 전하는 숲의 님페 에라토와 결혼하여 세 아들 아잔, 아피다스, 엘라토스를 낳아 그들에게 왕국을 나누어주었다.

별자리가 된 아르카스

어느 날 아르카스는 숲으로 사냥을 갔다가 곰으로 변한 어머니 칼리스토와 마주쳤다. 칼리스토는 아들을 알아보고 다가가려 했지만 아르카스에게 그녀는 위협적인 곰일 뿐이었다. 아르카스는 칼리스토를 향해 화살을 겨누었다. 하늘에서 이 모습을 지켜보고 있던 제우스는 두 모자를 함께 하늘로 끌어올려 별자리로 만들었다.(큰곰자리와 작은곰자리)

헤라는 칼리스토가 하늘에 올라 신의 반열에 든 것을 참을 수 없었다. 그녀는 어린 시절 자신을 길러 준 대양의 신 오케아노스와 테티스를 찾아가 두 모자의 별자리가 바다에 잠겨서 휴식을 취하는 것

큰곰자리와 작은곰자리

을 못하게 해달라고 부탁했다. 오케아노스와 테티스는 사랑스런 헤라의 부탁을 들어주었고 결국 칼리스토와 아르카스의 별자리는 바다 속으로 내려앉지 못해 계속해서 쉬지 않고 북극성 주변을 맴돌게 되었다.

신화해설

    고대 그리스의 오랜 도시와 왕족들은 대체로 자신의 혈통을 제우스에 연결시키려고 했다. 이 신화를 통해 아르카디아인들이 자신들의 시조를 신들의 제왕인 제우스의 후손으로 만들고 또 그가 불의 정화를 통해 늑대와 같은 야만에서 벗어나 새로운 문명의 길로 들어섰음을 보여주고자 했던 것 같다.

아르테미스 Artemis

요약

그리스 신화에 나오는 올림포스 12신 중 한 명으로 사냥, 숲, 달, 처녀성 등과 관련된 여신이다. 아르테미스는 또한 여성의 출산을 돕고 어린아이를 돌보는 여신이기도 하다.

그리스 신화에서 아르테미스는 은활과 금화살을 들고 숲에서 사슴이나 곰 같은 짐승을 사냥하는 활기찬 처녀신의 모습으로 등장한다. 더 옛 시대에는 수많은 유방을 지닌 다산과 풍요의 상징으로 여겨지기도 했다.

로마 신화의 디아나 여신과 동일시된다.

기본정보

구분	올림포스 12신
상징	처녀, 순결, 사냥, 자유분방함
외국어 표기	그리스어: Ἄρτεμις
어원	건강(아르테메스), 살육(아르타모스), 곰(아르크토스)
별칭	포이베, 다이아나(Diana)
로마 신화	디아나(Diana)
관련 상징	활과 화살, 달, 사슴, 곰
가족관계	제우스의 딸, 아폴론의 쌍둥이 남매

인물관계

아르테미스는 제우스와 티탄 신족 코이오스와 포이베의 딸 레토 사이에서 태어났으며 아폴론과 쌍둥이 남매이다. 아르테미스 여신은 영원히 처녀성을 지켰다고 한다.

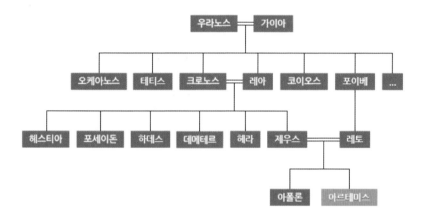

신화이야기

출생

제우스는 아내 헤라 몰래 레토와 사랑을 나누어 쌍둥이를 임신하게 하였다. 이 사실을 알게 된 헤라는 질투심에 불같이 화를 내며 레토가 이 세상에 해가 비치는 곳에서는 절대로 아이를 낳을 수 없으리라는 저주를 내렸다.

만삭의 몸으로 해산할 장소를 찾아 헤매던 레토는 지상에서는 더 이상 아이를 낳을 수 없다는 걸 깨닫고 제우스의 형제인 해신 포세이돈에게 도움을 청하였다. 이에 포세이돈은 바다 속에 가라앉아 있던 섬을 솟아오르게 하여 레토를 그곳으로 데려갔다.(이 섬이 바로 델로스 섬이라고 한다) 이제껏 바다 속에 있었으므로 헤라의 저주가 미치지 않는 장소였던 것이다. 그러자 헤라는 자신의 딸인 출산의 여신 에일레이티이아에게 명령하여 레토의 출산을 방해하였다.

에일레이티이아의 도움을 얻지 못한 레토는 진통만 계속될 뿐 아이를 낳을 수가 없었다. 보다 못한 제우스가 전령의 여신 이리스를 보내

에일레이티아에게 레토의 출산을 도우라고 명했다. 그러자 레토는 먼저 아르테미스를 낳았고 뒤이어 갓 태어난 아르테미스의 도움을 받으며 아폴론을 낳았다.

베르사유의 디아나(아르테미스)
기원전 4세기 그리스 조각가 레오카레스 (Leochares)의 석상을 모사한 로마 시대 대리석상, 1~2세기, 루브르 박물관

순결의 여신

아르테미스는 세 살 때 이미 아버지 제우스에게 영원히 처녀로 남아 있게 해달라고 청했다고 한다. 실제로 아르테미스는 평생 남자들을 멀리한 채 그녀를 따르는 님페들과 함께 외딴 숲에서 사냥을 하며 지냈다. 아르테미스와 함께 지내는 님페들 역시 영원한 순결을 맹세해야 했으며 이를 어기면 가혹한 처벌을 받았다. 예를 들어 칼리스토는 아르테미스를 따르는 님페였지만 제우스에게 유혹당해 아들 아르카스를 낳았다. 그러자 화가 난 아르테미스는 질투심에 불타는 헤라의 저주로 암컷곰으로 변신한 그녀를 활로 쏘아 죽였다.(하지만 또 다른 이야기에 따르면 곰으로 변한 칼리스토는 아들 아르카스의 활에 죽었다고 한다. '칼리스토' 참조)

아르테미스와 아폴론
아티카 적색상도기, 기원전 470년
루브르 박물관

반대로 자신에게 순결을 맹세하고 이를 지킨 히폴리토스는 매우 총애하였다. 그런데 미의 여신 아프로디테가 히폴리토스의 순결의 맹세를 자신에 대한 모독으로 여

아르테미스와 칼리스토
티치아노 베첼리오(Tiziano Vecellio), 1559년, 스코틀랜드 국립미술관

겨 그를 죽음에 이르게 하자 아르테미스는 아프로디테가 총애하는 미소년 아도니스를 멧돼지의 어금니에 찔려 죽게 만들어 그녀에게 복수하였다.(아도니스가 사냥 솜씨를 뽐내는 것에 분노하여 아르테미스가 그를 죽였다는 이야기도 있다)

사냥의 여신

사냥의 여신으로서 아르테미스의 기원은 크레타 섬 인근 지방의 민족 신화로 여겨진다. 이곳에서 아르테미스는 올림포스 신들이 등장하기 이전부터 야생동물들의 지배자로 숭배되었다고 한다.

호메로스는 『일리아스』에서 아르테미스를 여전히 "짐승들의 주인"으로 언급하고 있지만, 그리스 신화에 등장하는 아르테미스는 짐승들을 돌보기보다는 활을 쏘며 사냥하는 것을 더 즐기는 모습이다.

그러나 그녀에게 봉헌된 성스러운 동물인 사슴을 함부로 사냥하는 사람은 아르테미스 여신의 분노를 샀다. 그리스군의 총사령관 아가멤논이 트로이 출정을 앞두고 아르테미스의 신성한 사슴을 사냥했다가 여신의 분노를 사는 바람에 친딸 이피게네이아를 제물로 바치고 나서야 겨우 트로이 원정길에 오를 수 있었다.('이피게네이아' 참조)

아르테미스 여신의 사슴을 사냥하는 것은 그리스 신화 최고의 영웅 헤라클레스조차도 두려움에 떨게 하는 일이었다. 헤라클레스의 12과업 중 세 번째가 아르테미스 여신이 보호하는 케리네이아의 암사슴을 잡아오는 것이었는데 헤라클레스

헤라클레스에게서 케리네이아의 사슴을 넘겨받는
아르테미스
아티카 흑색상도기, 기원전 520년, 루브르 박물관

는 여신의 노여움을 피하기 위해 미리 그녀에게 사슴을 털끝 하나 다치지 않고 다시 데려오겠노라고 약속을 하고 조심스럽게 사로잡았다.

달과 출산의 여신

아르테미스는 달의 여신으로도 알려져 있다. 원래 그리스 신화에 나오는 달의 여신은 히페리온과 테이아 사이에서 태어난 티탄 신족 셀레네였는데 후대로 가면서 아르테미스와 동일시되었다. 이는 태양의 신 헬리오스가 차츰 아폴론과 동일시된 것과 비슷하다. 아폴론과 아르테미스는 오누이로 각각 해와 달을 상징하는 신으로 자리잡았다.(아폴론은 '포이보스', 아르테미스는 '포이베'라고 불렸는데 둘 다 밝은 빛을 뜻하는 말이다)

달의 여신으로서 아르테미스는 여자들의 생리와 출산에도 영향을 미쳤다. 아르테미스가 태어나자마자 어머니 레토의 출산을 도운 일은 유명하다. 고대 그리스에서는 여자들이 출산을 할 때 누구보다도 아르테미스 여신에게 순산을 기원하였다. 난산일 경우 아르테미스가 산모와 아이의 생사를 좌우한다고 믿었으며 분만 중에 산모가 죽으면 아르테미스 여신이 화살을 쏘아 죽인 거라고 했다. 하지만 아르테미스 여신의 화살은 순식간에 목숨을 앗아가기 때문에 희생자에게 큰 고통을 주지 않는다고 믿었다.

에페소스의 아르테미스
1세기, 에페소스 고고학박물관

이오니아의 에페소스에 있는 아르테미스 여신의 신전은 고대의 7대 불가사의로 손꼽히던 곳으로 지금은 기둥과 흔적만 남아 있지만 아르테미스의 성지 중 가장 널리 알려져 있다. 이곳에서 이오니아인들이 숭배하던 아르테미스 여신은 날랜 걸음으로 숲을 뛰어다니며 사냥을 하는 처녀신과는 사뭇 다른 모습이다. 가슴에 유방을 잔뜩 달고 있는 에페소스의 아르테미스는 프리기아의 대모지신 키벨레처럼 다산과 풍요의 상징으로 숭배되었다고 한다.

분노와 복수의 화신

아르테미스는 예민하고 화를 잘 내며 복수심이 강해서 그녀의 성질을 잘못 건드렸다가는 커다란 화를 입게 된다. 의도하지 않은 실수라 해도 용서는 없었다.

악타이온의 죽음

아리스타이오스의 아들인 테바이의 사냥꾼 악타이온은 50마리의 사냥개를 데리고 숲으로 사냥을 갔다가 그만 아르테미스 여신이 연못에서 목욕하는 광경을 보고 말았다. 노한 여신은 자신의 알몸을 본 악타이온을 사슴으로 변하게 한 뒤 그가 데리고 온 50마리의 사냥개들에게 갈기갈기 물어 뜯겨 죽게 하였다.

악타이온의 죽음
티치아노 베첼리오(Tiziano Vecellio), 1560년,
런던 내셔널갤러리

오리온의 죽음

거인 사냥꾼 오리온도 아르테미스의 분노에 희생된 남성이다. 오리온의 죽음에 대해서는 몇 가지 이야기가 있는데, 제 힘을 믿고 무모하게 여신과 원반던지기를 겨루다 여신의 분노를 사 목숨을 잃었다고도 하고 아르테미스의 시녀인 오피스를 겁탈하려다가 여신의 화살에 죽었다고도 한다. 하지만 오리온은 여신이 사랑했던 유일한 남성이었다는 이야기도 있다.

그에 따르면 오리온과 아르테미스는 서로 사랑하는 사이였는데 오빠인 아폴론이 이를 탐탁지 않게 여겼다고 한다. 오리온이 성격이 포악하고 바람둥이인데다 동생 아르테미스가 처녀의 맹세를 저

오리온의 시신 곁의 아프로디테
다니엘 세이터(Daniel Seiter), 1685년, 루브르 박물관

버리려는 것도 마음에 들지 않았기 때문이다. 이에 아폴론은 아르테미스 여신의 사냥 실력을 얕잡아보는 듯한 말로 화나게 만든 다음 멀리 바다 위에 떠 있는 둥근 물체를 맞추어보라고 했다. 자존심이 상한 아르테미스는 주저하지 않고 화살을 날려 그 물체를 맞추었는데 그 둥근 물체는 바다를 걷고 있던 오리온의 머리가 수면 위로 올라온 것이었다. 사랑하는 오리온의 죽음으로 깊은 슬픔에 잠긴 아르테미스는 아버지 제우스에게 부탁하여 그를 하늘의 별자리로 만들었다.(오리온자리)

니오베의 자식들

니오베의 신화는 아르테미스와 아폴론 남매의 가혹하고 잔인한 모습을 여실히 보여준다.

니오베는 테바이 왕 암피온과 사이에서 일곱 아들과 일곱 딸을 낳았다. 니오베의 자식들은 모두 훌륭한 청년과 처녀로 자라났다. 하지

살해당하는 니오베의 자식들
요한 쾨니히(Johann Konig), 17세기, 개인 소장

만 니오베는 이렇게 많은 아들딸을 거느린 자신이 아들 하나 딸 하나 밖에 없는 레토 여신보다 더 낫다고 뽐내다가 레토의 자식인 아폴론과 아르테미스의 손에 자식들을 모두 잃고 말았다. 아폴론이 키타이론 산에서 사냥 중이던 니오베의 아들들을 차례로 활로 쏘아 죽이는 동안 아르테미스는 집에 있던 니오베의 딸들을 모두 죽여버린 것이다. 자식을 잃은 니오베는 통한의 눈물을 흘리다 돌로 변하였다. 암피온은 스스로 목숨을 끊었다고도 하고 아폴론의 신전을 부수려 하다가 아폴론이 쏜 화살에 맞아 죽었다고도 한다.

칼리돈의 멧돼지 사냥

그리스 신화의 유명한 사건인 칼리돈의 멧돼지 사냥도 아르테미스 여신의 분노 때문에 시작되었다. 칼리돈의 왕 오이네우스는 추수를 끝마친 다음 모든 신들에게 제물을 바치면서 그만 아르테미스 여신을 깜빡 잊고 말았는데, 분노한 여신이 칼리돈에 엄청나게 큰 괴물 멧돼지를 보내 들판과 곡식을 엉망으로 망가뜨리고 사람들을 해치게 하였다. 이에 왕의 아들 멜레아그로스가 나라의 우환인 멧돼지를 없애기 위해 그리스 전역에서 수많은 영웅들을 불러 모아 멧돼지 사냥에 나섰다. 하지만 나중에 멧돼지 가죽을 놓고 사냥에 참가했던 사람들 간에 싸움이 벌어져 오이네우스 왕의 집안은 풍비박산이 나고 말았다.

아리스베 Arisbe

요약

그리스 신화에 나오는 트로이의 왕 프리아모스의 첫 번째 아내이다.
프리아모스에게 버림받고 페르코테의 왕 히르타코스와 재혼하였다.
프리아모스와의 사이에서 예언자 아이사코스를, 히르타코스와의 사이
에서 페르코테의 왕 아시오스를 낳았다. 아시오스 왕의 영토 중에는
그녀의 이름에서 유래한 아리스베라는 도시가 있다.

기본정보

구분	왕비
외국어 표기	그리스어: Ἀρίσβη
관련 신화	트로이 전쟁

인물관계

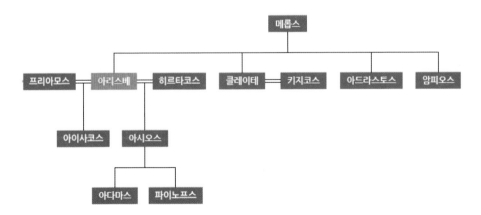

아리스베는 예언자 메롭스의 딸로 클레이테, 아드라스토스, 암피오스 등과 형제지간이다. 첫 번째 남편 프리아모스와의 사이에서 아들 아이사코스를 낳았고 두 번째 남편 히르타코스와의 사이에서 아들 아시오스를 낳았다. 아시오스에게는 트로이 전쟁에 함께 참전한 두 아들 아다마스와 파이노프스가 있다.

신화이야기

두 번의 결혼

아리스베는 트로이 왕국의 마지막 왕 프리아모스의 첫 번째 아내로 그와의 사이에서 아들 아이사코스를 낳았다. 하지만 아이사코스가 태어나고 얼마 뒤 프리아모스는 아리스베를 버리고 헤카베와 결혼하였고, 아리스베는 페르코테의 왕 히르타코스와 재혼하여 아들 아시오스를 낳았다. 일설에 의하면 프리아모스는 헤카베와 결혼하기 위해 아리스베를 히르타코스에게 주었다고도 한다.

아이사코스의 예언

메롭스는 아리스베가 낳은 외손자 아이사코스에게 꿈을 해몽하여 예언하는 능력을 물려주었다. 아이사코스는 아버지 프리아모스의 새 아내 헤카베가 꾼 꿈을 해몽해 준 것으로 유명하다.

헤카베가 파리스를 임신했을 때 자신이 낳은 횃불이 트로이를 전부 불태우는 꿈을 꾸었다. 아이사코스는 그 이야기를 듣고 트로이가 멸망하는 꿈이라며 아이가 태어나면 반드시 죽여야 한다고 주장하였지만 프리아모스와 헤카베는 차마 아이를 죽일 수 없어 이데 산에 내다 버렸다.

파리스는 양치기들에게 발견되어 그들의 손에서 자랐고 나중에 그가 스파르타의 왕비 헬레네와 사랑에 빠져 그녀를 트로이로 데려오는 바람에 트로이는 멸망하고 말았다.

아시오스의 참전과 죽음

아리스베가 히르타코스와의 사이에서 낳은 아들 아시오스는 아버지에 뒤이어 페르코테의 왕이 되었다. 그 후 아시오스가 통치하는 영토는 페르코테 외에도 세스토스, 아비도스, 아리스베 등으로 확장되었다. 아리스베는 그의 어머니의 이름을 딴 도시다.

트로이에서 전쟁이 벌어지자 아시오스는 두 아들 아다마스, 파이노프스와 함께 군대를 이끌고 전쟁에 참가했다가 그리스군으로 참전한 크레타의 왕 이도메네우스의 창에 목숨을 잃었다. 아들 아다마스도 전투 중에 사망했다.

그밖에 아리스베는 두 남자형제 아드라스토스와 암피오스도 트로이 전쟁에서 잃었다. 아버지 예언자 메롭스는 두 아들이 전쟁에 나가면 반드시 죽는다는 것을 미리 알고 한사코 말렸지만 아드라스토스와 암피오스는 아버지의 만류를 뿌리치고 기어이 전쟁에 나갔고 둘 다 그리스군의 장수 디오메데스에게 목숨을 잃었다.

아리스타이오스 Aristaeus

요약

그리스 신화에서 사람들에게 양봉, 낙농, 올리브나무 재배법을 전해준 인물로, 의술과 예언에도 능하다. 오르페우스의 아내 에우리디케를 뒤쫓다 그녀를 뱀에 물려 죽게 만들었다.

기본정보

구분	신의 반열에 오른 인간
상징	양봉, 낙농
외국어 표기	그리스어: Ἀρισταῖος
어원	최고
관련 동식물	꿀벌, 올리브나무
관련 신화	에우리디케의 죽음
가족관계	아폴론의 아들, 키레네의 아들, 아우토노에의 남편

인물관계

아리스타이오스는 아폴론과 님페 키레네 사이에서 태어난 아들로 예언자 이드몬과 형제지간이다. 키레네는 라피테스족의 왕 힙세우스의 딸이고 힙세우스는 강의 신 페네이오스와 물의 님페 크레우사의 아들이다. 아리스타이오스는 테바이 왕 카드모스의 딸 아우토노에와 결혼하여 아들 악타이온을 낳았다.

신화이야기

출생과 양육

아리스타이오스의 어머니 키레네는 펠리온 산 골짜기에서 사냥을 하던 중 그 모습에 반한 아폴론 신에게 납치되어 리비아로 갔다. 리비아에서 키레네는 아폴론의 아들 아리스타이오스를 낳았다. 아리스타이오스가 태어나자 아폴론은 아이를 증조할머니 가이아와 계절의 여신 호라이에게 맡겨 양육하게 하였다.

다른 이야기에 의하면 아이는 켄타우로스족의 현자 케이론 밑에서 자랐다고도 한다. 그 뒤 아폴론을 수행하는 무사이(뮤즈) 여신들이 아리스타이오스에게 아폴론이 관장하는 영역인 의술과 예언

아리스타이오스
프랑수아 조제프 보시오(Francois Joseph Bosio), 1812년
루브르 박물관

술을 전수했고 테살리아의 프티아 들판에서 양떼를 돌보게 하면서 낙농과 양봉 그리고 올리브나무 재배법도 가르쳐주었다.

어른이 된 아리스타이오스는 테살리아의 템페 협곡에 살면서 주민들에게 자신이 여신들에게서 배운 모든 지식들을 전해주었고 사람들은 그를 신으로 숭배하였다.

에우리디케의 죽음

아리스타이오스는 오르페우스의 아내 에우리디케를 죽음에 이르게 한 장본인이기도 하다. 어느 날 그는 강가에서 아름다운 여인을 보고 뒤따라갔는데 그녀가 바로 에우리디케였다. 에우리디케는 아리스타이오스를 피해 달아나다가 그만 독사에 발을 물려 죽고 말았다. 사랑하는 아내 에우리디케가 이렇게 황망하게 죽자 슬픔을 견디지 못한 오르페우스는 아내를 다시 데려오기 위해 직접 저승으로 내려갔다. 그곳에서 오르페우스는 아름다운 리라의 선율로 하계의 신들을 감동시켜 아내를 다시 이승으로 데려가도 좋다는 허락을 받아낼 수 있었다.

뱀에 물린 에우리디케
티치아노 베첼리오(Tiziano Vecellio), 1560년, 이탈리아 베르가모 카라라 국립미술원

하지만 지상에 다다를 때까지 뒤를 돌아보면 안 된다는 저승의 규율을 어기고 마지막 순간에 아내를 돌아본 바람에 모든 노력은 물거품이 되고 말았다.

그런 일이 있고 나서 아리스타이오스가 기르는 벌떼들이 모두 죽어버리는 일이 벌어졌다. 낙담한 아리스타이오스는 페네이오스 강 아래 강의 신(河神)의 수정 궁전에 살고 있는 어머니 키레네를 찾아가 도움을 청했다. 키레네는 아들에게 바다의 신 프로테우스에게 물으면 불행의 원인과 해법을 가르쳐줄 것이라고 말해주었다. 그러나 프로테우스는 이방인을 만나기 싫어해서 갖가지 형태로 모습을 바꾸면서 아리스타이오스를 피했다. 아리스타이오스는 포기하지 않고 프로테우스가 잠든 틈을 타서 그를 밧줄로 꽁꽁 묶은 다음 자신의 물음에 답하게 하였다. 프로테우스는 에우리디케의 죽음으로 신들이 노해서 벌떼가 전멸했으니 황소 4마리와 송아지 4마리를 제물로 바치고 검은 양 1마리를 슬픔에 잠긴 오르페우스에게 보내라고 했다. 아리스타이오스가 프로테우스의 조언대로 행한 뒤 9일 뒤에 다시 템페로 돌아와 보니 제물로 바친 소들의 주검 주위에 다시 꿀벌들이 무리지어 있는 것을 발견할 수 있었다.

악타이온의 죽음과 이후의 행적

그 후 아리스타이오스는 테바이로 가서 카드모스의 딸 아우토노에와 결혼하였다. 두 사람 사이에서는 아들 악타이온이 태어났다.

아리스타이오스는 사냥을 좋아하여 짐승을 잡는 덫과 그물을 발명하기도 했다. 아들 악타이온도 아버지와 마찬가지로 사냥을 좋아하여 훌륭한 사냥꾼이 되었지만 키타이론 산 속에서 사냥을 하다가 그만 아르테미스 여신이 목욕하는 광경을 보고 말았다. 노한 여신은 악타이온을 사슴으로 변하게 한 뒤 그가 데리고 다니던 사냥개들로 하여금 물어 죽이게 하였다.('아르테미스' 참조)

아들 악타이온이 죽은 뒤 아리스타이오스는 테바이를 떠나 떠돌이 생활을 하였다. 그는 케오스 섬으로 가서 그곳에 창궐하고 있던 역병을 물리쳤고 시칠리아, 사르디니아, 아르카디아 등지를 떠돌며 농업 기술을 전해주기도 했다.

일설에 따르면 아리스타이오스는 벌꿀로 만든 밀봉주를 가지고서 디오니소스의 포도주와 맛 대결을 펼쳤다고도 한다. 하지만 신과 인간들이 모두 디오니소스의 포도주를 선호하자 이후로는 디오니소스의 추종자가 되어 따라다녔다. 그는 디오니소스와 함께 트라키아에서 살다가 하이모스 산에서 종적을 감추었다고 하는데 사람들은 그가 승천하여 신의 반열에 올랐다고 믿었다.

아리아드네 Ariadne

요약

  그리스 신화에 나오는 크레타 왕 미노스의 딸이다.

  아테네의 왕자 테세우스로 하여금 반인반수의 괴물 미노타우로스를 무찌르고 크레타의 미궁 라비린토스를 빠져나올 수 있도록 도와주었다. 하지만 테세우스에 의해 낙소스 섬에 버려졌다가 나중에 술의 신(酒神) 디오니소스의 신부가 된다.

기본정보

구분	공주
상징	버림받은 여인
외국어 표기	그리스어: Ἀριάδνη
어원	가장 신성한 여인
별자리	북쪽 왕관자리
관련 신화	테세우스, 미노타우로스, 디오니소스

인물관계

  아리아드네는 제우스와 에우로페의 아들인 크레타의 왕 미노스와 태양신 헬리오스의 딸 파시파에 사이에서 태어난 딸로 글라우코스, 데우칼리온, 안드로게오스, 파이드라 등과 형제지간이다.

  아리아드네는 낙소스 섬에서 연인 테세우스에게 버림받은 뒤 주신 디오니소스와 결혼하여 토아스, 스타필로스, 오이노피온, 페파레토스 등의 자식을 낳았다.

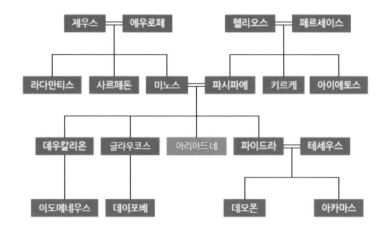

신화이야기

크레타로 간 테세우스

크레타 왕 미노스는 그의 아들 안
드로게오스가 아테네의 마라톤 들판
에서 날뛰는 황소를 잡으려다 뿔에
찔려 죽은 사건이 있은 뒤에 그에 대
한 책임을 물어 아테네를 굴복시키고
9년에 한 번씩 아테네의 젊은이들을
크레타에 인신공물로 보내도록 했다.
인신공물로 간 아테네 젊은이들은 크
레타의 미궁 라비린토스에 갇혀 있는
황소 머리의 괴물 미노타우로스에게
먹이로 바쳐졌다. 미노타우로스는 미
노스 왕의 아내 파시파에가 포세이돈

테세우스와 미노타우로스
흑색상 도기, 기원전 6세기

의 저주로 황소와 정을 통하여 낳은 괴물이었다.('파시파에' 참조)

인신공양 문제로 아테네 주민들의 원성이 높아지자 아테네의 왕 아이게우스의 아들 테세우스가 이를 해결하기 위해 자진하여 인신공물이 되겠다고 나섰다. 하지만 일설에 따르면 미노스 왕이 새로 나타난 아테네의 왕자 테세우스를 인신공물에 포함시키도록 요구하였다고 한다. 미노스 왕은 테세우스가 미궁에 들어가 미노타우로스를 죽이고 살아서 나오면 더 이상 인신공물을 요구하지 않기로 약속하였다.

아리아드네의 실

미노스 왕의 딸 아리아드네는 크레타에 도착한 테세우스를 보고는 곧 사랑에 빠져버렸다. 그녀는 테세우스에게 미궁에서 살아나올 수 있도록 도울테니 그 대신 아테네로 돌아갈 때 자신을 아내로 맞아 데려가 달라고 하였다. 아리아드네가 이렇게 금방 사랑에 빠지게 된 것은 테세우스가 크레타로 출발하기에 앞서 아프로디테 여신에게 많은 제물을 바치며 무사귀환을 빌었던 덕분이라고 한다.

아리아드네는 테세우스에게 라비린토스는 한 번 들어가면 다시는 밖으로 나오는 길을 찾을 수 없는 미궁이므로, 그가 미노타우로스를 죽이더라도 살아서 나오지 못할 것이라고 말하였다. 그러면서 그에게 붉은색 실뭉치를 건네주고는 실을 풀면서 들어갔다가 나중에 그 실을 따라서 다시 나오라고 말해주었다.

테세우스는 아리아드네가 말한 대로 실뭉치의 실을 풀며 미궁으로 들어가 미노타우로스를 맨주먹으로 때려죽인 다음 풀린 실을 따라 다시 미궁 밖으로 나올 수 있었다. 그리고 나서 테세우스는 항구로 나가 미노스 왕의 배들에 구멍을 뚫어 추적해오지 못하게 한 뒤 아리아드네 공주와 아테네의 젊은이들을 데리고 아테네를 향해 닻을 올렸다.

낙소스 섬의 아리아드네

크레타를 출발한 테세우스 일행이 얼마 후 낙소스 섬에 정박하였는데 테세우스는 여기서 잠든 아리아드네를 그대로 두고 떠나버렸다. 홀로 남겨진 아리아드네는 낙소스 섬에 머물고 있던 디오니소스의 아내가 되었다. 아리아드네의 미모에 반한 디오니소스가 그녀를 아내로 맞아 올림포스로 데려간 것이다. 그곳에서 디오니소스는 헤파이스토스가 만든 황금관을 아리아드네에게 결혼 선물로 주었는데 이 황금관은 나중에 하늘의 별자리가 되었다.(북쪽 왕관자리)

디오니소스와 아리아드네
티치아노 베첼리오(Tiziano Vecellio), 1520~1523년경,
런던 내셔널갤러리

아리아드네가 낙소스 섬에 남겨진 이유에 대해서는 여러 가지 이야기들이 전해진다. 테세우스가 다른 여자를 사랑했기 때문에 버리고 갔다고도 하고, 아리아드네의 모습에 반한 디오니소스가 밤새 납치해간 것이라고도 한다. 또 운명이 두 사람의 결혼을 허락하지 않았으므로 헤르메스(혹은 아테나)가 테세우스에게 아리아드네를 버리고 갈 것을 명령했다는 이야기도 있다.

낙소스 섬에서 잠든 아리아드네
존 벤덜린(John Vanderlyn), 1812년
펜실베니아 미술아카데미

아리아드네

존 윌리엄 워터하우스(John William Waterhouse), 1898년, 개인 소장
: 아리아드네 발치의 표범은 디오니소스를 상징한다

아테네의 왕위에 오른 테세우스는 나중에 아리아드네의 동생 파이드라와 결혼하여 두 아들 데모폰과 아카마스를 낳았다.

아리아드네의 죽음

호메로스에 따르면 아리아드네는 결국 디오니소스 때문에 죽었다고 한다. 디오니소스로부터 무슨 말을 들은 아르테미스 여신이 분노하여 아리아드네를 죽였다는 것이다. 호메로스는 디오니소스가 여신에게 구체적으로 무슨 말을 했는지는 언급하지 않았지만 일설에 따르면 낙소스 섬에 도착한 아리아드네와 테세우스가 아르테미스 여신의 신성한 숲에서 사랑을 나누었던 일을 디오니소스가 여신에게 알려주었을 것이라고 한다. 즉 아리아드네는 처녀신의 신성한 숲을 더럽힌 죄로 죽임을 당한 것이다.

그밖에도 낙소스 섬에 홀로 남겨졌을 때 테세우스의 아이를 임신 중이었던 아리아드네가 출산 후유증으로 죽었다고도 하고, 테세우스에게 버림받은 뒤 실의에 빠져 스스로 목숨을 끊었다는 이야기도 있다.

아리온 Arion, 신마

요약

그리스 신화에 등장하는 신마(神馬)로 데메테르 여신이 포세이돈에게 겁탈당하여 낳았다. 포세이돈은 데메테르가 그의 구애를 뿌리치기 위해 말로 변신하자 자신도 말로 변신하여 겁탈하였다.

아리온은 테바이를 공략한 7장군 중 한 명인 아드라스토스의 날쌘 말로 이름을 떨쳤다.

기본정보

구분	신마(神馬)
외국어 표기	그리스어: Ἀρίων, 혹은 Ἀρείων
별칭	아레이온(Areion)
관련 신화	7장군의 테바이 공략
가족관계	포세이돈의 아들, 데메테르의 아들, 데스포이나의 남매

인물관계

아리온은 포세이돈과 데메테르가 말로 변신하여 정을 통한 뒤 낳은 두 명의 자식 중 하나다. 또 다른 자식은 이름을 알 수 없는 딸이라고도 하고 데스포이나라는 이름의 딸이라고도 한다.

다른 전승에 따르면 아리온은 서풍의 신 제피로스가 하르피이아이의 하나인 포다르게와 결합하여 낳았다고도 하고 대지의 여신 가이아가 낳았다고도 한다.

신화이야기

말로 변신한 데메테르와 포세이돈

데메테르가 하데스에게 납치되어 하계로 끌려간 딸 페르세포네를 찾아 온 천지를 돌아다니고 있을 때였다. 그녀를 사랑하게 된 포세이돈이 구애하였지만 데메테르는 포세이돈의 구애를 받아들일 마음이 없었다. 데메테르는 귀찮게 따라다니는 포세이돈을 따돌리기 위해 암말로 변하여 아르카디아의 온키오스 왕의 말들 틈에 숨었다. 하지만 포세이돈은 이에 속지 않고 자신도 말로 변하여 기어코 데메테르와 사랑을 나누었다. 이로 인해 데메테르는 임신을 하였고 얼마 후 딸 데스포이나와 신마 아리온(아레이온)을 낳았다.

아리온은 처음에는 온키오스 왕의 소유였는데, 헤라클레스가 축사 청소의 대가를 지불하지 않은 아우게이아스 왕에게 복수하기 위해 엘리스를 공격할 때 빌려갔다. 헤라클레스는 이 말을 나중에 테바이를 공략한 7장군 중 한 명인 아르고스의 왕 아드라스토스에게 주었다.

아드라스토스의 신마

아리온은 바람처럼 빠른 말이었다. 호메로스는 『일리아스』에서 누구보다도 더 빨리 달리는 말로서 "아드라스토스의 날랜 신마인 고귀한 아리온"과 "말들 중에서 가장 훌륭하다는 라오메돈의 말들"('라오메돈' 참조)을 언급했다. 또 파우사니아스는 아드라스토스가 테바이 원정 때 7장군 중 유일하게 목숨을 건질 수 있었던 것은 순전히 "검은 갈기의 말 아리온" 덕분이었다고 했다. 아르고스군이 테바이군에게 패하자 아리온은 아드라스토스를 태우고 재빨리 싸움터를 벗어나 안전한 곳에 그를 내려놓았다고 한다.

현대의 아리온

아리온은 미국 소설가 릭 라이어던의 『퍼시 잭슨』 시리즈에 등장하여 주인공을 태우고 활약한다.

미쓰비시 자동차 '스타리온(Starion)'은 '스타(Star)'와 아리온(Arion)'이 결합된 이름이다.

북미 시장에서 크게 인기를 끌었던 온라인 게임 'Wizard101'의 캐릭터로도 등장한다. 여기서도 아리온은 포세이돈의 아들로 등장하며 마찬가지로 포세이돈의 딸인 반인반수의 괴물 라미아와는 남매지간이다.('라미아' 참조)

아리온 Arion, 음유시인

요약

그리스 신화에 나오는 레스보스 출신의 음유시인이다.

경연대회에 참가하고 돌아가는 길에 탄 배에서 선원들에게 상금으로 받은 돈을 모두 빼앗기고 바다에 던져지는 신세가 되었지만 죽기 전에 마지막 소원으로 부른 노랫소리에 감동한 돌고래들이 등에 태워 육지로 데려다주었다고 한다.

기본정보

구분	음유시인
상징	짐승마저 감동시키는 예술의 힘
외국어 표기	그리스어: Ἀρίων
관련 동물	돌고래
별자리	돌고래자리

인물관계

아리온은 레스보스 섬 메팀나 출신으로 키크레우스의 아들이라고 한다.

코린토스의 참주 페리안

드로스의 궁에서 음악가로 살았다는 것 말고는 그에 생애나 가족에 관해서 알려진 바가 없다.

신화이야기

140

개요

아리온은 레스보스 섬의 메팀나 출신이지만 코린토스의 참주 페리 안드로스의 궁에서 음악가로 생의 대부분을 보낸 인물이다. 이곳에서 그는 커다란 부와 명성을 쌓았다.

아리온은 디오니소스 숭배의식의 일부로 시행되었던 디티람보스(디 오니소스를 찬양하는 합창가)의 형식을 완성하여 장차 비극(tragedy, 悲 劇)이 발전하는 계기를 마련하였으며, 제단 주위를 돌며 노래 부르는 윤무창(輪舞唱) 의 발명가로도 알려져 있다. 하지만 그가 쓴 노래와 시 는 한 편도 전해지지 않는다.

리라를 타며 바다로 뛰어든 아리온

아리온은 이탈리아 남부와 시칠리아에서 열린 경연대회에 참가하여 많은 상과 상금을 받고 코린토스로 돌아가는 배에 올랐다가 봉변을 당하였다. 배가 바다로 나가자 뱃사람들이 그를 죽이고 그가 받은 상 금을 빼앗으려 했던 것이다.

아리온은 돈은 모두 가져가도 좋으니 목숨 만은 살려달라고 했지 만 자신들의 범죄 행 위가 발각될 것을 우 려한 선원들은 기어코 그를 죽이려 했다. 죽 음을 모면할 수 없다 고 여긴 아리온은 음 유시인으로서 마지막

아리온
마테우스 컨(Matthaus Kern), 1841년

으로 노래를 부르고 죽을 수 있게 해달라고 간청했다. 그의 명성을 익히 알고 있었던 선원들은 그의 마지막 소원을 들어주었다. 아리온은 음유시인의 의복을 갖춰 입고 갑판에 서서 리라를 뜯으며 애잔한 목소리로 아폴론의 찬가를 노래한 다음 바다로 뛰어들었다. 선원들은 커다란 파도가 그를 삼켜버리는 것을 보고 안심하고 다시 뱃길을 재촉했다.

돌고래의 등에 올라탄 아리온

하지만 아리온은 바다에 빠져 죽지 않았다. 그의 노랫소리에 감동한 돌고래들이 몰려와서는 그를 등에 태우고 해변으로 데려다주었기 때문이다. 그가 돌고래의 등에 타고 도착한 곳은 펠로폰네소스의 타이나론이었다. 아리온은 육로

해마를 탄 아리온
윌리암 아돌프 부그로(William Adolphe Bouguereau),
1855년, 클리블랜드 미술관

로 코린토스로 가서 페리안드로스를 만나 그간의 일을 모두 고했다. 얼마 뒤 아리온이 탔던 배도 코린토스에 도착했다. 페리안드로스는 시치미를 떼고 그 배의 뱃사람들에게 아리온은 어디 있냐고 물었고 뱃사람들은 항해 도중에 사고로 물에 빠져 죽었다고 거짓말을 했다. 하지만 아리온이 모습을 나타내자 그들은 놀라 기겁을 하며 자신들의 죄를 실토했고 페리안드로스는 그들에게 엄한 벌을 내렸다.

나중에 아리온이 돌고래의 등에 실려 도착한 타이나론 해변의 바위에는 청동으로 만든 기념비가 세워졌고 그를 태워준 돌고래는 아폴론 신에 의해 하늘에 올려 별자리가 되었다.(돌고래자리)

아마조네스 Amazones

요약

   그리스 로마 신화에 등장하는 전설적인 부족으로 여전사로만 이루어져 있다. 남자 아이가 태어나면 죽이고 여자 아이만 길렀다고 한다. 사냥과 전쟁을 즐기는 호전적인 집단으로 그리스 신화의 영웅담에는 이 사나운 여전사들과 싸운 이야기가 단골로 등장한다.

기본정보

구분	신화 속 부족
상징	여전사
외국어 표기	그리스어: Ἀμαζόνες, 단수형 아마존(Ἀμαζών)
어원	젖이 없는 여인들, 빵을 먹지 않는 여인들
관련 신화	헤라클레스의 모험, 테세우스의 모험, 트로이 전쟁

인물관계

   아마조네스는 군신 아레스와 님페 하르모니아의 후손이라고 한다.

신화이야기

개요

아마조네스는 여전사들로 이루어진 전설적인 부족으로, 군신 아레스와 님페 하르모니아의 후손으로 알려져 있다. 이들은 사냥과 전쟁을 좋아하였으며 활을 쏘거나 창을 던질 때 방해가 된다고 하여 한쪽 유방을 제거하였는데 이 때문에 아마조네스라는 이름이 붙여졌다고 한다. 아마조네스의 단수형인 '아마존'은 그리스어로 '젖이 없다'는 뜻이다. 하지만 '아마존'이 '아마자'에서 나온 말로서 '마자(보리)가 없다'는 뜻이라는 이야기도 있다. 이 경우 아마조네스는 보리로 빵을 만들어 먹지 않는 종족, 즉 수렵생활을 하는 종족이라는 뜻이 된다.

바지를 입고 방패와 화살통을 든 아마조네스
아티카 항아리, 기원전 470년, 영국 박물관

아마조네스는 전쟁의 신 아레스와 처녀 신이자 수렵의 여신인 아르테미스를 숭배하였다. 그들은 자식을 낳기 위해 이웃 부족의 남자들을 이용했으며 이때 사내아이가 태어나면 죽이거나 노예로 삼았다고 한다.

이들의 거주지로는 흑해 연안(흑해는 기원전 5세기까지도 '아마존의 바다'라고 불렸다), 카우카소스 산맥, 트라키아, 카리아(터키 남서부), 테미스킬라(소아시아 북부), 스키티아(러시아 남부) 등지가 거론된다.

그리스 신화의 영웅담에는 이 사나운 여전사 부족과 싸운 이야기가 단골로 등장한다.

벨레로폰의 아마조네스 정벌

벨레로폰은 살인죄를 씻기 위해 몸을 의탁했던 프로이토스 왕의 궁정에서 그의 아내 스테네보이아의 노골적인 유혹을 거절했다가 오히려 겁탈하려 했다는 누명을 쓰고 쫓겨나 리키오의 왕 이오바테스에게로 갔다. 프로이토스로부터 벨레로폰을 죽이라는 편지를 받은 이오바테스는 그에게 괴물 키마이라를 죽이라는 등 감당하기 힘든 여러 가지 과업을 부과하였는데 그 마지막 과제가 바로 아마조네스 정벌이었다. 벨레로폰은 이 과업을 성공적으로 수행하고 마침내 영웅의 반열에 올랐으며 이오바테스의 인정을 받아 그의 사위가 되고 왕국도 물려받았다.

부상당한 아마조네스 여전사
기원전 5세기 그리스 조각의 로마 시대 복제품. 대리석, 로마 카피톨리움 박물관

헤라클레스와 히폴리테의 허리띠

헤라클레스는 헤라 여신의 저주로 광기에 사로잡혀 처자식을 죽인 죄로 미케네의 에우리스테우스 왕의 노예가 되어 그가 시키는 일을 해야 했다. 에우리스테우스는 헤라클레스에게 12가지의 몹시 어려운 과업을 부과했는데 그 중 아홉 번째 과업이 아마조네스의 여왕 히폴리테가 아버지인 군신(軍神) 아레스로부터 받은 허리띠를 빼앗아오는 것이었다. 헤라클레스는 이 과업을 위해 단단히 무장을 챙기고 사나운 여전사들의 나라로 떠났다.

하지만 막상 아마조네스에 도착하자 히폴리테가 헤라클레스에게 반하여 순순히 허리띠를 내어주겠다고 하는 바람에 일은 생각보다 쉽게 풀리는 듯했다. 그러나 헤라 여신이 이를 잠자코 지켜보고만 있지 않았다. 그녀는 아마조네스 여전사로 변신하여 헤라클레스가 자신들의 여왕을 납치해가려 한다고 소리쳤고 그러자 분노한 여전사들과 헤라클레스 사이에 격렬한 싸움이 벌어졌다. 결국 헤라클레스는 허리띠를 가져가기 위해 수많은 아마조네스 여전사와 히폴리테까지도 죽여야 했다. 하지만 또 다른 이야기에 따르면 히폴리테는 죽지 않았고 헤라클레스가 전투 중에 사로잡은 많은 여전사들과 교환 조건으로 허리띠를 넘겨주었다고 한다.

테세우스와 아마조네스의 전쟁

헤라클레스가 히폴리테의 허리띠를 가져오기 위해 아마존 원정을 떠났을 때 테세우스도 동행하였다.(일설에는 테세우스가 독자적으로 아마존 원정을 떠난 것이라고도 한다) 이때 테세우스는 히폴리테(혹은 그녀의 동생 안티오페)를 납치하여 아테네로 데려와 자신의 아내로 삼았다. 여왕(혹은 그 동생)을 빼앗긴 아마조네스는 테세우스 일행을 뒤쫓아 아테네까지 쳐들어와 아크로폴리스 언덕을 포위하고 맹렬한 공격을 펼쳤으나 결국 테세우스에게 패해 자기들 나라로 돌아갔다. 테세우스와 히폴리테(혹은 안티오페) 사이에서는 아들 히폴리토스가 태어났다.

펜테실레이아와 아킬레우스

트로이 최고의 장수 헥토르가 아킬레우스에게 죽고 나서 전세가 그리스 쪽으로 기울어질 무렵 아마조네스의 여왕 펜테실레이아가 아마조네스 여전사들을 이끌고 트로이의 왕 프리아모스를 도우러 왔다. 사슴 사냥을 하다 실수로 동생 히폴리테를 죽인 그녀의 죄를 프리아모스가 씻어준 데에 대한 보답이었다.

전투에 나선 펜테실레이아는 무
서운 용맹을 과시하며 그리스 진영
을 유린하였다. 그리스군의 맹장 아
이아스도 그녀의 기세를 꺾지 못했
고 마침내 아킬레우스와 일대일로
마주서게 되었지만 펜테실레이아는
조금도 두려워하지 않고 곧장 그에
게로 달려나갔다. 하지만 그녀는 아
킬레우스의 상대가 아니었다. 아킬

도망치는 아마조네스 여전사
아티카 적색상 도기, 기원전 510년경

레우스가 던진 창은 그녀의 오른쪽 젖가슴을 꿰뚫었고 펜테실레이아
는 그 자리에서 즉사하였다.

펜테실레이아의 투구와 갑옷을 벗긴 아킬레우스는 너무나도 아름다
운 그녀의 모습에 깜짝 놀랐다. 그는 슬픔과 안타까움을 금할 수 없
어 더 이상의 싸움을 멈추고 그녀의 시신을 정중히 수습하여 트로이
성으로 보내주었다. 프리아모스 왕은 자신을 돕기 위해 용맹히 싸우
다 전사한 펜테실레이아에게 성대한 장례식을 베풀어주었다.

일설에는 아킬레우스가 죽은 펜테실레이아의 모습이 너무 아름다워
연정을 품게 되었다고 하고 심지어 그녀의 시체와 시간(屍姦)을 하였다
고도 한다.

아마타 Amata

요약

로마 신화에 등장하는 라티움의 왕 라티누스의 아내이다.

이방인 아이네이아스를 외동딸 라비니아의 남편으로 삼으려는 라티누스 왕의 결정에 반대하여 결국 투르누스와 아이네이아스 사이에 전쟁이 벌어지게 만든다.

아마타는 자신의 조카이자 루툴리족의 왕인 투르누스가 아이네이아스와의 결투에 패해 죽었다는 소식을 듣고 스스로 목을 맸다.

기본정보

구분	왕비
외국어 표기	라틴어: Amata
관련 신화	아이네이아스의 이탈리아 정착, 로마 건국

인물관계

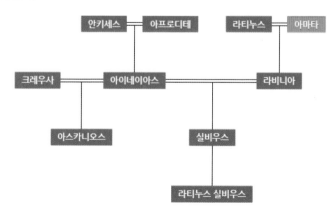

아마타는 라티움의 왕 라티누스와 결혼하여 외동딸 라비니아를 낳았다. 라비니아는 트로이에서 유민들을 이끌고 라티움에 정착한 아이네이아스와 결혼하여 로마 왕가의 시조가 되는 아들 실비우스를 낳았다.

신화이야기

아이네이아스와 라비니아의 결혼에 반대한 아마타

라티움의 왕 라티누스와 왕비 아마타는 외동딸 라비니아를 이웃나라 루툴리족의 왕 투르누스와 약혼시켰다. 하지만 라티누스 왕은 딸 라비니아가 이방인과 결혼해야 한다는 신탁 때문에 이 약혼을 달가워하지 않았다. 그러던 중에 아이네이아스가 트로이의 유민들을 이끌고 라티움에 도착하자 라티누스는 딸을 아이네이아스에게 주어야겠다고 마음먹었다. 하지만 자신의 조카이기도 한 투르누스를 사윗감으로 점찍고 있었던 아마타는 남편의 결정에 찬성하지 않았다. 일설에 따르면 베누스(그리스 신화의 아프로디테)의 아들 아이네이아스를 탐탁히 여기지 않던 유노(그리스 신화의 헤라)가 복수의 여신 푸리아이(그리스 신화의 에리니에스) 중 하나인 알렉토를 시켜 아마타 왕비로 하여금 두 사람의 결혼을 적극적으로 반대하도록 만들었다고 한다.

아이네이아스와 투르누스의 결투

그런데 얼마 뒤 뜻밖의 사건으로 라티움 원주민과 트로이 유민 사이에 불화가 발생했다. 아이네이아스의 아들 아스카니오스가 사냥을 하다 실수로 신성한 암사슴을 죽이자 화가 난 원주민 청년들과 아스카니오스 일행 사이에 싸움이 벌어졌던 것이다. 이 기회를 틈타 아마타는 투르누스와 함께 라티누스를 부추겼고 결국 원주민들과 트로이 인

라티누스와 아마타
기욤 루이예(Guillaume Rouill)의 『위인
전기 모음』에 수록된 삽화, 1553년

들 사이에 전쟁이 벌어졌다.(하지만 다르게 전해지는 이야기에 따르면 전쟁은 라티누스 왕이 다스리는 라티니족과 트로이인들의 연합군과 투르누스 왕이 다스리는 루툴리족 사이에 벌어졌다고 한다)

전쟁은 결국 아이네이아스의 승리로 끝이 났다. 아마타는 투르누스가 일대일 결투로 승부를 가리자는 아이네이아스의 제안을 받아들이려 할 때 이를 한사코 말렸지만 결국 투르누스는 결투에 나섰다가 목숨을 잃고 말았다. 아마타는 투르누스가 죽었다는 소식을 듣고 스스로 목을 매고 죽었다.

라비니움과 알바 롱가의 건설

투르누스와의 전쟁에서 승리한 아이네이아스는 라비니아와 결혼하고 라티누스 왕으로부터 라티움의 통치권도 물려받았다. 아이네이아스는 라티움 원주민과 트로이 유민을 결합시킨 새로운 왕국을 건설하고 이를 라비니아의 이름을 따서 라비니움이라고 명명했다.

아이네이아스가 죽은 뒤 라비니움의 왕위는 아들 실비우스에게로 돌아갔다. 실비우스는 나중에 아이네이아스가 트로이에서 데려온 아들 아스카니오스가 로마 남동쪽 알바 산 기슭에 건설한 알바 롱가도 물려받았는데, 훗날 건설된 로마의 모태가 된 알바 롱가 왕국의 통치자들은 이때부터 항상 실비우스라는 별칭을 사용하였다.

아말테이아 Amalthea

요약

  그리스 신화에서 어린 제우스를 길러준 유모로 등장하는 님페이다.
아말테이아는 제우스를 염소의 젖을 먹여서 길렀는데 이 염소의 뿔
에서는 넥타르와 암브로시아가 흘러나와 또한 제우스의 양식이 되었
다. 일설에는 아말테이아 자신이 염소였다고도 한다.

기본정보

구분	님페
상징	보살핌, 풍요
외국어 표기	그리스어: Ἀμάλθεια
어원	돌보는 신
관련 동물	염소
관련 상징	풍요의 뿔
별자리	마부자리, 마부자리의 일등성 카펠라
관련 신화	제우스의 탄생
가족관계	크로노스의 아내, 판의 어머니

인물관계

  아말테이아는 어린 제우스를 염소 젖을 먹여 기른 유모로만 알려져
있는데, 숲의 님페라고도 하고 염소라고도 한다.
  일설에 따르면 크로노스와 관계하여 반인반수의 목신(牧神) 판을
낳았다고 한다.

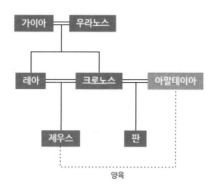

신화이야기

제우스의 탄생

티탄 신족의 우두머리 크로노스는 언젠가 자신이 낳은 자식에 의해 왕좌에서 쫓겨날 운명이라고 했다. 그래서 그는 아내 레아가 임신을 하면 잘 주시하고 있다가 자식을 낳는대로 곧바로 집어삼켰다. 그렇게 크로노스는 레아가 낳은 모든 자식들을 잡아먹었다.

연이어 자식을 잃은 레아는 커다란 슬픔에 잠겼다. 또 다시 아이를 낳게 되었을 때 그녀는 어머니 가이아에게 도움을 청했고 가이아는 크레타 섬의 동굴에 아이를 감춰주었다. 가이아의 도움으로 아이를 빼돌린 레아는 대신 돌덩이를 강보에 싸서 크로노스에게 건네주었고 크로노스는 만족스럽게 그것을 집어삼켰다. 레아는 어린 제우스를 크레타 섬의 님페 아말테이아에게 맡겨 기르게 하였다. 아말테이아는 아이를 염소의 젖과 이데 산 꿀벌들의 꿀을 먹여 키웠다.(다른 이야기에 따르면 레아는 님페 아말테이아를 암염소로 변하게 하여 그 젖을 아이에게 먹였다고도 한다)

아말테이아는 어린 제우스를 나무에 매달아두고 길렀는데 이는 크로노스가 하늘과 땅과 바다 그 어디서도 제우스를 찾지 못하게 하기 위해서였다. 또 아기의 울음소리가 크로노스의 귀에 들어가지 않도록

제우스의 양육
니콜라 푸생(Nicolas Poussin), 1638년, 런던 덜 위치 미술관

쿠레테스(혹은 코리반테스)를 시켜 그릇이나 방패를 두드리며 요란한 소리를 내도록 했다.

풍요의 뿔

어느 날 제우스가 염소와 놀다가 실수로 뿔을 한 개 부러뜨렸는데 그 안에서 신들의 음식인 넥타르와 암브로시아가 흘러나와 제우스의 양식이 되어주었다. 나중에 제우스는 이 뿔을 유모 아말테이아에게 주면서 그녀가 원하는 모든 것이 그 안에서 나올 거라고 했다. 이것이 바로 아말테이아의 뿔이라고 불리는 '풍요의 뿔(코르누코피아)'이다.

아이기스

크레타의 동굴에서 무사히 어른으로 성장한 제우스는 자신에게 젖을 제공했던 염소의 가죽으로 방패를 만들어 무장을 갖추고 아버지 크로노스와 티탄 신족을 상대로 전쟁을 벌여 승리를 거두었다. '염소

(아이스)'라는 말에서 유래한 아이기스는 적들의 그 어떤 공격도 막아 낼 수 있는 무적의 방패일 뿐만 아니라 손에 들고 흔들면 폭풍이 일고 천둥과 벼락이 치는 무기가 되기도 했다.

하늘의 별이 된 아말테이아의 염소

제우스에게 젖을 먹이고 나중에는 무적의 방패를 만들 가죽까지 제공한 아말테이아의 염소는 나중에 하늘에 올라 별이 되었다. 마부자리의 일등성인 카펠라가 그것인데 암염소라는 뜻이다.

아물리우스 Amulius

요약

로마 신화에 나오는 알바 롱가 왕국의 14대 왕이다.

형 누미토르의 왕위를 찬탈하고 알바 롱가의 왕이 되었으나 누미토르의 딸 레아 실비아가 낳은 쌍둥이 아들 로물루스와 레무스에 의해 죽음을 맞았다. 로물루스와 레무스는 누미토르를 다시 왕좌에 복귀시켰고 그 공로로 받은 영토에 새 도시 로마를 건설하였다.

기본정보

구분	알바 롱가의 왕
관련 신화	로마 건국신화, 로물루스 신화
가족관계	누미토르의 형제, 프로카스의 아들

인물관계

아물리우스는 아이네이아스의 직계 후손인 알바 롱가의 왕 프로카스의 아들로 누미토르와 형제이다. 누미토르의 딸 레아 실비아는 군신 마르스와 정을 통해 로마의 건설자 로물루스와 레무스를 낳았다. 아물리우스는 누미토르의 왕권을 빼앗았다가 로물루스와 레무스에 의해 목숨을 잃었다.

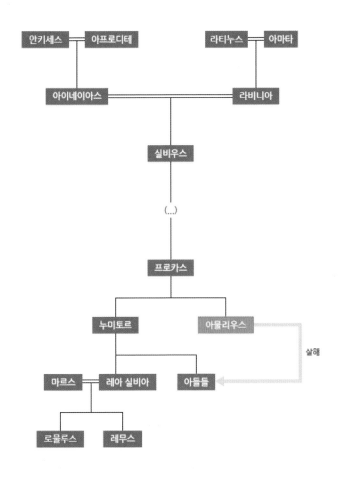

신화이야기

형 누미토르를 쫓아내고 알바 롱가의 왕권을 차지한 아물리우스

　아물리우스는 아버지인 알바 롱가 왕국의 13대 왕 프로카스가 사망하자 왕위 계승자인 형 누미토르를 쫓아내고 자신이 알바 롱가의 왕이 되었다. 아물리우스는 왕위 찬탈의 후환을 없애기 위해 누미토르의 아들들을 모두 죽이고 딸 레아 실비아는 베스타 여신의 사제로 만들었다. 베스타 여신을 모시는 사제는 평생 처녀로 지내야 하므로 누미토르의 후손이 태어날 염려가 없었기 때문이었다.

군신 마르스의 자식을 낳은 레아 실비아

하지만 레아 실비아는 어느 날 신전에 바칠 물을 뜨러 숲으로 갔다가 동굴에서 군신 마르스(그리스 신화의 '아레스')와 동침하여 쌍둥이 아들 로물루스와 레무스를 낳았다.

아물리우스는 이들이 태어나자 티베리스 강가에 내다버렸지만 아이들은 늑대의 젖을 먹고 자라다가 왕의 가축들을 돌보는 목동 파우스툴루스에게 발견되었다. 파우스툴루스는 두 아이를 자기 집으로 데려가 자식처럼 키웠다.

레아 실비아는 동정을 지켜야 하는 계율을 어긴 죄로 산 채로 매장되었다고도 하고 티베리스 강에 던져졌지만 강의 신 티베리누스에게 구출되어 그와 결혼하고 강의 여신이 되었다고도 한다.

로마의 건국

건장한 청년으로 자라난 로물루스와 레무스는 목동이 되어 가축을 돌보며 살았다. 그러던 어느 날 그들과 누미토르의 가축을 돌보는 목

마르스와 레아 실비아
페테르 파울 루벤스(Peter Paul Rubens), 1617년경, 리히텐슈타인 미술관

동들 사이에 싸움이 벌어져 레무스가 누미토르의 목동들에게 끌려가고 말았다. 로물루스는 파우스툴루스와 함께 레무스를 구하기 위해 누미토르의 집으로 갔다. 누미토르는 레무스의 모습이 자신을 쏙 빼닮은 것에 의아해하던 중 파우스툴루스의 이야기를 듣고 두 형제가 자신의 손자들이란 사실을 알게 되었다.

늑대의 젖을 먹는 로물루스와 레무스
로마 카피톨리니 박물관
: 늑대는 기원전 5세기 동상이고
두 아이의 동상은 12세기에 추가된 것이다.

그 뒤 로물루스와 레무스는 젊은이들을 규합하여 아물리우스를 알바 롱가의 왕좌에서 몰아내고 누미토르를 다시 알바 롱가의 왕위에 복귀시켰다. 아물리우스는 이때 로물루스와 레무스의 손에 목숨을 잃었다.

누미토르는 두 손자의 공로를 치하하여 그들이 파우스툴루스에게 발견된 티베리스 강 기슭의 땅을 하사하였다. 로물루스와 레무스는 그곳에 새로운 도시 로마를 건설하였다.

아미모네 Amymone

요약

다나오스의 딸이다.

아버지의 명령에 따라 자매들과 함께 샘물을 찾으러 다니다 사티로스의 눈에 띄어 강간당할 위험에 처하게 되었는데 포세이돈의 도움으로 위기를 벗어났다. 아미모네는 자신을 구해준 포세이돈과 관계를 맺었다. 포세이돈은 아미모네에게 레르나에서 샘이 있는 곳을 알려주었고, 후에 포세이돈과 사이에서 아들 나우플리오스를 낳았다.

아미모네를 구하는 포세이돈
루퍼트 버니(Rupert Bunny), 1920년

기본정보

구분	공주
상징	아미모네 샘
외국어 표기	그리스어: Ἀμυμώνη
어원	비난할 수 없는, 결백한, 뛰어난
관련신화	나우플리오스

다나오스가 낳은 50명의 딸들인 다나이데스 중 하나이다.

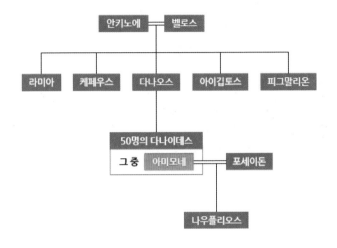

신화이야기

개요

다나오스는 아버지 벨로스로부터 리비아 왕국을 물려받고 쌍둥이 동생 아이깁토스는 아라비아를 물려받았다. 다나오스는 50명의 딸을 낳았는데 동생 아이깁토스와 그가 낳은 50명의 아들들이 두려워 딸들과 함께 아르고스로 도망가 그곳의 왕이 되었다.

아르고스 지역은 원래 포세이돈이 먼저 원했던 땅이었다. 그 땅의 지배권을 두고 헤라와 다툼을 벌이다가 그 지역이 헤라에게 바쳐지자 포세이돈은 진노하여 그 지방의 샘들을 말라붙게 했다. 나라에 기근이 들자 다나오스는 딸들에게 물을 찾아오라고 명했다. 아미모네는 물을 구하러 다니던 중 사티로스의 눈에 띄어 겁탈당할 위험에 빠졌다. 그때 갑자기 포세이돈이 나타나 아미모네를 구해주었고, 아미모네

아미모네와 바다의 신
알브레히트 뒤러(Albrecht Durer), 16세기 중반, 영국 박물관

는 자신을 구해준 포세이돈과 사랑에 빠졌다. 『비블리오테케』에 의하면 포세이돈은 사랑에 대한 고마움의 표시로 아미모네에게 레르나에서 샘이 있는 곳을 알려주었다고 한다. 그리고 레르나에는 아미모네의 이름을 딴 아미모네 샘이 있다고 한다.

또 다른 이야기에 의하면 포세이돈이 삼지창으로 바위를 치자 세 줄기 샘물이 솟아났다고 한다. 이 샘은 아미모네 샘이라 불리게 되었고 어떤 가뭄에도 마르지 않았다고 한다.

아미모네와 포세이돈의 자손 나우플리오스

아미모네와 포세이돈 사이에서 태어난 나우플리오스는 '항해자'라는 의미를 갖고 있다. 이름 그대로 능숙한 뱃사람인 나우플리오스는 해상을 통한 노예 무역을 했고 자신의 이름을 딴 도시 나우플리아를 세웠다.

나우플리오스의 후손 중에 또 한 명의 나우플리오스가 있는데 그는 악명이 높은 뱃사람이다. 그는 아내 클레메네와의 사이에 맏아들 팔라메데스를 비롯하여 세 아들을 낳았다.

　팔라메데스는 트로이 전쟁에서 그리스 장군 오디세우스의 계략에 빠져 억울한 죽음을 당했는데, 이후 나우플리오스는 오로지 아들의 복수만 생각하고 살았다. 나우플리오스는 그리스군이 배를 타고 귀국할 때 암초가 있는 곳에 불을 피워 놓았다고 한다. 이에 그리스군은 불빛이 있는 그곳이 항구라 오인하여 접근했고 결국 그리스군이 탄 배들은 난파되고 그리스 군인들은 모두 죽음을 당했다.

'결백한' 아미모네

　그리스어 어원에 의하면 아미모네는 '비난할 수 없는', '결백한'의 의미를 갖고 있는데, 이 이름은 아미모네 자매의 합동 결혼식 첫날밤에 일어난 살인 사건과 관련지어 해석되기도 한다. 다나오스의 50명의 딸들을 다나이데스라 하는데 다나이데스 즉 아미모네 자매 50명은 삼촌인 아이깁토스의 아들들 즉 자신의 사촌들과 짝을 지어 합동으로 결혼식을 올린다. 신부들은 아버지 다나오스의 명령에 따라 결혼식 첫날밤에 각자 자신의 신랑을 살해했는데 히페름네스트라만 남편을 살해하지 않고 탈출시켰다. 이로 인해 히페름네스트라를 제외한 다나이데스는 죽은 뒤에 구멍이 뚫린 항아리에 끊임없이 물을 채우는 형벌을 받게 된다. 이에 대해 『변신이야기』는 다음과 같이 전한다.

　'벨로스의 손녀들은 감히 사촌 오라비들은 죽였기 때문에 항상 없
　어지게 될 물을 끊임없이 찾고 있다.'

　이와 관련하여 바로 이 '결백한' 아미모네가 남편을 죽이지 않은 히페름네스트라와 동일 인물일 것으로 보는 견해가 있다. 그러나 『비블리오테케』에서는 아미모네와 히페름네스트라를 별개의 인물로 언급하고 있다.

아미코스 Amycus

요약

그리스 신화에서 아르고호 원정과 관련하여 등장하는 무례한 왕이다. 권투를 아주 좋아하여 이방인들에게 억지로 권투 시합을 강요하다가 아르고호 원정대의 폴리데우케스에게 패해 죽음을 맞았다.

기본정보

구분	왕
상징	권투의 달인, 야만적인 남자
외국어 표기	그리스어: Ἄμυκος
관련 신화	아르고호 원정대의 모험
가족관계	포세이돈의 아들, 멜리아의 아들

인물관계

그는 포세이돈과 나무의 님페 멜리아 사이에서 태어난 아들이다.

신화이야기

권투 시합

아미코스는 비티니아 지방에 사는 전설적인 부족인 베브리케스족의 왕이다. 해신 포세이돈의 아들인 아미코스는 몸집이 큰 거인이었는데 성질이 포악하고 야만스러웠으며 권투를 아주 좋아했다. 그는 이방인이 나타나면 항상 권투 시합을 강요했는데 한번도 져본 적이 없었다.

때마침 식량을 조달하기 위해 그의 나라에 도착한 아르고호 원정대도 예외는 아니었다. 아미코스는 원정대에게 권투 시합을 제안하면서 자신에게 이기면 식량과 필요한 물품을 주겠지만 자신에게 지거나 시합을 피하면 살아서 자신의 나라를 떠날 수 없을 것이라고 말했다. 그러자 원정대의 일원인 폴리데우케스가 나서서 그 제안을 받아들였다.

폴리데우케스는 유명한 디오스쿠로이(제우스의 아들들) 형제 중 한 명으로 각종 제전에서 열린 권투 시합을 모두 휩쓴 권투의 명수였다. 시합에서 폴리데우케스는 무쇠 같은 주먹으로 아미코스의 머리를 으스러뜨려 즉사시켰다.

아미코스의 죽음

아미코스 왕이 권투 시합에 패하고 죽자 베브리케스족은 무기를 들고 원정대를 공격했다. 하지만 야만족의 반응을 예상하고 미리 대비

아르고호 원정대에 포박당한 아미코스
루카니아 적색상 도기, 파리 메달 박물관

하고 있던 원정대는 적의 공격을 손쉽게 퇴치할 수 있었다.

베브리케스족을 무찌른 아르고호 원정대는 아미코스 왕의 아버지 포세이돈 신의 노여움을 사지 않기 위해 황소를 제물로 바친 다음 배에 필요한 물품과 식량을 싣고 그곳을 떠났다.

다른 이야기에 따르면 아미코스 왕은 권투 시합에 졌지만 죽지는 않았다고 한다. 시합에 이긴 폴리데우케스가 아미코스에게 앞으로는 이방인들을 괴롭히지 않겠다는 약속을 받아내고 그를 살려주었다고 한다.

아바스 Abas

요약

린케우스와 그의 사촌 누이 히페름네스트라 사이에서 태어난 아들로 혈육간의 피비린내 나는 싸움 속에서 태어난 아르고스의 왕이다.

제우스의 연인인 아름다운 다나에가 그의 손녀이고 다나에와 제우스 사이에 태어난 아들인 영웅 페르세우스가 그의 증손자이다.

기본정보

구분	아르고스의 왕
상징	아바스의 방패
외국어 표기	그리스어: Ἄβας
관련 신화	린케우스, 히페름네스트라, 다나에, 페르세우스,
가족관계	린케우스의 아들, 히페름네스트라의 아들, 아글라이아의 남편, 아크리시오스의 아버지

인물관계

사촌지간인 린케우스와 히페름네스트라의 아들이다. 아글라이아와 결혼하여 쌍둥이 아들 아크리시오스와 프로이토스 그리고 딸 이도메네를 낳았다. 이도메네는 후에 아미타온과 결혼한다.

신화이야기

출생

골육상쟁의 피비린내 나는 싸움에서 태어난 아바스는 그의 몸 속에 형제이지만 원수 사이인 외할아버지 다나오스와 친할아버지 아이깁토스의 피가 함께 흐르고 있다.

벨로스는 안키노에와 결혼하여 쌍둥이 아들 다나오스와 아이깁토스를 낳고, 후에 다나오스에게는 리비아를 아이깁토스에게는 아라비아를 물려주었다. 다나오스는 50명의 딸을 낳고 아이깁토스는 50명의 아들을 낳았다. 아이깁토스는 다나오스에게 사촌들끼리 결혼시키자고 제안하지만 다나오스는 아이깁토스와 그의 아들들이 두려워 아르고스로 도망가 아르고스의 왕이 되었다. 그러나 아이깁토스의 아들들이 결혼을 하기 위해 다나오스의 뒤를 따라 아르고스로 왔다. 결국 결혼식을 치를 수밖에 없는 위협적인 상황에서 다나오스는 딸들에게 단검을 주면서 첫날밤 각자 신랑을 죽이라는 명령을 내렸다.

이에 맏딸 히페름네스트라를 제외한 49명의 딸들은 신혼 첫날밤에 아버지의 명령대로 신랑을 살해하였다. 하지만 히페름네스트라는 자신의 처녀성을 지켜준 린케우스를 사랑하게 되어 그가 탈출하는 것을 도와주었다. 다나오스는 결국 린케우스를 사위로 인정하지만 형제를 모두 잃은 린케우스는 복수의 일념으로 다나오스를 죽이고 아르고스의 왕이 되었다. 그리고 아내 히페름네스트라를 제외한 다나오스의 나머지 딸들도 모두 죽였다. 다나오스의 딸들은 린케우스에 의해 살해당한 후에 땅 속 깊은 곳에 있는 타르타로스에서 남편을 죽인 벌로 구멍이 뚫린 항아리에 끊임없이 물을 채우고 있다고 한다.

린케우스와 히페름네스트라 사이에는 아바스가 태어났다.

아바스의 자식들과 후손들

아바스는 아글라이아와 결혼하여 쌍둥이 아들 아크리시오스와 프로이토스 그리고 딸 이도메네를 낳았다. 쌍둥이 형제인 아크리시오스와 프로이토스는 『비블리오테케』에 의하면 "어머니의 뱃속에서부터 다투었다"고 하는데, 이들은 아버지 아바스가 죽은 후 왕위를 두고 다툼을 벌이다가 아크리시오스가 프로이토스를 몰아내고 아르고스의 왕이 되었다.

아바스의 손녀이자 아크리시오스의 딸이 바로 아름다운 다나에이다. 다나에는 황금비로 변신하여 접근한 제우스와의 사이에 아바스의 증손자, 바로 메두사의 목을 벤 영웅 페르세우스를 낳는다. 그리고 그 유명한 헤라클레스가 페르세우스의 증손자이다.

이처럼 아바스의 후손으로 불세출의 뛰어난 영웅들이 나왔으며 그

리스뿐만 아니라 페르시아, 아프리카에 있는 많은 왕가의 시조들이
나왔다.

아바스의 방패

아바스는 린케우스 왕으로부터 왕위를 물려받은 후에 위대한 정복
자로 두각을 나타내었다. 그는 여러 지역을 정복한 것으로 알려져 있
는데 특히 포르키스 지방에 그의 이름을 딴 도시 아바이를 건설했다.

아바스에 관해 전해 내려오는 이야기 중에서 가장 유명한 것은 그
의 이름을 딴 아바스의 방패이다. 이 방패는 원래 아바스의 외할아버
지 다나오스가 젊은 시절에 지니고 다닌 것이었는데 나중에 헤라 신
전에 봉헌되었다. 아바스의 아버지 린케우스는 이 방패를 아바스에게
물려주고 싶어했다. 그래서 그는 축제를 열고 이 축제에서 개최된 경
기에서 우승한 사람에게 화환 대신 방패를 주기로 하였다. 이렇게 해
서 아바스는 린케우스로부터 방패를 선물로 받았다.

위대한 정복자인 아바스는 백성들이 두려워하던 군주였던 것 같다.
아바스가 죽은 뒤에 백성들이 소요를 일으키곤 했는데 그때 이 방패
를 보여주기만 해도 소요가 진정되었다고 한다.

베르길리우스가 쓴 『아이네이스』에 의하면 이 방패는 트로이 전쟁
때 아이네이아스의 수중으로 들어간다.

또 다른 아바스들

1) 아바스의 딸 이도메네는 아미타온과 결혼하는데 이들의 손자 이
름도 아바스이다.

2) 가장 오래뒤 아바스는 『일리아스』에 나오는 아바테스족의 이름
난 할아버지 아바스이다. 그는 포세이돈과 샘의 님페 아레투사 사이
에서 태어났다. 그의 출생에 관해서는 여러 가지 이야기가 있다.

아스카니오스 Ascanius

요약

그리스 로마 신화에 등장하는 아이네이아스의 아들이다.

트로이가 패망한 뒤 아버지 아이네이아스와 함께 트로이 유민들을 이끌고 이탈리아에 정착하여 로마 제국의 모태가 되는 알바 롱가 왕국을 건립하고 초대 왕이 되었다.

기본정보

구분	알바 롱가의 왕
원어 표기	그리스어: Ἀσκάνιος
별칭	이올로스(Iulus)
로마식 표기	아스카니우스, 율루스
관련 신화	아이네이아스의 이탈리아 정착, 로마 건국
가족관계	아이네이아스의 아들, 크레우사의 아들

인물관계

아스카니오스는 로마의 시조로 알려진 아이네이아스와 트로이의 왕 프리아모스의 딸 크레우사 사이에 태어난 아들이다. 하지만 나중에 로마 신화에서는 간혹 라티움의 왕 라티누스의 딸 라비니아와 아이네이아스 사이에서 태어난 아들로 이야기되기도 한다.

```
        ┌───────────────┐
        │ 트로스 ─── 칼리로에 │
        └───────────────┘
   ┌──────┬────────┬───────────┬──────────┐
가니메데스 클레오파트라  일로스 ─── 에우리디케   아사라코스 ─── 히에롬네메
        ┌────────────┴──────────┐        │
   라오메돈 ─── 스트리모        테미스테 ─── 카피스
   ┌─────┬──────┬────────┐
헤시오네 티토노스 프리아모스 ─── 헤카베   안키세스 ─── 아프로디테   라티누스
             ┌───────┴──────┐
          헨토르  파리스  크레우사 ─── 아이네이아스 ─── 라비니아
                        아스카니오스           실비우스
          또는 이울로스
             ┌────────┐                    (...)
          율리우스  실비우스
                               레아 실비아 ─── 마르스(아레스)
                                  ┌─────┐
                               로물루스  레무스
                                로마의 건설자
```

신화이야기

혈통

　베르길리우스의 『아이네이스』에 따르면 트로이가 패망한 뒤 아이네
이아스는 늙은 아버지 안키세스와 어린 아들 아스카니오스 등 자신
의 가족과 트로이의 유민들을 이끌고 불타는 트로이 성을 탈출하여
새로운 정착지를 찾아나섰다. 트로이 전쟁 당시 트로이 성에서 태어난

아이네이아스와 아스카니오스
로마 시대 대리석 부조, 140~150년, 영국 박물관

아스카니오스는 처음에는 트로이를 건설한 선조의 이름을 따서 일로스 혹은 이올로스라고 불리다가 아스카니오스로 이름이 바뀌었다. 가이우스 율리우스 카이사르를 배출한 로마의 유명한 귀족 가문의 이름인 율리아는 이올로스(로마식 율루스)에게서 유래하였다.

하지만 로마의 역사학자 리비우스에 따르면 아스카니오스와 이올로스는 다른 인물이며 아스카니오스는 아이네이아스가 이탈리아로 이주한 뒤 라비니아와 사이에서 낳은 아들이라고 한다.

아스카니오스는 로마의 모태가 되는 알바 롱가 왕국을 건설하였는데 로마의 건설자 로물루스와 레무스 형제는 알바 롱가 왕조의 후예이다.

로마의 모태 알바 롱가의 건설

아이네이아스는 트로이 유민들을 이끌고 이탈리아에 도착한 뒤 루툴리족의 왕 투르누스를 죽이고 라티움의 왕 라티누스의 딸 라비니아와 결혼하였다. 아이네이아스는 트로이 유민들과 라티니족이 결합한 새 나라를 세우고 왕이 되었는데 새 나라의 이름을 아내 라비니아의 이름을 따서 라비니움이라고 지었다.

아이네이아스에 이어 라비니움의 왕위에 오른 아스카니오스는 인근의 루툴리족과 에트루리아인들을 평정한 뒤 라비니움을 이복형제 실비우스에게 넘기고 로마 남동쪽 알바 산 기슭에 훨씬 더 크고 강력한 새로운 나라 알바 롱가 왕국을 건설하였다. 아스카니오스는 알바 롱가의 터를 예전에 아이네이아스가 흰 멧돼지 한 마리와 새끼 서른 마리를 희생 제물로 바쳤던 곳에 잡았다. 아이네이아스가 라비니움을 건설한 지 30년 만의 일이었다.

이복형제 실비우스의 집권

아스카니오스는 38년 동안 알바 롱가를 평화롭게 다스리다 죽었다. 아스카니오스가 죽은 뒤 왕국의 통치권은 그의 이복동생 실비우스에게로 넘어갔다. 아스카니오스에게는 율리우스라는 이름의 아들이 있었지만 실비우스가 라티움의 원주민인 라티니족의 전폭적인 지지를 얻고 있었기 때문이었다.

라비니아는 아들 실비우스를 임신했을 때 전 부인의 자식인 아스카니오스가 실비우스를 해칠까봐 두려워 숲으로 피신하여 티루스라는 목동의 집에서 아이를 낳았다고 한다. 그 후 라비니아는 지속적으로 아스카니오스에 대한 라티움 원주민들의 미움을 부추기면서 세력을 키워 마침내 아들 실비우스를 알바 롱가의 왕위에 올릴 수 있었다.

하지만 또 다른 이야기에 따르면 아스카니오스에게는 후사가 없었기 때문에 죽을 때가 되자 이복형제 실비우스에게 알바 롱가의 왕위를 물려주었다고도 하고, 실비우스가 실은 아스카니오스의 이복동생이 아니라 아들이었다고도 한다.

아스칼라포스 Ascalaphus, Ascalaphos

요약

 그리스 신화에 나오는 하계의 신 중 하나이다.
 페르세포네가 석류 열매를 먹은 사실을 하데스에게 고자질한 벌로
올빼미로 변하였다.

기본정보

구분	하계의 신
상징	고자질
외국어 표기	그리스어: Ἀσκάλαφος
관련 상징	석류 열매
관련 신화	페르세포네의 납치
가족관계	오르네프의 아들, 아케론의 아들

인물관계

 아스칼라포스는 저승을 휘감고 흐르는 스틱스 강의 님페 오르네프
와 아케론 강의 신이 결합하여 낳은 아들이다.

신화이야기

174

페르세포네와 석류 한 알

대지의 여신 데메테르는 갑자기 사라진 딸 페르세포네가 하데스에게 납치되어 하계에 있다는 소식을 전해듣고는 신들의 왕 제우스를 찾아가 하데스로 하여금 딸을 다시 지상으로 돌려보내게 하라고 강력히 요구하였다. 제우스는 데메테르의 요구를 무시할 수가 없었다. 페르세포네가 납치된 이후로 데메테르가 더 이상 대지를 돌보지 않고 실의에 빠져 있는 탓에 들판은 더 이상 곡물을 키워내지 못하고 황폐해지고 있었던 것이다.

제우스는 데메테르에게 페르세포네가 하계에서 아무 것도 먹지 않았다면 다시 지상으로 돌아올 수 있게 해주겠다고 약속했다. 그런데 페르세포네가 석류나무에서 열매를 한 알 따먹는 것을 본 아스칼라포스가 하데스에게 이 사실을 알려주는 바람에 일이 틀어지고 말았다. 분노한 데메테르는 아스칼라포스를 거대한 바위로 눌러버렸다.

페르세포네와 아스칼라포스
님펜부르크 성의 정원

올빼미로 변한 아스칼라포스

아스칼라포스가 저승에서 이렇게 거대한 바위 밑에 깔려 있을 때 영웅 헤라클레스가 저승의 출입구를 지키는 삼두견 케르베로스를 데려가기 위해 저승으로 내려왔다. 케르베로스를 지상으로 데려가는 일은 헤라 여신의 사주로 미케네의 왕 에우리스테우스가 그에게 부과한 12과업 중 하나였다. 이미 저승에서 망각의 의자에 앉아 있던 테세우스를 구해서 지상으로 올려보낸 헤라클레스는 바위에 깔린 아스칼라포스도 구해주었다. 하지만 여전히 분노를 풀지 않고 있던 데메테르 여신은 아스칼라포스를 올빼미로 변하게 하였다.

오비디우스의 『변신이야기』에서는 페르세포네 자신이 직접 아스칼라포스를 올빼미로 만들어버리는 것으로 나온다. 아스칼라포스의 고자질로 다시 지상으로 귀환할 수 없게 되자 페르세포네가 그의 머리에 저승의 강 플레게톤의 물을 부어 올빼미로 변하게 하였다는 것이다. 오비디우스는 올빼미를 "다가오는 재앙을 예고해주는 기분 나쁜 새"라고 하였다.

아스칼라포스를 올빼미로 변신시키는 페르세포네
요한 울리히 크라우스(Johann Ulrich Krauss), 1690년

아스클레피오스 Asclepius

요약

그리스 신화에 나오는 의술의 신이다.

아폴론의 아들로 켄타우로스(반인반마) 케이론에게서 의술을 배워 나중에 의술의 신으로 추앙받았다. 대개 뱀이 휘감긴 지팡이를 들고 있는 모습이다.

로마 신화의 아이스쿨라피우스와 동일인이다.

기본정보

구분	신의 반열에 오른 인간
상징	의술, 치료, 재생
외국어 표기	그리스어: Ἀσκληπιός
로마신화	아이스쿨라피우스(Aesculapius)
별자리	뱀주인자리(땅꾼자리), 뱀자리
관련 상징	뱀, 수탉, 부엉이, 실측백나무
가족관계	아폴론의 아들, 코로니스의 아들

인물관계

아폴론이 테살리아의 왕 플레기아스의 딸 코로니스와 관계하여 난 아들이다. '고통을 덜어 주는 여신' 에피오네와의 사이에서 세 아들 마카온, 포달레이리오스, 텔레스포로스와 여섯 명의 딸 이아소, 히기에이아, 파나케이아, 아글레이아, 아케소, 메디트리나를 낳았다.

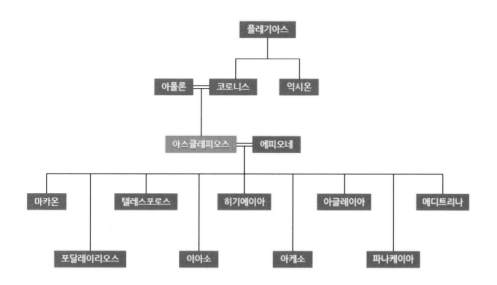

신화이야기

출생

아스클레피오스는 아폴론과 테살리아 왕 플레기아스의 딸 코로니스 사이에서 태어난 아들이다.

코로니스는 아폴론의 자식을 임신한 상태로 인간 남자에게 한눈을 팔다가 이를 눈치 챈 아폴론의 쌍둥이 누이 아르테미스 여신에 의해 목숨을 잃었다. 그녀의 시체가 장작더미 위에서 태워질 때 헤르메스가 재빨리 그녀의 배를 가르고 아기를 꺼내는 바람에 아스클레피오스는 세상에 태어날 수 있었다.

헤르메스는 아기를 켄타우로스족의 케이론에게 맡겨 기르게 하였고 케이론은 자신이 아폴론 신으로부터 배운 의술을 그에게 가르쳤다. 다른 이야기에 따르면 아기를 엄마 뱃속에서 꺼내 케이론에게 맡긴 것은 헤르메스가 아니라 아폴론 자신이라고도 한다.

죽은 자를 살리는 의술

의술의 신 아폴론의 피를 받은 아스클레피오스는 곧 아무도 따를 수 없는 뛰어난 의술을 익혔다. 심지어 그는 죽은 사람을 살리는 방법도 알게 되었다. 아테나 여신으로부터 받은 고르곤 메두사의 피에 죽은 사람에게 다시 생명을 불어넣는 마법의 힘이 있었던 것이다. 아스클레피오스가 이런 식으로 다시 살아나게 한 사람은 아주 많았다. 테바이 전쟁 때 희생된 카파네우스와 이쿠르고스, 미노스 왕의 아들 글라우코스, 테세우스의 아들 히폴리토스 등이 그들이다.

히폴리토스를 살려낸 아스클레피오스
아벨 드 푸졸(Abel de Pujol), 19세기
퐁텐블로 성

죽음

그러나 죽은 사람을 되살리는 의술은 세상의 질서를 허무는 위험한 짓이었다. 게다가 하데스는 아스클레피오스의 의술 때문에 이제 곧 아무도 죽지 않게 될 것이라고 제우스에게 불만을 터뜨렸다. 이에 제우스는 벼락을 들어 아스클레피오스를 내리쳤다. 그러자 아들을 잃은 아폴론이 화가 나서 제우스에게 벼락을 만들어 준 키클로페스를 모두 죽여버렸다. 이런 행동으로 아폴론은 제우스로부터 1년 동안 아드메토스 왕의 소를 돌봐야 하는 벌을 받았다.

아스클레피오스의 자식들

아스클레피오스는 고통을 덜어 주는 간호의 여신 에피오네와의 사이에서 세 아들 마카온, 포달레이오스, 텔레스포로스와 여섯 명의 딸 이아소, 히기에이아, 파나케이아, 아글레이아, 아케소, 메디트리나를 낳았다. 아스클레피오스의 여섯 딸들의 이름은 모두 치료와 의약에 관계된 것으로 그리스 신화에서는 모두 건강과 치료의 여신들로 간주된다.

신화해설

아스클레피오스 숭배

아스클레피오스는 모든 종류의 치료에 능한 의술의 신으로 숭배되었다. 심지어 고대인들은 아스클레피오스의 신전에서 잠을 자면 꿈에 그가 나타나 환자에게 치료법을 알려준다고 믿었다.

아스클레피오스
로마시대 석상, 100~150년
나폴리 고고학박물관
©Sailko@Wikimedia(CC BY-SA 3.0)

아스클레피오스는 수염이 덥수룩한 심각한 표정의 남자로, 머리에는 월계관을 쓰고 뱀이 휘감겨 있는 지팡이를 짚고 있는 모습으로 묘사되었다. 특히 '아스클레피오스의 지팡이'라고 불리는 이 지팡이는 의술의 상징이 되었다. 아스클레피오스의 상징물로는 뱀, 수탉, 부엉이, 실측백나무 등이 꼽힌다.

아스클레피오스 숭배는 특히 펠로폰네소스의 에피다우로스에서 성행하였다. 이곳에서는 본격적인 의학 교육도 이루어졌는데 비록 주술적 요소가 가미된 것이기는 했지만 훗날의 과학적 의술이 발달하기 위한 초석이 이곳에서 마련되었다고 할 수 있다. 아스클레피오스 숭배는 기원전 7세기에서 5세기 사이에 그리스 전역으로 전파되었다. 코스와 쿠도스 섬에서는 아스클레피오스의 후손(아스클레피아다이)이라는 사람들에 의해 의술이 행해지고 의학 교육도 이루어졌는데 히포크라테스도 여기에 속했다.

로마에서는 기원전 298년에 티베르 섬에 최초의 아스클레피오스 신전이 세워졌다.

뱀주인자리

뱀주인자리(땅꾼자리)는 의술의 신 아스클레피오스의 별자리이다. 그가 죽은 사람까지 살려내자 제우스는 세상의 질서가 어지러워지는 것을 두려워하여 벼락으로 그를 죽여버리고 말았지만 그의 의술만은 기리고자 별자리로 만들어 하늘에서 영원히 살아있게 하였다.

아스테리아 Asteria

요약

  티탄 12신에 속하는 코이오스와 포이베의 딸이다.

  제우스와의 사이에서 쌍둥이 남매 아르테미스와 아폴론을 낳은 레토와 자매 관계이다. 제우스의 끈질긴 구애를 거부하며 메추라기로 변신하여 도망을 다니다가 결국에는 스스로 바다 속으로 뛰어들었다. 그녀가 바다로 뛰어든 지점에서 생겨난 섬이 델로스 섬이다.

기본정보

구분	티탄 신족
외국어 표기	그리스어: Ἀστερία
어원	별처럼 반짝이는
가족관계	레토의 자매, 페르세스의 아내

인물관계

  티탄 12신에 속하며 남매 관계인 코이오스와 포이베 사이에서 태어났다. 그녀는 페르세스와 결혼하여 헤카테를 낳았다. 여자 형제로는 제우스와의 사이에서 쌍둥이 남매 아르테미스와 아폴론을 낳은 레토가 있다. 크로노스와 레아 사이에서 태어난 헤스티아, 데메테르, 헤라, 하데스, 포세이돈, 제우스와 사촌지간이다.

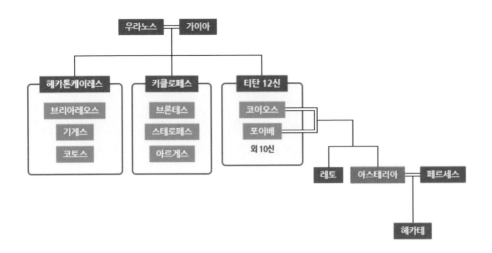

신화이야기

아스테리아의 직계 가족

아스테리아는 티타니데스 중의 한 명인 포이베가 남매 관계인 코이오스의 구애를 받아들여 그와의 사이에서 낳은 두 명의 딸 중 한 명이다. 그녀는 지혜가 뛰어난 페르세스와의 사이에서 딸 헤카테를 낳았다. 아스테리아의 자매는 친절하고 온화한 성품을 지닌 레토이다. 그녀는 제우스와의 사이에서 쌍둥이 남매 아르테미스와 아폴론을 낳았다.

> "코이오스와 포이베 사이에서 아스테리아와 레토가 […] 태어난다.
> 페르세스와 아스테리아 사이에서 헤카테가 […] 태어난다."
>
> (아폴로도로스, 『비블리오테케』)

> "포이베는 그녀를 갈망하는 코이오스의 잠자리에 올라 그의 포옹을 받아들인다. 그녀는 그의 사랑으로 수태를 하여 어두운 색의 옷을 입는 레토를 낳는다. 레토는 인간과 불멸의 신들에게 항상 친

절하고 온화하다. 그녀는 천성적으로 온화하며 올림포스에서 마음이 가장 따뜻하고 부드럽다. 포이베는 딸을 한 명 더 낳는데 그 딸의 이름은 행복을 가져오는 아스테리아이다. 페르세스가 훗날 그녀를 자신 소유의 큰 집으로 데려가 사랑하는 아내라고 부른다. 아스테리아는 곧바로 수태하여 딸 헤카테를 낳는다."

(헤시오도스, 『신들의 계보』)

우주의 통치자 제우스를 거부한 아스테리아

『비블리오테케』에 따르면 아스테리아는 제우스의 사랑을 거부하였다. 그러나 제우스는 아스테리아의 거부에도 아랑곳하지 않고 끈질기게 구애를 계속하였고 그녀는 메추라기로 변신하여 도망을 다니다가 결국에는 스스로 바다 속으로 뛰어들었다. 그녀가 바다로 뛰어든 지점에서 생겨난 섬이 처음에는 그녀의 이름을 따서 아스테리아로 불리다가 나중에 델로스로 개명되었다.

『이야기』에 따르면 제우스는 자신의 사랑을 거부하는 아스테리아를 메추라기로 변신시켜 바다에 내던졌다. 그녀가 떨어진 곳에서 섬 하나가 솟아올랐는데 그 섬은 처음에는 '메추라기의 섬'이란 뜻의 오르티기아로 불리다가 나중에 '눈에 보이는 것' 또는 '밝은 것'이란 뜻의 델로스로 불렸다.

아스테리오스 Asterios

요약

 그리스 신화에 등장하는 크레타의 왕이다.

 아스테리오스의 아내 에우로페는 페니키아의 공주였는데 황소로 변신한 제우스에게 납치되어 크레타로 건너와 제우스와 사이에서 세 아들을 낳은 뒤 아스테리오스와 결혼하였다. 아스테리오스는 에우로페의 세 아들을 길러주고 나중에 그들에게 왕위도 물려주었다.

기본정보

구분	왕
상징	의붓아버지
외국어 표기	그리스어: Ἀστέριος, 혹은 Ἀστερίων
어원	별들의 지배자
별칭	아스테리온(Asterion)
관련 신화	에우로페의 납치
가족관계	테크타모스의 아들, 에우로페의 남편, 크레테의 아버지

인물관계

 아스테리오스는 크레타의 왕 테크타모스가 사촌형제인 이올코스의 왕 크레테우스의 딸과 결혼하여 낳은 아들이다.

 테크타모스는 그리스인의 조상인 헬렌과 님페 오르세이스 사이에서 태어난 아들로 도리스인의 시조가 되는 도로스의 아들이다. 테크타모스는 아이올로스인과 펠라스기아인을 이끌고 크레타 섬으로 와서 왕이 되었다.

테크타모스에 이어 크레타의 왕이 된 아스테리오스는 페니키아의 왕 아게노르의 딸 에우로페와 결혼하였는데, 에우로페는 아스테리오스의 아내가 될 때 이미 제우스와 사이에서 세 아들 미노스, 사르페돈, 라다만티스를 낳은 상태였다. 아스테리오스는 에우로페의 세 아들을 자신의 궁에서 키웠고 나중에 크레타의 왕위도 물려주었다. 아스테리오스와 에우로페 사이에서는 딸 크레테가 태어났다.

신화이야기

개요

아스테리오스는 크레타의 왕으로, 황소로 변신한 제우스에게 납치되어 크레타 섬으로 오게 된 에우로페의 신화에 등장한다.

에우로페는 페니키아 왕 아게르노의 딸로 '유럽'이라는 지명이 그녀에게서 유래하였다. 아스테리오스는 '별들의 지배자'라는 뜻이다.

황소에게 납치된 에우로페

페니키아의 공주 에우로페는 제우스가 변신한 황소에게 납치되어 황소의 등에 올라탄 채 바다를 건너 크레타 섬으로 건너왔다. 크레타

섬에서 에우로페는 본래의 모습으로 돌아온 제우스와 사랑을 나누어 세 아들 미노스, 사르페돈, 라다만티스를 낳았다. 그 뒤 제우스는 에우로페를 크레타의 왕 아스테리오스와 결혼시키고 그를 자신의 세 아들의 양부로 삼았다. 아스테리오스는 의붓아들 삼형제를 자신의 궁에서 친자식처럼 길렀다.

에우로페와 황소
적색상 도기, 기원전 480년경
타르퀴니아 박물관

크레타의 왕이 된 미노스

아스테리오스 왕이 후사 없이 죽고 난 뒤 형제들 사이에서는 크레타의 왕위 계승 문제를 놓고 다툼이 벌어졌다.(아스테리오스와 에우로페 사이에서는 딸 크레테가 태어났다는 이야기도 있다) 이때 미노스는 신들이 자신에게 왕국을 맡겼다고 주장하면서 그 증거로 자신이 기도를 올리면 바다의 신 포세이돈이 제물로 바칠 황소를 직접 보내줄 거라고 말했다. 미노스의 기도를 들은 포세이돈은 정말로 흰 황소를 보내주었고 미노스는 다른 형제들을 물리치고 크레타의 왕이 되었다.

파시파에와 미노타우로스

그런데 왕이 된 후 미노스는 포세이돈의 황소가 탐이 났다. 그는 포세이돈에게 황소를 바치기로 한 약속을 어기고 종자를 퍼뜨릴 요량으로 자신의 축사에 황소를 가두고 다른 황소를 제물로 바쳤다. 이에 포세이돈이 크게 노하여 미노스 왕의 왕비 파시파에로 하여금 그 황소에게 미칠 듯한 욕정을 품게 만들었다. 그러자 파시파에 왕비는 전설적인 장인 다이달로스에게 은밀히 목조 암소를 만들게 하고는 그 속에 자신이 들어가서 황소와 사랑을 나누었다. 이 결합에서 태어난 것이 몸은 인간이고 머리는 황소인 반인반수의 괴물 미노타우로스이다.

크레타 섬에 있는 미노스의 궁
©Moonik@Wikimedia(CC BY-SA)

또 다른 아스테리오스

1) 파시파에가 황소와 정을 통해 낳은 반인반수의 아들 미노타우로스의 원래 이름이 아스테리오스였다고 한다. 미노타우로스는 '미노스의 황소'라는 뜻이다. 미노타우로스는 아테네의 영웅 테세우스의 손에 죽었다.

2) 필로스의 왕 넬레우스가 암피온과 니오베의 딸 클로리스와 결혼하여 낳은 열두 명의 아들 중에도 아스테리오스라는 이름이 있다. 넬레우스의 아들들은 막내 네스토르 한 명을 제외하고 모두 헤라클레스에게 살해당했다.

3) 대지의 여신 가이아에게서 태어난 아낙스의 아들도 아스테리오스이다. 그는 나중에 밀레토스의 왕이 되었다.

4) 어린 시절 디오니소스도 아스테리오스라는 이름으로 불렸다.

아스트라이아 Astraea

요약

그리스 로마 신화에 등장하는 처녀신이다.

정의의 여신으로 디케와 같은 인물로 여겨지기도 한다. 인류의 타락에 실망하여 지상을 떠나 하늘의 별자리가 되었다고 한다.

기본정보

구분	천계의 신
상징	정의, 황금 시대의 도래
외국어 표기	그리스어: Ἀστραία
어원	별처녀
로마신화	아스트라이아, 유스티티아
별자리	처녀자리, 천칭자리
관련 상징	저울
가족관계	제우스의 딸, 테미스의 딸, 호라이의 자매

인물관계

제우스와 율법의 여신 테미스 사이에서 태어난 딸로 계절의 여신 호라이, 운명의 여신 모이라이 등과도 자매 사이다. 어떤 이는 호라이 중하나인 정의의 여신 디케와 아스트라이아를 동일 인물로 보기도 한다. 이 경우 '별처녀'라는 의미의 아스트라이아는 디케의 별명으로 볼수 있다.

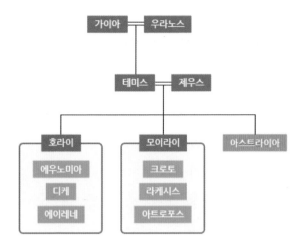

신화이야기

시대의 변화

헤시오도스는 『일과 날』에서 인간 종족을 시대순으로 황금 종족, 은 종족, 청동 종족, 신과 같은 영웅 종족, 철의 종족 다섯 가지로 구분하였다. 오비디우스도 『변신이야기』에서 비슷한 방식으로 신화의 시대

목동들과 작별하는 아스트라이아
살바토르 로사(Salvatore Rosa), 17세기 중반, 빈 미술사 박물관

아스트라이아
버몬트 주 의회 구(舊) 의사당의 부조, 1886년

를 황금의 시대, 은의 시대, 청동의 시대, 철의 시대 네 가지로 구분하였다. 헤시오도스와 오비디우스의 시대 구분은 기본적으로 비슷한 특징을 갖고 있다.

이에 따르면 제일 처음에 도래하는 황금의 시대는 크로노스(혹은 사투르누스)가 다스리는 시기로, 이 시대의 인간들은 전쟁이나 처벌의 고통을 모른 채 평화롭고 안락한 삶을 누렸다. 대지는 경작하지 않아도 사시사철 먹을 것을 내어주었고 인간들은 신들처럼 생활하였다.

두 번째 시대인 은의 시대는 크로노스가 타르타로스에 유배되고 제우스의 지배가 시작되면서 도래하였다. 이 시대에는 계절이 나뉘어 추운 겨울과 무더운 여름이 생겨나면서 인간들은 집을 지어 들어가서 살아야 했다. 또 대지에 씨앗을 뿌려 경작해야 먹을 것을 얻을 수 있었기 때문에 소들은 멍에에 눌려 신음하게 되었다. 그래도 뒤이어 올 싯누런 청동의 시대보다는 나았다.

청동의 시대에 들어서면서 인간들은 마음씨가 더욱 거칠어졌다. 그들은 청동으로 농기구뿐만 아니라 무구(武具)도 만들어 서로 싸우기 시작했고 세상에는 고통과 한숨이 퍼져나갔다.

마지막으로 철의 시대가 되자 세상은 온갖 불법이 횡행하고 계략과 음모, 폭력과 저주받을 탐욕이 판을 쳤다. 사람들은 오직 황금만을 탐하였고 가족과 친구도 서로를 믿지 못하게 되었다. 신들은 추악한 지상을 외면하고 모두 올림포스 산으로 떠나버렸다.

대지를 떠난 아스트라이아

오비디우스의 『변신이야기』에 따르면 아스트라이아는 하늘의 신들 중 제일 끝까지 지상에 머물며 정의를 호소하였다고 한다. 하지만 철의 시대에 이르러 더 이상 재앙을 물리칠 방도가 없자 그녀는 탐욕과 살육의 피에 젖은 지상을 떠나버렸다.

아스트라이아는 하늘에 올라 별이 되었다. 그녀는 처녀자리가 되었고 그녀가 정의의 여신으로서 손에 들고 있던 저울은 저울자리(천칭자리)가 되었다.

지구를 떠나는 아스트라이아
살바토르 로사(Salvator Rosa), 1665년
빈 미술사 박물관

황금 시대의 재래

전설에 따르면 언젠가 다시 예전의 찬란한 황금 시대가 도래하게 될 것이며 그때가 되면 아스트라이아가 황금 시대를 알리는 전령으로 제일 먼저 지상에 모습을 나타낼 것이라고 한다. 로마의 시인 베르길리우스는 전원시 『제4 목가』에서 황금 시대와 더불어 처녀신 아스트라이아가 다시 지상으로 돌아오기를 소망하였다.

기독교 시대에 들어서면서 베르길리우스가 황금 시대와 함께 재래를 소망한 처녀신은 예수의 어머니 마리아로 해석되기도 했다.

비슷한 해석은 엘리자베스 1세 치하의 영국에서도 이루어졌다. 그에 따르면 황금 시대의 도래를 알리는 처녀신은 엘리자베스 1세 여왕이고 황금 시대는 그녀 치세의 영국이라는 것이다. 존 드라이든은 시 〈돌아온 아스트라이아〉에서 크롬웰에 의해 프랑스로 쫓겨났다가 다시 영국으로 돌아온 찰스 2세의 귀환을 아스트라이아의 재래(再來)에 비유하였다.

아스트라이오스 Astraeus

요약

그리스 신화에 등장하는 티탄 신족의 일원으로 황혼의 신이다.
새벽의 여신 에오스와 결합하여 바람과 별들을 낳았다.

기본정보

구분	티탄 신족
상징	황혼, 저녁 어스름
외국어 표기	그리스어: Ἀστραῖος
어원	별이 반짝이는
관련 자연현상	황혼, 노을, 땅거미, 바람
가족관계	에오스의 남편

인물관계

아스트라이오스는 우라노스와 가이아의 아들이자 티탄 12신의 하나인 크리오스가 폰토스와 가이아의 딸 에우리비아와 결혼하여 낳은 아들로, 2세대 티탄 신족에 속하며 페르세스, 팔라스 등과 형제지간이다.

아스트라이오스는 히페리온과 테이아 사이에서 태어난 역시 2세대 티탄 신족인 에오스와 결혼하여 바람의 신 아네모이 사형제와 행성의 신 아스트라플라네타 오형제를 낳았다.

우라노스 — 가이아

크리오스 — 에우리비아   히페리온 — 테이아

페르세스   팔라스   아스트라이오스 — 에오스

아네모이
- 보레아스
- 노토스
- 에우로스
- 제피로스

아스트라플라네타
- 파이논
- 파이톤
- 피로에이스
- 에오스포로스
- 스틸본

신화이야기

출생

『신들의 계보』, 『비블리오테케』 등에 따르면 아스트라이오스는 우라노스와 가이아 사이에서 태어난 티탄 12신의 하나인 크리오스가 폰토스와 가이아의 딸 에우리비아와 결혼하여 낳은 아들로, 2세대 티탄 신족에 속한다.

아스트라이오스
『폴머 박사(Dr. Vollmer)의 제민족 신화 사전』에
실린 삽화, 1874년

하지만 히기누스는 『이야기』에서 아스트라이오스가 가이아와 타르타로스 사이에서 태어난 거인족 기간테스의 하나라고 말한다.(기간테스는

크로노스가 낫으로 자른 우라노스의 성기에서 흘러나온 피가 대지에 떨어져 생겨났다는 것이 일반적인 이야기이지만 히기누스는 기간테스를 가이아와 타르타로스 사이에서 난 자식들로 보고 있다)

황혼의 신 아스트라이오스는 새벽의 여신 에오스와 결합하여 밤 사이 대기와 하늘을 지배하는 많은 자식들을 낳았다.

아스트라이오스와 에오스의 자식들

아스트라이오스와 에오스는 바람의 신 아네모이를 낳았다. 아네모이는 모두 사형제로 보레아스(북풍의 신), 노토스(남풍의 신), 에우로스(동풍의 신), 제피로스(서풍의 신)이다. 또 아스트라이오스와 에오스는 다섯 명의 '움직이는 별' 아스트라플라네타(Astra Planeta) 형제를 낳았는데 이들의 이름은 파이논(토성), 파이톤(목성), 피로에이스(화성), 에오스포로스(금성), 스틸본(수성)이다.

또 일부 전해지는 이야기에서는 처녀신 아스트라이아도 아스트라이오스와 에오스의 딸이라고 말하기도 하지만 아스트라이아는 제우스와 테미스 사이에서 난 딸로 보는 게 정설이다.

아스트라이오스는 간혹 바람의 신 아이올로스와 혼동되기도 한다.

아스티다메이아 Astydamia

요약

　그리스 신화에 나오는 이올코스의 왕 아카스토스의 아내이다.
　남편의 친구 펠레우스를 유혹하려다 실패하자 오히려 그에게 겁탈
당할 뻔했다고 모함하여 둘 사이에 전쟁이 벌어지게 하였고, 결국 펠
레우스의 손에 목숨을 잃었다.

기본정보

196

구분	왕비
외국어 표기	그리스어: Ἀστυδάμεια
관련 신화	펠레우스

인물관계

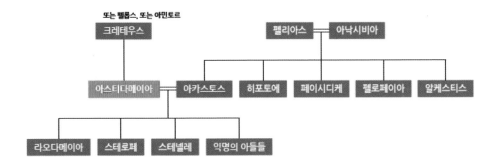

아스티다메이아의 부모는 분명치 않다. 크레테우스, 펠롭스, 아민토르 중 한 사람의 딸이라고 한다. 이올코스의 왕 아카스토스와 결혼하여 라오다메이아, 스테로페, 스테넬레 등과 이름이 알려지지 않은 많은 아들들을 낳았다.

신화이야기

펠레우스의 방문

영웅 아킬레우스의 아버지 펠레우스는 아스티다메이아의 남편 아카스토스와 아르고호의 모험과 칼리돈의 멧돼지 사냥 등에 함께 참가한 친구 사이이다. 펠레우스는 칼리돈의 사냥에서 실수로 프티아의 왕 에우리티온을 죽인 뒤 프티아에서 추방되어 아카스토스의 궁으로 피신하였다.

아카스토스는 펠레우스에게 거처를 제공하고 그의 살인죄를 정화시

칼리돈의 멧돼지 사냥
제이콥 반 슈펜(Jacob van Schuppen), 프랑스 파브르 박물관

켜주었다. 그런데 아스티다메
이아가 그만 펠레우스에게 반
하고 말았다. 그녀는 은밀하게
펠레우스를 유혹하였지만 아
카스토스의 우정을 배신할 수
없었던 펠레우스는 아스티다
메이아의 마음을 받아주지 않
았다. 화가 난 아스티다메이아
는 펠레우스가 자신을 겁탈하
려 했다고 남편에게 모함했을
뿐만 아니라, 펠레우스의 아내

칼리돈의 멧돼지 사냥
코린트식 검은 단지 문양, 기원전 580년
루브르 박물관

안티고네에게 사람을 보내 그녀의 남편이 자신의 딸 스테로페와 결혼
하려 한다는 거짓 소식을 전했다. 낙심한 안티고네는 스스로 목을 매
고 죽었다.

펠리온 산의 사냥

아카스토스는 자기 손으로 죄를 씻어 준 펠레우스를 직접 죽이고
싶지 않았으므로 다른 방식으로 그를 죽이기로 작정했다. 아카스토
스는 펠레우스와 함께 펠리온 산으로 사냥을 나갔다. 그리고 날이 어
두워지자 사냥에 지쳐 잠든 펠레우스를 펠리온 산에 홀로 남겨둔 채
집으로 돌아왔다. 펠레우스는 곧 펠리온 산에 사는 포악한 켄타우로
스들에게 포위당하고 말았다.

그는 맞서 싸우려고 헤파이스토스가 만들어 준 자신의 칼을 찾았
지만 칼집에 칼이 없었다. 아카스토스가 그를 켄타우로스들의 손에
살해당하게 하려고 그의 칼을 몰래 빼내서 소똥 속에 감춰두었던 것
이다. 하지만 켄타우로스족의 현자 케이론이 숨겨둔 칼을 되찾아준
덕분에 펠레우스는 위기에서 벗어날 수 있었다.

펠레우스의 복수

자기 나라로 돌아간 펠레우스는 복수를 다짐하고 아르고호 원정을 함께 했던 이아손에게 도움을 청했다. 아카스토스와 그의 아버지 펠리아스에게 빼앗긴 이올코스의 왕권을 되찾을 기회를 엿보던 이아손은 디오스쿠로이(카스토르와 폴리데우케스)와 함께 펠레우스를 도와 이올코스를 공격했다. 펠레우스와 이아손은 전쟁에서 승리하였고 아스티다메이아는 남편과 함께 죽임을 당했다. 펠레우스는 아스티다메이아의 시체를 갈가리 찢어서 길바닥에 뿌린 뒤 그것을 밟으며 이올코스에 입성하는 잔인함을 보였다.

펠레우스는 이올코스를 이아손의 아들 테살로스에게 넘겨주고 자신은 프티아로 돌아가서 그곳의 왕국을 손에 넣었다. 하지만 나중에 늙은 펠레우스는 아들 아킬레우스가 트로이 전쟁에 나가서 죽은 뒤 아스티다메이아와 아카스토스의 아들들에 의해 다시 프티아에서 쫓겨나 코스 섬에서 쓸쓸한 최후를 맞았다.

신화해설

아스티다메이아는 그리스 신화에 자주 등장하는 여성 유형이다. 부정한 사랑에 이끌려 상대를 유혹하려다 거절당하자 오히려 거짓으로 모함하여 상대 남성과 주변 사람은 물론 자신에게도 해를 끼치는 간부(奸婦)다. 의붓아들 히폴리토스를 유혹하려 한 테세우스의 아내 파이드라나 영웅 벨레로폰을 모함하여 사지로 내몬 스테네보이아 등도 이 유형에 속한다. 여성을 주변에 불행을 가져오는 존재로 여기는 이런 가부장적 시각은 여성의 창조 신화에서도 나타난다.

그리스 신화에서 제우스는 자신의 뜻을 거역한 인간에게 벌을 내리기 위해 최초의 여성 판도라를 만들어 에피메테우스의 아내로 주는데

(이전까지 여성은 모두 여신이나 님페들이었다) 이 '제작'에는 헤파이스토스, 헤르메스, 아테나, 아프로디테가 제우스의 명으로 관여하였다.

헤파이스토스는 진흙을 빚어 멋진 몸매를 만들고 헤르메스는 기운과 목소리를 불어넣었으며 아테나는 재능을 부여하고 아프로디테는 좋은 옷과 장신구로 치장하였다. 그렇게 탄생한 것이 겉모습은 황홀하게 아름답고 찬란하지만 말에는 헤르메스의 거짓이 담겨 있고 겉과 속의 다름을 감추는 재능까지 갖춘 인간 여자였다.

아스티아낙스 Astyanax

요약

  그리스 신화에 나오는 트로이의 장수 헥토르의 아들이다.
  트로이 왕 프리아모스의 자손을 한 명도 남겨서는 안 된다는 오디
세우스의 주장에 따라 트로이가 패망할 때 그리스군의 손에 살해되었
다. 하지만 살아남아서 훗날 트로이를 재건하였다는 이야기도 있다.

기본정보

구분	왕자
상징	마지막 왕손
외국어 표기	그리스어: Ἀστυάναξ
어원	도시의 왕자
별칭	스카만드리오스
관련 신화	트로이 전쟁

인물관계

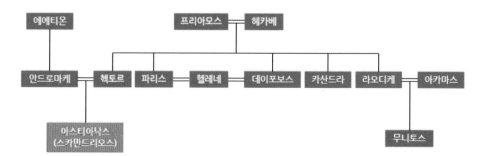

트로이 왕 프리아모스의 아들 헥토르와 테바이 왕 에에티온의 딸 안드로마케 사이에서 태어난 아들로, 트로이 패망과 함께 어린 나이에 죽었다.

신화이야기

트로이 왕가의 마지막 자손

헥토르는 원래 트로이 평원을 흐르는 강 스카만드로스의 이름을 따서 아들에게 스카만드리오스라는 이름을 주었지만 트로이 사람들은 도시의 수호자인 헥토르에게 존경을 표하기 위해 그의 아들을 아스티아낙스라고 불렀다. 아스티아낙스는 '도시의 왕자'라는 뜻이다.

안드로마케, 아스티아낙스, 헥토르
아풀리아 적색상도기, 기원전 370년
야타 국립박물관

트로이 성문 앞에서 헥토르와 아킬레우스가 결투를 벌일 당시 아스티아낙스는 아직 어린아이에 불과했다. 호메로스의 『일리아스』에서 아스티아낙스는 안드로마케와 헥토르가 마지막 결전을 앞두고 비장한 작별의 인사를 나눌 때 아무것도 모른 채 어머니 안드로마케의 품에 안겨 있다가 아버지 헥토르의 투구에 새겨진 말총 장식에 겁을 먹고 숨어버리는 아이로 묘사되어 있다.

아스티아낙스의 죽음

헥토르가 죽고 트로이가 함락되자 오디세우스는 나중에 후환이 될

수 있으므로 트로이 왕 프리아모스의 자손들은 한 사람도 살려두어
서는 안 된다고 주장하였다.

아이는 트로이 성이 함락될 때 어머니 안드로마케가 헥토르의 무덤
에 숨겨놓은 것을 그리스군이 찾아냈다고 한다. 아스티아낙스의 죽음
에 대해서는 여러 가지 이야기들이 전해진다.

아이는 아킬레우스의 아들 네오프톨레모스가 불타는 트로이 성벽
에서 아래로 던져 죽였다고도 하고, 메넬라오스는 아이를 살려주려
하였지만 오디세우스가 강력히 주장하여 살해되었다고도 한다. 또 네
오프톨레모스가 제단 앞에서 프리아모스 왕을 죽일 때 아이의 시체
를 방망이로 삼아 프리아모스를 때려 죽였다는 이야기도 있다.

생존설

후대의 전승에 따르면 아스티아낙스는 오디세우스의 손길을 피해
살아남아서 코르시카와 사르디니아에 정착했다고도 하고, 포로가 되
어 그리스로 끌려갔다가 나중에 트로이를 재건했다고도 한다. 심지어
그는 새로운 나라를 찾아 서쪽으로 이동하다가 센 강가에 도착하여
그곳에 새로운 트로이를 건설했는데 그곳이 바로 오늘날의 파리라는
이야기도 있다. 당시에 그가 사용하던 이름이 프랑코스였는데 다름
아닌 프랑크 왕국의 시조라는 것이다.

프랑스의 고전주의 작가 라신(Racine)의 비극 『안드로마케』에는 안
드로마케가 노예의 아들을 자신의 아들이라고 속여 대신 죽게 하고
아스티아낙스를 도피시킨 이야기가 나온다.

아시아 Asia

요약

그리스 신화에 등장하는 대양신 오케아노스와 테티스 사이에서 태어난 딸이다. 티탄 신 이아페토스 혹은 프로메테우스의 아내이다.
지명(地名) 아시아가 그녀의 이름에서 유래하였다고 한다.

기본정보

구분	티탄 신족
상징	지명 '아시아'
외국어 표기	그리스어: Ἀσία
어원	좋은, 올라가다, 동쪽
가족관계	이아페토스의 아내, 프로메테우스의 어머니, 프로메테우스의 아내

인물관계

아시아는 대양의 신 오케아노스와 테티스 사이에서 태어난 딸들인 오케아니데스 중 한 명이다. 아폴로도로스(기원전 2세기)의 『비블리오테케』에 따르면 아시아는 티탄 신족 이아페토스의 아내이며 이들 부부 사이에서는 아틀라스, 프로메테우스, 에피메테우스, 메노이티오스가 태어났다고 한다.

하지만 헤시오도스는 『신들의 계보』에서 프로메테우스 등의 어머니로 오케아니데스의 하나인 클리메네를 언급하였다. 고대의 역사가 헤로도토스는 아시아가 프로메테우스의 아내라고 하였다.

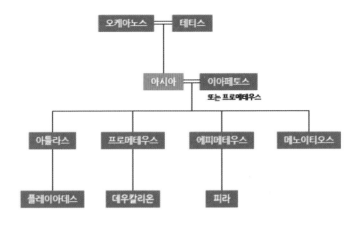

신화이야기

고대 지명 아시아의 기원

헤로도토스는 『역사』에서 그리스와 이집트에 대비되는 지역 개념으로 페르시아 제국 혹은 아나톨리아 지방 일대를 광범위하게 아우르는 명칭인 그리스어 '아시아'가 신화 속 인물 아시아에서 유래한 것으로 보이며, 그리스인들은 그녀를 프로메테우스의 아내로 여긴다고 전했다. 이에 따르면 아시아는 프로메테우스와 결혼한 리디아 지방의 여신이 된다.

하지만 헤로도토스는 같은 책에서 아시아라는 지명의 또 다른 기원을 전하고 있다. 리디아 사람들은 그리스인들과 달리 아시아라는 지명이 프리기아의 전설적인 왕 마네스의 손자이자 코티스의 아들인 아시에스에서 온 것이라고 믿었다고 한다. 아시아데스 즉 아시에스의 후손들이 리디아의 사르데이스(사르디스) 지방에 정착하여 살면서 그 일대가 아시아라고 불리게 되었다는 것이다.

아시아, 아프리카, 유럽

헤로도토스는 『역사』에서 지중해를 사이에 둔 세 개의 거대한 땅덩어리 아시아, 리비아(아프리카), 에우로페(유럽)가 왜 모두 그리스 신화에 등장하는 여성(아시아, 리비에, 에우로페)의 이름이 붙여졌는지 의아스럽다고 하였다.

그에 따르면 '아시아'는 위에 언급된 것처럼 오케아노스와 테티스 사이에서 태어난 딸로 프로메테우스와 결혼한 리디아의 여신이고 '리비아'는 이집트의 왕 에파포스가 나일강 하신 네일로스의 딸 멤피스와 결혼하여 낳은 딸로 해신 포세이돈과 결합하여 훗날 페니키아와 이집트의 왕이 된 두 아들 아게노르와 벨로스를 낳은 여인이며, '에우로페'는 페니키아 왕 아게노르의 딸로 황소로 변신한 제우스에게 납치되어 크레타 섬으로 가서 미노스, 사르페돈, 라다만티스 등을 낳은 여인이다.('리비에', '에우로페' 참조)

아에돈 Aedon

요약

  그리스 신화에 등장하는 테바이의 왕 제토스의 아내이다.

  동서인 암피온의 아내 니오베에게 자식이 많은 것을 시기하여 그녀
의 장남을 죽이려다 실수로 자기 아들을 죽이고 울부짖다 꾀꼬리로
변했다.

  또 다른 이야기에서 아에돈은 폴리테크노스의 아내로 등장하여 자
기 동생을 욕보인 남편에게 아들을 죽여 복수하였다가 역시 꾀꼬리로
변한다.

기본 정보

구분	왕비
상징	시기, 시샘
외국어 표기	그리스어: Ἀηδών
어원	꾀꼬리
관련 상징	꾀꼬리

인물관계

  아에돈은 밀레토스 왕 판다레오스의 딸로 테바이 왕 제토스의 아
내이다. 아에돈은 제토스와 사이에서 외아들 이틸로스(혹은 두 아들 이
틸로스와 네이스)를 낳았다.

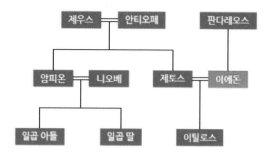

또 다른 이야기에서는 아에돈은 판다레오스의 딸로 켈리돈과 자매 지간이고 목수 폴리테크노스와 결혼하여 아들 이티스를 낳았다.

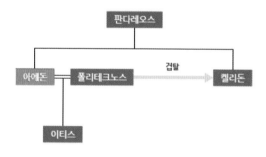

신화이야기

제토스와 아에돈

아에돈은 테바이 왕 제토스와 결혼하여 외아들 이틸로스를 두었는데 암피온의 아내 니오베에게 아들과 딸이 많은 것을 시기하였다. 그래서 니오베의 장남 아말레우스를 잠든 사이에 죽이려 했지만 실수로 침대를 혼동하여 같은 방에서 자고 있던 자신의 외아들 이틸로스를 죽이고 말았다.

나중에 이 사실을 안 아에돈은 아들 이틸로스의 이름을 부르며 울부짖다가 신들에게 너무나 고통스러우니 자신의 모습을 바꾸어 달라고 기도하였다. 이에 제우스는 그녀를 꾀꼬리로 변신시켰다. 고대 그리스어로 아에돈은 꾀꼬리를 뜻하고 이틸로스는 꾀꼬리 울음소리의 의성어이다.

폴리테크노스와 아에돈

아에돈의 신화에는 또 다른 이야기도 있다. 여기서 판다레오스의 딸 아에돈은 목수 폴리테크노스의 아내이다.

아에돈과 폴리테크노스는 리디아의 콜로폰에서 아들 이티스를 낳고 행복하게 살았다. 하지만 이들은 행복에 취한 나머지 자만에 빠져 자신들이 제우스와 헤라보다 더 서로를 사랑하며 행복하게 살아가고 있다고 자랑하였다. 이에 화가 난 헤라는 불화의 여신 에리스를 보내 아에돈 부부에게 서로에 대한 경쟁심을 부추겨 내기를 하게 만들었다.

폴리테크노스는 의자를 만들고 아에돈은 자수를 놓아서 일을 먼저 끝내는 사람에게 여종을 한 명 상으로 주기로 하는 내기였다. 부부간 경쟁의 승자는 헤라 여신의 은밀한 도움을 받은 아에돈이었다. 아내에게 져 속이 상한 폴리테크노스는 마음속 깊이 앙심을 품게 되었다. 그는 복수를 계획하고 장인을 찾아가 아내 아에돈이 동생 켈리돈을 몹시 보고 싶어 하니 데리고 가게 해달라고 청했다. 그리고 함께 돌아가는 길에 켈리돈을 욕보인 다음 머리를 자르고 여종의 옷을 입혔다.

그는 켈리돈에게 이 일을 발설하면 죽여버리겠다고 위협하고는 집으로 데려가서 아내 아에돈에게 약속한 상이라며 여종으로 내주었다. 아에돈은 남편이 새로 데려온 여종이 오랫동안 보지 못한 동생 켈리돈이란 사실을 전혀 눈치채지 못했다.

그러던 어느 날 켈리돈이 근처에 아무도 없는 줄 알고 혼자 신세 한탄을 하는 소리가 아에돈의 귀에 들어갔고, 사실을 알게 된 아에돈은 여동생 켈리돈과 함께 복수를 다짐했다. 자매의 복수는 남편이 한 짓보다 더 끔찍했다.

그들은 아들 이티스를 죽여 음식으로 만들어 폴리테크노스에게 먹이고는 밀레토스로 달아났다. 뒤늦게 자신이 먹은 음식의 정체를 알게 된 폴리테크노스는 자매를 잡으러 쫓아갔지만 오히려 딸들로부터 사위의 악행을 전해들은 판다레오스의 손에 붙잡히는 신세가 되었다.

판다레오스는 폴리테크노스를 꽁꽁 묶은 다음 전신에 꿀을 발라 들판에 던져버렸다. 미친 듯이 달라붙는 파리들 때문에 비명을 지르는 남편을 불쌍히 여긴 아에돈이 파리를 쫓아주려 하자 그녀의 형제들과 아버지는 화가 나서 아에돈마저 죽여버리려 하였다.

이를 보다 못한 제우스는 처참한 불행에 빠진 이들 가족을 모두 새로 만들어버렸다. 폴리테크노스는 펠리컨, 판다레오스는 흰꼬리수리, 켈리돈은 제비, 아에돈은 꾀꼬리가 되었다.

이 신화는 많은 부분에서 테레우스의 아내 프로크네와 필로멜라 자매의 신화와 유사하다.('필로멜라' 참조)

이티스를 죽이려 하는 프로크네와 필로멜라
아티카 술잔 그림, 기원전 490년, 루브르 박물관

아에로페 **Aerope**

요약

 아에로페는 아트레우스의 아내이다. 아트레우스의 형제 티에스테스
와 사랑에 빠져 그가 왕이 되도록 돕지만 뜻을 이루지 못한다.

기본정보

구분	공주
외국어 표기	그리스어: Ἀερόπη
어원	안개빛 하얀 얼굴
관련 신화	아트레우스와 티에스테스, 탄탈로스 가문의 저주

인물관계

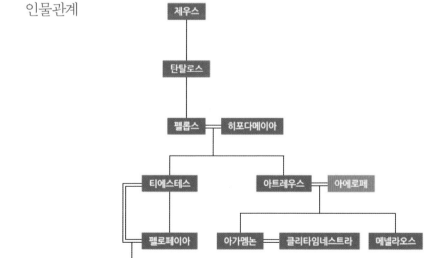

아에로페는 펠롭스의 아들 아트레우스와 결혼하여 아가멤논과 메넬라오스를 낳는다.

신화이야기

가족관계에 대한 여러 전승

미노스의 아들 카트레우스에게는 세 딸 아에로페, 클리메네, 아페모시네와 아들 알타이메네스가 있었다. 카트레우스가 자신의 인생에 대해 신탁에 묻자 그가 자식의 손에 죽게 될 것이라는 대답이 돌아왔다. 이에 아들 알타이메네스는 누이 아페모시네와 함께 신탁이 실행되는 것이 두려워 크레타를 떠났다.

카트레우스는 남은 자식 아에로페와 클리메네를 나우플리오스에게 맡기고 외국에 내다 팔게 하였다. 나우플리오스는 그들을 아르고스로 데리고 갔는데 그곳에서 아에로페는 플레이스테네스(플레이스테네스는 전승에 따라 그 역할이 크게 다르다. 전승에 따르면 아에로페는 그의 어머니이기도 하고 그의 아내이기도 하다. 혹은 아트레우스와 티에스테스의 형제이기도 하고 아트레우스가 그의 아버지이기도 하다)의 아내가 되어 그에게 아가멤논과 메넬라오스를 낳아주었다.(헤시오도스의 『여인들의 목록』에 따르면 플레이스테네스는 아트레우스의 아들이다. 플레이스테네스를 아트레우스의 별명이라고 하는 작가도 있다)

다른 전승에 따르면 아에로페의 아버지 카트레우스는 딸을 나우플리오스에게 주고 바다에 던져버리라고 하였다. 그녀가 아버지의 뜻에 반하여 노예와 사랑에 빠졌기 때문이었다. 그녀는 플레이스테네스가 아닌 아트레우스와 결혼하여 아가멤논과 메넬라오스를 낳았다.

여러 가지 이야기를 종합한 전승도 있는데 아에로페가 우선 플레이스테네스와 결혼하고 그 후 아트레우스와 결혼했다고 한다. 플레이스테네스가 일찍 죽자 아트레우스가 그의 두 아들 아가멤논과 메넬라오스를 키웠다고 한다. 하지만 이것은 하나에 가정에 지나지 않는다.

하지만 일반적으로 아가멤논과 메넬라오스는 아트레우스와 아에로페의 자식으로 간주된다.

시동생을 사랑한 아에로페

펠롭스의 두 아들 아트레우스와 티에스테스는 아버지의 총애를 받은 이복형제 크리시포스를 죽인 탓에 아버지의 저주를 받고 추방당하여 미케네의 스테넬로스 왕에게 갔다.

미케네인들은 스테넬로스의 아들 에우리스테우스가 죽자 델포이에 신의 뜻을 물었는데 펠롭스의 자손을 왕으로 선택하라는 신탁이 내려졌다. 미케네인들은 아트레우스와 티에스테스 중 누구를 왕으로 추대해야 할지 토의하였다. 아폴로도로스는 『비블리오테케』에 그들 형제의 추악한 왕위 다툼을 다음과 같이 묘사하고 있다.

티에스테스는 황금 새끼 양을 갖고 있는 사람이 왕위를 물려받아야 한다고 공언했고, 아트레우스도 이에 동의했다. 티에스테스의 제안도 아트레우스의 동의도 모두 각각의 속셈이 깔려 있었다.

아트레우스는 아르테미스 신에게 자신의 양들 중에서 가장 아름다운 양을 제물로 바치겠다고 서약한 적이 있었다. 그러나 정작 황금 새끼 양이 나타나자 욕심이 생긴 아트레우스는 그 약속을 지키지 않았고, 그는 새끼 양을 죽인 후 상자에 넣어 보관하였다.

아트레우스는 자신이 황금 양을 가지고 있기 때문에 당연히 자신이 미케네의 왕이 될 것이라고 계산한 것이었다. 그러나 동생 티에스테스의 자신감도 만만치 않았다. 그 이유는 형의 아내 아에로페가 자신을 사랑하고 있었기 때문이다.(티에스테스가 아에로페를 유혹했다는 이야기도 있다)

아에로페는 자신의 불륜 상대인 시동생에게 황금 새끼 양을 넘겨주었다.(일설에 의하면 아트레우스는 가장 아름다운 동물을 아르테미스에게 바치겠다고 서약했으나 정작 황금 양이 태어나자 황금 양을 숨겨버렸다. 그러자 아에로페와 티에스테스가 황금 양을 훔쳤다)

아내 아에로페의 불륜 행각을 몰랐던 아트레우스는 동생 티에스테스가 왕좌에 오르는 것을 막을 수가 없었다. 하지만 제우스의 뜻은 티에스테스에게 있지 않았다. 제우스는 그의 전령 헤르메스에게 해가 서쪽에서 떠서 동쪽으로 지면 아트레우스가 왕이 될 것이고, 만약 정상적으로 전체가 돌면 티에스테스가 왕위를 지킬 것이라고 전하라고 하였다. 태양이 거꾸로 돌리가 없다고 자신한 티에스테스는 헤르메스의 제안을 받아들였다. 그러나 뜻밖에도 태양은 동쪽으로 지고 제우스 신의 뜻이 명백해지자 아트레우스가 왕위를 차지하였다. 그 후 그는 티에스테스를 추방하였다.

일설에 의하면 아트레우스는 아에로페를 바다에 던져버렸다고 한다.

또 다른 아에로페

케레우스의 딸로 아레스와 사랑을 나누고 아들을 낳다 죽었다. 아레스는 아기가 죽은 어머니 젖을 먹고 자라게 했다.

아우게 Auge

요약

  그리스 신화에 등장하는 테게아의 공주이다.

  제 형제를 죽일 아들을 낳으리라는 신탁의 예언 때문에 아테나 여신의 신전에서 처녀로 지내다 헤라클레스에게 겁탈당하여 아들 텔레포스를 낳았다. 그 뒤에는 먼 이국에 노예로 팔려가고 심지어 어릴 때 버린 자신의 친아들과 결혼까지 할 뻔하였다.

기본정보

구분	공주
외국어 표기	그리스어: Αὐγη
관련 신화	헤라클레스의 모험

인물관계

  아우게는 테게아의 왕 알레오스가 사촌누이 네아이라와 결혼하여 낳은 딸로 케페우스, 리쿠르고스, 암피다마스, 알키디케 등과 형제지간이다. 헤라클레스와 사이에서 아들 텔레포스를 낳았다.

  텔레포스는 테우트라스 왕의 딸 아르기오페와 결혼하여 미시아 왕국을 물려받았다.

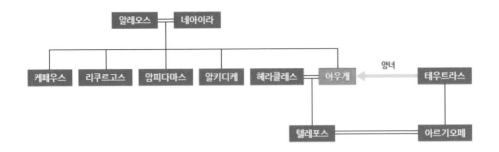

신화이야기

헤라클레스의 아들을 낳은 아우게

테게아의 왕 알레오스는 딸 아우게가 낳은 아들 즉 자신의 외손자가 자기 아들들을 모두 죽이게 될 거라는 신탁을 받았다. 이에 알레오스는 아우게를 아테나 신전의 여사제로 삼아 평생을 처녀로 지내도록 하고 만약 누군가와 결혼을 하면 사형에 처하겠다고 했다. 그런데 아우게이아스와 전쟁을 하기 위해 엘리스로 가던 중에 잠시 알레오스의 궁에 들른 헤라클레스가 그만 술에 취해 아우게를 겁탈하고 말았다.

헤라클레스의 아이를 임신한 아우게는 아버지 모르게 신전에서 아들 텔레포스를 낳았다. 하지만 이 일로 자신의 신전이 모독당했다고 여긴 아테나 여신은 테게아에 심한 기근과 역병이 돌게 하였다. 신탁을 통해 딸의 출산 사실을 알게 된 알레오스는 어린 텔레포스를 파르테논 산에 내다버리고 아우게는 에우보이아의 왕이자 노예상인 나우플리오스에게 넘겨 노예로 팔아버리거나 죽이라고 했다. 나우플리오스는 아우게를 미시아의 왕 테우트라스에게 팔아넘겼다.

사슴의 젖을 먹고 자란 텔레포스

한편 산 속에 버려진 텔레포스는 사슴의 젖을 먹으며 연명하다가 나중에 코리토스 왕의 목동들에게 발견되어 왕에게 바쳐졌다. 코리토스는 그에게 사슴의 젖을 먹고 자란 아이라고 해서 텔레포스라는 이름을 붙여주고 친자식처럼 키웠다.

청년이 된 텔레포스는 자기 부모를 찾기 위해 델포이의 신탁에 물었고 미시아로 가라는 대답을 들었다. 미시아로 가는 길에 테게아를 지나게 된 텔레포스는 길에서 시비가 붙어 자신을 비웃는 사람을 죽였는데, 그들은 어머니 아우게의 형제인 히포토오스와 페레우스였다. 신탁의 예언이 실현된 것이다. 미시아에 도착한 텔레포스는 테우트라스의 궁전에서 어머니 아우게와 극적으로 상봉하게 된다.

아들과 결혼할 뻔한 아우게

아우게는 테우트라스의 궁전에서 왕의 총애를 받으며 수양딸처럼 지내고 있었다. 텔레포스가 도착했을 때 미시아는 아르고호 원정대의 일원인 이다스의 공격을 받고 있었는데 테우트라스 왕은 때마침 나타난 텔레포스에게 도움을 청했다. 이에 텔레포스는 이다스를 무찌르고 미시아를 위기에서 구해냈다.

테우트라스는 텔레포스의 공을 높이 사 딸처럼 여기는 아우게를 아내로 주기로 했다. 하지만 아우게는 헤라클레스를 잊지 못해 어떤 인간과도 결혼하지 않겠노라고 맹세한 터였으므로 결혼식 첫날밤에 칼을 가지고 신방에 들어갔다. 하지만 어머니가 자기 아들을 칼로 찔러 죽이는 일을 막기 위해 신들이 커다란 뱀을 방으로 들여보냈고 그 바람에 아우게가 깜짝 놀라 칼을 떨어뜨리고 말았다. 그러자 이번에는 텔레포스가 자신을 해치려한 아우게를 칼로 찔러 죽이려 했다.

아우게는 겁에 질려 헤라클레스의 이름을 부르며 도움을 청했다. 아우게가 헤라클레스의 이름을 부르는 것을 의아하게 여긴 텔레포스는 그 까닭을 물었고 아우게는 그에게 자초지종을 털어놓았다.

아우게의 이야기를 들은 텔레포스는 그녀가 자신의 어머니란 사실을 알아차렸고 이로써 극적인 모자상봉이 이루어졌다. 이후 두 사람은 함께 아르카디아로 돌아갔다.

하지만 또 다른 이야기에 의하면 텔레포스는 어머니 아우게와 함께 미시아에 남았으며 아들이 없었던 테우트라스는 그를 친딸 아르기오페와 결혼시켜 자신의 후계자로 삼았다고 한다.

텔레포스에게 아우게를 내주는 테우트라스
페르가몬 제단의 프리즈, 기원전 2세기
베를린 페르가몬 박물관

아우게이아스 Augias

요약

그리스 신화에 등장하는 엘리스의 왕이다.

헤라클레스의 12과업 중 다섯 번째는 아우게이아스 왕의 엄청나게 크고 더러운 축사를 청소하는 것이었다. 왕은 하루 만에 축사를 청소하면 가축의 십분의 일을 주기로 약속했지만 헤라클레스가 일을 완수한 뒤에도 약속을 지키지 않다가 그의 손에 목숨을 잃었다.

기본정보

구분	왕
상징	부패 청산, 적폐 해소
외국어 표기	그리스어: Αὐγείας
어원	빛, 생기
관련 동물	소
관련 신화	헤라클레스의 12과업
가족관계	헬리오스의 아들, 포세이돈의 아들, 필레우스의 아버지, 악토르의 형제

인물관계

아우게이아스는 태양신 헬리오스와 해신 네레우스의 딸 히르미네 사이에서 태어난 아들로 악토르와 형제지간이다. 하지만 전승에 따라 포세이돈, 포르바스, 엘리스의 왕 엘레이오스 등이 그의 아버지로 언급되기도 한다.

자식으로 필레우스, 아가스테네스, 에피카스테, 아가메데 등이 있다.

신화이야기

헤라클레스의 다섯 번째 과업

엘리스의 왕 아우게이아스는 아버지인 태양신 헬리오스로부터 아주 많은 가축을 물려받아 기르고 있었다. 하지만 천 마리가 넘는 가축의 배설물을 30년이 넘도록 한 번도 치우지 않고 그대로 방치한 바람에 축사는 더 이상 쓸 수 없는 지경에 이르렀을 뿐만 아니라 인근의 토지도 오물과 악취로 불모의 땅이 되어버렸다. 헤라 여신으로부터 헤라클레스에게 12과업을 부과할 권한을 받은 미케네의 왕 에우리스테우스는 천한 일을 시켜 헤라클레스를 모욕할 심산으로 아우게이아스의 축사를 청소하게 하였다.

헤라클레스는 에우리스테우스의 명령을 무조건 따라야 하는 자신의 처지를 숨기고 아우게이아스 왕과 축사를 치워주는 대가를 놓고 협상을 벌였다. 헤라클레스는 자신이 단 하루 만에 축사를 치운다면 가축의 십분의 일을 달라고 하였다.

아우게이아스 왕은 그가 절대로 하루 만에 그 일을 하지 못하리라

믿고 기꺼이 그렇게 하겠다고 약속했다. 두 사람은 약속의 증인으로 왕의 아들 필레우스를 내세웠다.

하지만 헤라클레스는 거짓말처럼 축사 청소를 하루 만에 끝냈다. 그는 축사의 벽에 구멍을 몇 개 뚫은 뒤 알페이오스 강과 페네이오스 강의 강물을 끌어들여 단박에 청소를 끝내고 구멍을 다시 막았던 것이다.

아우게이아스의 축사를 청소하는 헤라클레스
생 레이몬드 박물관
©Caroline Lena Becker@wikimedia
(CC BY-SA 3.0)

약속을 지키지 않은 아우게이아스

헤라클레스가 뜻밖에 일을 완수하자 그 사이 그것이 에우리스테우스의 지시에 의한 일이었음을 알아낸 아우게이아스는 이와 같은 사실을 들어 약속을 이행하지 않았다.

약속의 증인을 섰던 필레우스는 사람들 앞에서 아버지가 헤라클레스에게 일의 대가로 가축의 십분의 일을 주기로 약속했다고 증언하면서 약속의 이행을 촉구하였다. 분노한 아우게이아스는 헤라클레스와 함께 아들 필레우스도 자기 나라에서 추방시켰다.

그러자 헤라클레스가 아르카디아의 군대를 이끌고 엘리스로 쳐들어왔다. 하지만 헤라클레스의 공격을 예상한 아우게이아스는 나라의 일부를 양도하는 조건으로 조카 몰리오네 형제와 아마린케우스를 끌어들여 헤라클레스의 군대를 물리쳤다. 그러나 잠시 후퇴했던 헤라클레스는 이스토미아 제전에 참가하러 가는 몰리오네 형제를 매복하였다가 공격하여 죽이고 다시 엘리스로 쳐들어갔다.

헤라클레스는 엘리스를 점령한 뒤 아우게이아스와 그의 아들들을 죽이고 추방된 필레우스를 다시 불러들여 엘리스의 왕위에 앉혔다. 그런 다음 헤라클레스는 엘리스의 올림피아 들판에서 올림픽 제전을 창설하였다.

인정받지 못한 과업

에우리스테우스 왕은 두 번째 과업이었던 히드라의 퇴치 때처럼 이번에도 과업의 성과를 인정할 수 없다고 했다. 헤라클레스가 아우게이아스 왕과 보수를 협상한 뒤에 일을 하였으므로 자신에 대한 순수한 봉사로 인정할 수 없다는 것이었다. 이 때문에 헤라클레스는 나중에 두 번의 과업을 추가로 더 실행해야 했고 그래서 본래 열 번을 하기로 했던 헤라클레스의 노역은 열두 번으로 늘어났다.

아우토노에 Autonoe

요약

 아우토노에는 조카 펜테우스를 그의 어머니 아가우에와 함께 찢어 죽였다. 한편 그녀의 아들 악타이온은 아르테미스의 목욕하는 모습을 우연히 본 대가로 사냥개에 갈기갈기 찢겨 죽었다.

기본정보

구분	공주
외국어 표기	그리스어: Αὐτονόη
관련 신화	펜테우스, 아가우에, 악타이온

인물관계

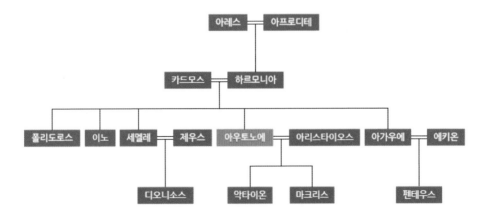

아우토노에는 아폴론과 님페 키레네 사이에서 태어난 머리숱이 많은 아리스타이오스와 결혼한다. 그들 사이에 자식으로 악타이온과 마크리스가 있다.

신화이야기

아우토노에의 부모와 형제자매, 자식들

아우토노에는 테바이를 건설한 카드모스와 아레스와 아프로디테의 딸 하르모니아 사이에서 태어났다. 그녀의 자매로 이노, 세멜레, 아가우에가 있고 남자형제는 폴리도로스가 있다. 이노는 아타마스, 아우토노에는 아리스타이오스, 아가우에는 에키온과 결혼했다.

그녀의 자매들은 모두 불행했다. 그들의 불행은 모두 디오니소스 신과 연관되어 있는데 디오니소스의 어머니인 세멜레는 헤라의 간계로 연인 제우스 신의 본모습을 보는 순간 그의 광채에 타 죽었다. 이노는 세멜레의 아들 디오니소스를 맡아 기르다가 헤라 여신의 분노를 사게 되어 불행하게 죽었다. 펜테우스의 어머니 아가우에는 디오니소스 어머니 세멜레를 음해한 까닭에 디오니소스의 분노를 사서 광란의 상태에서 아들 펜테우스를 짐승으로 착각하고 자매 아우토노에, 이노와 함께 찢어 죽이고 말았다. 아우노토에 역시 불행한 삶을 살았다.

조카를 찢어 죽인 이모 아우토노에

오비디우스의 『변신이야기』를 보면 조카인 펜테우스를 그의 어머니 아가우에와 함께 잔인하게 찢어 죽인 이모 아우토노에의 모습이 나온다.

디오니소스는 고향 테바이로 돌아오지만 그의 사촌인 펜테우스 왕은 새로운 종교 즉 디오니소스의 종교를 인정하지 않았다. 하지만 디오니소스의 귀환이 알려지자 남녀노소 뛰어나와 그를 환영했다. 특히 여자들이 그에게 열광하였다. 예언자 테이레시아스는 펜테우스에게 디오니소스 신을 경배하지 않는다면 몸이 갈기갈기 찢기고 어머니와 이모의 손에 피를 묻히는 끔찍한 일을 당하게 될 것이라고 경고했지만 그는 예언을 완전히 무시하였다.

펜테우스는 테이레시아스의 간곡한 예언뿐만 아니라 외조부 카드모스와 이모부 아타마스의 충고, 절친한 친구들과 충신들의 간언에도 귀를 기울이지 않았다. 갖은 충고와 간언을 무시한 펜테우스는 자신이 직접 디오니소스 여신도들이 신성한 의식을 행하는 키타이론 산으로 가 동정을 살펴보기로 하였다. 그곳에서 그는 절정에 이른 디오니소스 여신도들의 의식을 엿보았다. 그때 하필이면 그의 어머니 아가우에가 아들 펜테우스와 눈이 마주쳤고 아가우에는 광란에 빠져 자신의 아들을 알아보지 못했다.

그녀는 앞장 서서 아들의 죽음을 진두지휘하였다. 아가우에는 자매인 이노와 아우토노에에게 외쳤다. "들판을 헤매는 엄청나게 큰 멧돼지를 같이 잡아 죽입시다. 저기 저 멧돼지 말이에요." 그러자 여신도 무리 전체가 펜테우스에게 미친 듯이 달려들어 그를 추격했다. 공포에 질린 펜테우스는 디오니소스 신을 홀대한 자신의 죄를 뉘우친다고 다급하게 외쳤지만 때는 이미 늦었다.

펜테우스는 이모인 아우토노에에게도 도움을 요청했다. "아우토노에 이모님, 도와주세요! 악타이온의 그림자가 이모님의 마음을 움직이기를." 아우토노에는 자신의 아들 악타이온까지 들먹이며 도움을 요청하는 조카 펜테우스의 오른팔을 찢어버리고 나머지 팔은 이노가 찢어버렸다. 어머니 아가우에는 몸통만 남은 아들의 애타는 구원의 요청을 무시하고 아들의 머리를 뒤로 젖혀 잡아 뽑아버렸다.

사슴으로 변해 죽은 아들 악타이온

아우토노에의 조카 펜테우스가 죽음의 공포에 휩싸인 위급한 순간에 왜 사촌 악타이온의 이름을 들먹였을까. 그는 악타이온이 아니라 악타이온의 그림자가 이모인 아우토노에의 마음을 움직이기를 바랐다. 왜 악타이온의 그림자일까.

그리스 로마인들은 사람이 죽으면 그 혼백이 저승에 가서 그림자로 살아간다고 믿었다고 한다. 그렇다면 악타이온도 젊은 나이에 죽었다는 뜻이 된다. 그렇다면 아우토노에의 아들 악타이온은 어떻게 일찍 죽음을 맞게 되었을까. 그의 죽음에 관한 이야기들은 여러 가지가 있지만 아르테미스 혹은 세멜레와 연관된 것들이다.

아우토노에의 아들 악타이온은 반인반마의 케이론에게 사냥을 배운 뛰어난 사냥꾼이었다. 오비디우스와 하기누스에 따르면 악타이온은 숲 속에서 우연히 아르테미스가 목욕을 하고 있는 모습을 보게 되었는데, 수치심을 느낀 아르테미스가 자신의 알몸을 본 악타이온의 머리에 복수의 물을 뿌려 그를 사슴으로 만들어버렸다. 악타이온은 물에 비친 자신의 모습을 보고 어찌 할 바를 몰랐는데 그때 그의 사냥개들이 나타났다. 사냥개들은 주인을 알아보지 못하고 달려들었고 악타이온은 사냥개들을 피해 도망다니다 결국 지치고 말았다. 악타이온을 잡은 사냥개들은 그를 갈기갈기 찢어죽였다.('악타이온' 참조)

오비디우스와 히기누스 뿐만 아니라 아폴로도로스를 비롯한 대부분의 작가들은 아우토노에의 아들이 아르테미스가 목욕하는 장면을 보았기 때문에 죽었다고 한다.

에우리피데스에 따르면 악타이온이 자신의 사냥 기술에 너무 자만한 나머지 사냥의 여신의 분노를 사서 죽었다고도 한다.

몇몇 작가들은 그의 죽음을 세멜레와 연결시킨다. 헤시오도스는 악타이온이 이모인 세멜레와 결혼을 원했기 때문에 죽게 되었다고 한다. 아쿠실라우스 역시 악타이온이 제우스가 사랑한 세멜레와 결혼을 원했기 때문에 제우스의 명령으로 개에게 죽음을 당했다고 한다.

파우사니아스에 따르면 아우토노에는 비극적인 가족사로 인한 참을 수 없는 슬픔에 테바이를 떠났고, 아들의 뼈를 모아 정처 없이 떠돌다가 메가라 지역의 에레네이아에 정착하고 살았다고 한다.

또 다른 아우토노에

1) 네레우스와 도리스가 낳은 50명의 님페 중 한 명이다.

2) 다나오스가 낳은 50명의 딸 중 한 명으로 아이깁토스의 아들 에우릴로코스와 결혼하여 첫날밤에 남편을 죽였다.

3) 헤라클레스와의 사이에서 팔라이몬을 낳은 테스피오스의 50명의 딸 중 한 명도 아우토노에이다.

4) 펠레노페의 노예이다.

아우톨리코스 Autolycus, Autolycos

요약

  그리스 신화에 등장하는 도둑질의 명수이다.

  오이칼리아의 왕 에우리토스의 암말들을 쥐도 새도 모르게 훔쳐내 무고한 헤라클레스를 의심받게 만들었다. 하지만 교활한 시시포스의 소떼를 훔치는 데는 실패했다. 그의 딸 안티클레이아는 이타카의 왕 라에르테스에게 시집을 가서 영웅 오디세우스를 낳았다.

기본정보

구분	신화 속 인물
상징	도둑질, 사기
외국어 표기	그리스어: Αὐτόλυκος
관련 신화	헤라클레스의 모험, 오디세우스의 모험

인물관계

  아우톨리코스는 헤르메스와 키오네 사이에서 태어난 아들로 필람몬과 쌍둥이 형제이다. 하지만 필람몬의 아버지는 헤르메스가 아니라 아폴론이라고 한다. 헤르메스와 아폴론이 모두 아름다운 키오네에게 반해 사랑을 나누었는데 얼마 후 키오네가 아버지가 다른 쌍둥이를 낳았다는 것이다.

  아우톨리코스는 암피테아와 결혼하여 딸 안티클레이아를 낳았고 안티클레이아는 이타카의 왕 라에르테스와 결혼하여 오디세우스를 낳았다. 하지만 오디세우스의 진짜 아버지는 시시포스라고도 한다.

신화이야기

도둑질의 명수

아우톨리코스는 전령의 신이자 도둑들의 수호신인 아버지 헤르메스로부터 절대 들키지 않고 훔치는 기술을 물려받았다. 그는 손자 오디세우스를 위해 아민토르의 투구를 훔쳐다주었고 에우리토스의 암말들을 쥐도 새도 모르게 훔쳐내 무고한 헤라클레스를 의심받게 하기도했다. 그는 무엇이든 순식간에 훔쳐냈고, 훔친 짐승의 검은 털을 흰색으로 흰 털을 검은색으로 바꾸었고, 뿔 달린 짐승을 뿔 없는 짐승으로 뿔 없는 짐승은 뿔 달린 짐승으로 둔갑시켰다. 그는 심지어 스스로 변신하는 능력도 있었다고 한다.

에우리토스의 암말과 헤라클레스

궁술의 명인으로 알려진 오이칼리아의 왕 에우리토스는 활쏘기 시합에서 자신을 이기는 자에게 아름다운 딸 이올레를 아내로 주겠다고 공표했다. 이 소식을 들은 헤라클레스는 왕과의 활쏘기 시합을 벌여 승리하였다. 하지만 에우리토스 왕은 헤라클레스가 광기에 사로잡혀 아내와 자식들을 모두 죽인 전력을 들어 이올레를 아내로 내주려 하지 않았다. 헤라클레스는 화가 나서 오이칼리아를 떠났다.

그런데 헤라클레스가 떠난 직후 에우리토스 왕의 암말 몇 마리가 사라졌고 왕은 헤라클레스를 의심했다. 하지만 실제로 에우리토스의 암말을 훔친 자는 아우톨리코스였다.

헤라클레스는 에우리토스 왕의 아들 이피토스가 잃어버린 암말을 찾아다니다 자신에게 들렀을 때 그가 자신을 도둑으로 의심한다고 여겨 높은 성벽에서 떨어뜨려 죽여버렸다.

시시포스와 아우톨리코스

그러나 아우톨리코스의 신출귀몰한 재주도 교활한 시시포스 앞에서는 통하지 않았다. 아우톨리코스는 시시포스의 소떼를 훔친 뒤 색깔과 모양을 바꾸어 누구의 소인지 알아볼 수 없게 만들었다. 시시포스는 소가 점점 줄어드는 것을 알아채고는 소의 발굽에 글자를 새겼다. 그리고는 글자가 찍힌 소의 발굽 자국이 어디로 갔는지 확인하여 아우톨리코스로 하여금 소를 훔쳐간 사실을 자백하게 만들었다.

아우톨리코스는 시시포스가 도둑맞은 소들을 되찾기 위해 찾아왔을 때 딸 안티클레이아를 시시포스와 동침시켰다. 하지만 이것은 아우톨리코스가 시시포스의 소떼를 훔친 데 대한 보상이었다고도 하고 도둑질을 빌미로 시시포스가 아우톨리코스에게 딸을 요구했다고도 한다. 이에 따르면 안티클레이아는 얼마 뒤 이타카의 왕 라에르테스와 결혼하여 오디세우스를 낳았는데 결혼할 때 이미 오디세우스를 임

신한 상태였다. 그래서 오디세우스는 시시포스의 아들로 여겨지기도
한다.

아우톨리코스는 안티클레이아가 낳은 외손자에게 '노여워하는 자'
혹은 '노여움의 희생자'라는 뜻을 지닌 '오디세우스'라는 이름을 지
어주었다.

아이게우스 Aegeus

요약

아테네의 왕이다.

두 번의 결혼에도 후사를 얻지 못하다가 트로이젠의 왕 피테우스의
딸 아이트라와 동침하여 아테네의 영웅 테세우스를 낳았다.

기본정보

구분	아테네의 왕
외국어 표기	그리스어: Αἰγεύς
관련 신화	테세우스, 메데이아, 아이트라
가족관계	테세우스의 아버지, 필리아의 아들, 판디온의 아들, 팔라스의 형제

인물관계

아테네의 왕 판디온 II세와 필리아 사이에 태어난 아들로 팔라스, 니
소스, 리코스와 형제이다. 아이트라와 사이에 태어난 아들이 테세우스
이고 메데이아와 사이에 아들 메도스를 얻었다.

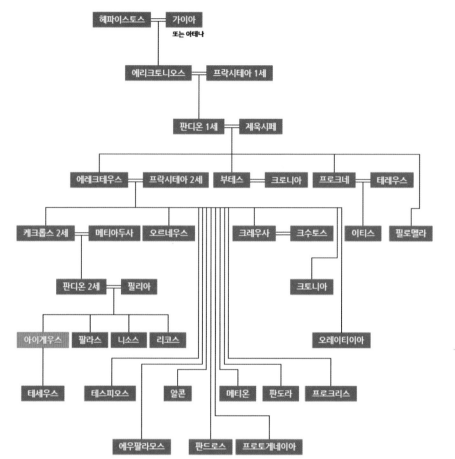

신화이야기

아테네의 왕 아이게우스

아이게우스의 아버지는 판디온 II세이다. 『비블리오테케』에 의하면 판디온 II세는 사촌들 즉 숙부 메티온의 아들들에 의해 왕권을 빼앗기고 아테네에서 추방이 되었다. 판디온 II세는 메가라의 왕 필라스에게 가 피신하였고 필라스 왕은 그를 딸 필리아와 결혼시켰다. 그런데 필라스 왕이 숙부를 살해하여 메가라를 떠나야 하는 상황이 왔다. 이에 판디온 II세가 필라스로부터 메가라 왕위를 물려받고 메가라의 왕이 되었다. 필라스 왕은 몇몇의 백성들과 함께 펠로폰네소스로 가서 자신의 이름을 딴 도시 필로스를 건설하였다.

판디온 II세와 필리아 사이에는 장남 아이게우스, 팔라스, 니소스, 리코스 이렇게 네 명의 아들이 태어났고, 판디온 II세가 죽은 후 메가라의 왕위는 니소스가 물려받았다.

판디온 II세의 장남 아이게우스는 판디온이 죽은 후 메가라의 왕위를 니소스가 이어받자 다른 동생들과 함께 아테네로 돌아가서 아버지의 왕위를 빼앗은 메티온의 아들들을 쫓아내고 왕권을 분할하기로 한 처음의 약속을 저버리고 아테네의 왕이 되었다.

아이게우스의 아내들과 자식들

아이게우스의 첫 번째 아내는 호플레스의 딸 메타이다. 그런데 메타와의 사이에 자식이 없어 칼키오페를 두 번째 아내로 맞이하였다. 『비블리오테케』에 의하면 그녀는 렉시노르의 딸이라고 하는데 칼키오페 역시 자식을 낳지 못했다. 두 번의 결혼에도 후사를 얻지 못한 아이게우스는 그 이유가 아프로디테가 분노했기 때문이라고 생각하였다. 파우사니아스의 『그리스 안내』에 의하면 아이게우스는 이런 이유로 아테네에 처음으로 아프로디테 숭배를 도입했다고 한다.

아이게우스는 후사가 없어 형제들에게서 왕권을 위협받게 되자 델포이 신전으로 가서 어떻게 하면 자식을 얻을 수 있는지 신탁을 구하였다. 그러자 다음과 같은 신탁이 내렸다.

"가장 뛰어난 자여, 그대는 아테네의 꼭대기에 이를 때까지는 포도
주를 담는 가죽 포대의 주둥이를 풀지 말아라." (『비블리오테케』)

신탁의 의미를 이해할 수 없는 아이게우스는 아테네로 돌아가는 길

에 트로이젠의 왕 피테우스에게 들러 신탁의 의미를 물어보았다. 피테우스는 신탁이 위대한 영웅의 탄생을 암시하고 있다는 것을 눈치채고 아이게우스를 술에 잔뜩 취하게 하여 자신의 딸 아이트라와 동침하게 하였다. 이렇게 해서 아이트라는 아이게우스의 정식 아내는 아니지만 아이게우스의 아이를 낳게 되었다.

아이게우스는 아이트라와 이별하면서 바위 밑에 자신의 샌들과 검을 숨겨두고는 아이가 자라 그 바위를 들 수 있게 되면 그 물건들을 찾아 자기를 찾아오게 하라고 당부하였다. 이 아이가 바로 아테네의 영웅 테세우스이다.

아테네로 돌아온 아이게우스는 메데이아를 네 번째 아내로 맞이하였고, 아들 메도스를 얻었다.

테세우스와 아이트라
로랑 드 라 라 이르(Laurent de la La Hyre), 1636년경,
부다페스트 미술관

235

아이게우스의 죽음

미노타우로스는 크레타에서 왕비 파시파에가 기이하게도 황소에게 욕정을 느껴 황소와의 사이에 낳은 자식으로 반은 인간이고 반을 소의 모습을 한 괴물이다. 크레타의 왕 미노스는 왕비 파시파에가 낳은 미노타우로스를 미궁에 가두고 먹이를 주었는데 먹이는 바로 아테네에서 9년마다(『변신이야기』에 의하면 9년이지만 3년이라는 이야기도 있고 7년이라는 이야기도 있다) 공물로 바치는 각각 7명의 처녀 총각들이었다. 그런데 세 번째 공물을 바칠 때 아이게우스의 아들 테세우스가 미노타우로스를 처단하기 위해 희생 제물이 되기를 자원하여 크레타

로 갔다. 테세우스는 크레타의 공주 아리아드네의 도움으로 미노타우로스를 처단한 후 무사히 미궁을 탈출했다.

테세우스는 떠나기 전 아이게우스에게 살아서 돌아오는 경우에는 흰 돛을 달고 죽은 경우에는 검은 돛을 달겠다고 약속한 바 있다. 그런데 테세우스가 그 약속을 잊고 검은 돛을 단 채로 돌아왔다. 이에 아이게우스는 아들이 죽었다고 생각하고 몸을 던져 자살하였다. 히기누스의 『신화집』에 의하면 그 후 그가 빠져 죽은 바다는 그의 이름을 따서 '에게 해'라 불린다고 한다. 그리고 『그리스 안내』에 의하면 아테네에서 그가 떨어진 곳에 그를 섬기는 성역이 있다고 한다.

아이기나 Aegina

요약

그리스 신화에 나오는 하신 아소포스의 딸로 아름다운 님페이다.

아이기나는 독수리로 변신한 제우스에게 납치되어 오이노네 섬(훗날의 아이기나 섬)으로 가서 그의 아들 아이아코스를 낳았다. 아이아코스는 아이기나 섬의 왕이 되어 미르미도네스족을 다스렸다.

기본정보

구분	님페
외국어 표기	그리스어: Αἴγινα
관련 지명	아소포스 강, 아이기나 섬
관련 동식물	개미, 독수리
가족관계	아소포스의 딸, 메토페의 딸, 제우스의 아내, 아이아코스의 어머니

인물관계

아이기나는 강의 신 아소포스와 물의 님페 메토페 사이에서 태어난 딸로 제우스와 사이에서 아이기나 왕국의 전설적인 왕 아이아코스를 낳았다. 아이아코스는 트로이 전쟁의 두 영웅 아킬레우스와 아이아스의 할아버지이다.

아이기나는 또한 오푸스 출신의 악토르와 결혼하여 인간 아들 메노이티오스를 낳았는데 아르고호 원정대의 일원으로 이름을 날린 메노이티오스는 아킬레우스의 둘도 없는 친구인 파트로클로스의 아버지이다.

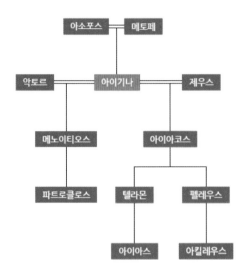

신화이야기

하신 아소포스의 딸 아이기나와 제우스

제우스는 강의 신(河神) 아소포스의 딸인 아름다운 님페 아이기나에게 반했다. 그는 독수리로 변신하여 아이기나를 납치해서 아티카 근처에 있는 오이노네 섬으로 데려갔다. 아소포스는 사라진 딸을 찾아 그리스 방방곡곡을 돌아다녔지만 소용이 없었다. 그런데 코린토스의 왕 시시포스가 아이기나의 행방을 알고 있다면서 자신의 아크로폴리스에 샘물이 솟아나게 해주면 알려주겠다고 하였다. 아소포스가 요구를 들어주자 시시포스는 그에게 커다란 독수리 한 마리가 아름다운 아이기나를 품에 안고 오이노네 섬으로 날아가는 것을 보았다고 말해주었다.

아소포스가 오이노네 섬으로 쳐들어갔지만 제우스는 벼락을 내리쳐서 아소포스를 다시 원래의 물줄기로 되돌려보냈다. 이때부터 아소포

아이기나
페르디난트 볼(Ferdinand Bol), 17세기, 마이닝겐 박물관연합

스 강의 바닥에서는 시커먼 석탄이 나오기 시작했다고 한다.

아이아코스와 미르미도네스족

아이기나는 오이노네 섬에서 제우스와 사랑을 나누어 아들 아이아코스를 낳았다. 그 뒤로 오이노네 섬은 아이기나 섬으로 이름이 바뀌었고, 아이아코스는 자라서 그 섬의 왕이 되었다. 하지만 제우스의 아내 헤라는 자신의 연적인 아이기나로 이름을 바꾼 이 섬나라를 못마땅하게 여겨 역병을 내리고 무서운 괴물을 보내 섬의 모든 주민들을 거의 죽게 만들었다. 아이아코스가 눈물을 흘리며 아버지 제우스에게 자신의 백성들을 다시 돌려달라고 간청했다. 이에 제우스는 아들의 청을 들어주어 땅에 기어다니는 수많은 개미들을 사람으로 변하게 했고, 아이아코스는 이들에게 개미에서 생겨난 사람이라고 하여 미르미도네스(개미족)라는 이름을 붙여 자신의 백성으로 삼았다.(개미는 그리스어로 '미르메코스'다) 또 아이기나 섬은 원래 사람이 없는 무인도였는데 아이아코스가 제우스에게 자신이 다스릴 백성들을 내려달라고 기도를 올렸다는 이야기도 있다.

개미에서 사람으로 바뀐 미르미도네스
판화, 비르길 졸리스(Virgil solis), 1581년
오비디우스 『변신이야기』에 수록된 삽화

아이기미오스 Aegimius, Aegimios

요약

그리스 신화에 등장하는 도리스인들의 첫 번째 왕이다.

헤라클레스의 도움으로 라피타이족의 침략을 무찌른 뒤 그 보상으로 헤라클레스의 아들 힐로스를 의붓아들로 삼고 영토의 3분의 1을 나누어주었다. 이 신화를 근거로 도리스인들은 자신들을 헤라클레스의 후예라고 주장하였다.

기본정보

구분	왕
외국어 표기	그리스어: Αἰγίμιος
관련 신화	헤라클레스의 모험, 헤라클레이다이의 펠로폰네소스 정복
가족관계	도로스의 아들, 팜필로스의 아버지, 디마스의 아버지

인물관계

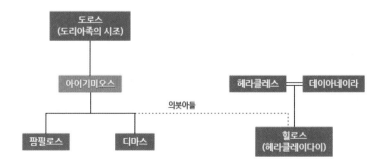

아이기미오스는 도리스인들의 전설적 시조 도로스의 아들이다. 아이기미오스의 두 아들 팜필로스와 디마스는 헤라클레스의 아들 힐로스와 함께 도리스족 세 지파의 시조가 되었다.

신화이야기

헤라클레스의 도움으로 라피타이족을 물리친 아이기미오스

테살리아 북부 페네이오스 골짜기에서 도리스족을 다스리고 있던 아이기미오스는 라피타이족의 왕 코로노스의 침략을 받았다. 다급해진 아이기미오스는 자신의 영토에서 적을 몰아내기 위해 헤라클레스에게 도움을 청하면서 승리할 경우 왕국의 3분의 1을 주겠다고 약속했다.

헤라클레스는 코로노스를 죽이고 라피타이족을 물리쳤지만 보상은 사양하였다. 그 대신 그는 약속한 땅을 나중에 자기 자손들(헤라클레이다이)에게 주라고 부탁했다. 이에 아이기미오스는 헤라클레스의 아들 힐로스를 자신의 의붓아들로 삼아 약속의 이행을 다짐했다.

아이기미오스와 헤라클레이다이

헤라클레스가 죽고 난 뒤 미케네 왕 에우리스테우스에게 핍박받던 헤라클레스의 후손들(헤라클레이다이)은 아테네 왕 테세우스(혹은 그의 자손들)의 도움으로 에우리스테우스를 물리친 뒤 펠로폰네소스에 대한 헤라클레스의 권리를 주장하며 이 지역의 정복에 나섰다.

헤라클레스는 원래 아버지 제우스의 뜻에 따라 펠로폰네소스 반도의 아르고스, 라코니아, 메세니아 등 광범위한 지역을 다스리게 될 예정이었지만 헤라 여신의 방해로 에우리스테우스 왕에게 이 지역의 통치권을 빼앗겼기 때문이었다.

헤라클레이다이는 펠로폰네소스의 모든 도시들을 점령하고 나라를 세웠지만 1년 만에 온 나라에 역병이 창궐하였다. 신탁에 그 이유를 묻자 헤라클레스의 자손들이 운명의 신이 정한 시기보다 너무 빨리 펠로폰네소스로 돌아왔기 때문에 신들이 노하였다는 대답이 돌아왔다. 이에 헤라클레이다이는 신들의 뜻을 존중하여 펠로폰네소스를 떠나 테살리아의 아이기미오스를 찾아갔다.

아이기미오스는 라피타이족과의 전쟁 때 자신을 도와주었던 헤라클레스의 은혜를 잊지 않고 약속대로 영토의 3분의 1을 헤라클레이다이를 이끄는 의붓아들 힐로스에게 내주었다.

아이기미오스의 두 아들 팜필로스와 디마스도 자진해서 의붓형 힐로스에게 복종을 맹세하였다. 이렇게 해서 힐로스, 팜필로스, 디마스는 도리스족의 세 지파인 힐레이스족, 팜필로이족, 디마네스족의 시조가 되었다.

이후 헤라클레이다이는 몇 차례에 걸친 침략전쟁을 통해 마침내 펠로폰네소스 반도를 정복하고 그 영토를 나누어가졌다.('헤라클레이다이' 참조)

신화해설

훗날 도리스인들은 이 신화를 바탕으로 자신들을 헤라클레스의 후손이라고 주장하며 펠레폰네소스 반도의 침략을 정당화하였다.

펠로폰네소스 반도는 기원전 1000년경에 도리스족의 침략을 받아 정복되었는데 학자들은 도리스인들이 외지인인 자신들의 지배를 합리화하기 위해 이 지역의 헤라클레스 숭배를 이용한 것으로 보고 있다. 도리스인들은 헤라클레스의 후손이므로 자신들의 펠로폰네소스 정복은 '헤라클레스 후손들의 귀환'이라는 것이다.

하지만 오늘날의 연구에 따르면 도리스인들의 침략은 빠르게 이루어진 격변의 형태가 아니라 작은 단위의 부족들이 천천히 그리고 무계획적으로 이 지역에 스며들듯 정착한 것으로 보아야 한다는 것이 정설이다. 그러므로 헤라클레이다이의 신화를 도리스인들의 침략이라는 역사적 사실에 근거한 이야기로 해석하는 것은 곤란하다.

아이기스 Aegis

요약

그리스 신화에 등장하는 제우스의 방패이다.

대장장이 신 헤파이토스가 제작하였고 중앙에 고르곤(메두사)의 머리가 붙어 있다. 때때로 아테나 여신이나 아폴론 신이 사용하기도 한다. 제우스의 번개도 막아낼 만큼 튼튼하고 흔들면 천둥 번개가 치고 폭풍이 휘몰아친다.

기본정보

구분	사물, 무구(武具)
상징	제우스, 아테나
외국어 표기	그리스어: Αιγίς
어원	염소 가죽(아익스), 폭풍우(아이소)
영어식 발음	이지스
관련 동물	염소

신화이야기

유래

아이기스라는 말은 고대 그리스어의 '염소(아익스)'에서 유래한 것으로 '염소 가죽'을 뜻한다. 일설에는 '폭풍우'를 뜻하는 '아이소' 혹은 파도를 뜻하는 '아이이'에서 유래하였다고도 한다.

신화에서 아이기스는 두 가지 의미가 혼합되어 제우스의 폭풍을 일

아이기스
테네시 데이비슨 카운티, 내슈빌, 센테니얼 파크
©Michael Rivera@wikimedia(CC BY-SA-4.0)

스키는 방패를 의미하는 말로 쓰이며 종종 폭풍과 동의어로 사용된다. 아테나는 이것을 갑옷처럼 어깨와 가슴에 걸치기도 하였다.

> "그녀(아테나)는 양쪽 어깨에 술이 달린 무시무시한 아이기스를 걸쳤는데 그 가장자리를 빙 둘러 공포가 새겨져 있고 그 안에는 불화와 용기와 소름끼치는 추격이 그려져 있으며 중앙에는 아이기스를 가진 제우스의 전조인 무서운 괴물 고르곤의 무시무시하고 끔찍한 머리가 새겨져 있었다" (불핀치, 『그리스 로마 신화』)

신화 속의 아이기스

그리스 신화에 따르면 아이기스는 제우스를 길렀다고 전해지는 암염소 아말테이아의 가죽을 사용하여 대장장이 신 헤파이스토스가 만들었다고 한다. 방패 중앙에 있는 무시무시한 메두사의 머리는 페르세우스가 고르곤 자매의 한 명인 메두사를 죽인 후 그 머리를 잘라

아이기스를 걸친 아테나
아티카의 적색상 도기, 기원전 5세기, 루브르 박물관

아테나 여신께 바친 것이다. 처음에 아이기스는 제우스가 가슴을 가리는 흉갑으로 쓰다가 아테나 여신에게 선물로 주었는데 그 후로 이 방패는 아테나 여신의 권능을 상징하는 물건이 되었다.

밀턴은 가면극 『코머스』에서 아테나가 걸친 아이기스에 대해 이렇게 썼다.

> "저 뱀의 머리를 한 고르곤 방패 / 지혜로운 아테나, 순결한 처녀신의 방패 / 적을 돌로 만들었다는 그 방패 / 순결의 엄숙과 고상한 품위를 가진 준엄한 용모에 / 저 야수와 같은 폭력이라니"

하지만 호메로스는 제우스를 언급할 때 여전히 "아이기스를 가진 제우스"라고 부른다. 아이기스는 제우스의 벼락을 너끈히 막아낼 수 있는 무적의 방패일 뿐만 아니라 이것을 손에 들고 흔들면 폭풍이 일고 천둥과 벼락이 치기도 한다.

또 중앙에 메두사의 머리가 달려 있어 상대를 꼼짝 못하게 마비시키거나 돌로 만들어버릴 수도 있어 그야말로 공수 양면에서 천하무적의

아테나와 아이기스
로마의 모자이크, 기원전 3세기, 바티칸 박물관

병기라 하겠다. 『일리아스』에서는 아폴론 신이 이 방패로 그리스군 진영에 폭풍을 일으켜 트로이군을 돕고, 헥토르의 시신이 아킬레우스에 의해 훼손되는 것을 아이기스로 감싸서 막아주었다.

신화해설

현대의 아이기스

오늘날 아이기스는 경비회사나 보험회사의 명칭으로 자주 등장한다. 또 '이지스'(AEGIS: Airborne Early Warning Ground Environment Integration Segment)는 현대 해전에서 대함 미사일 공격을 방어하기 위한 목표 추적 시스템 및 방공 미사일 공격 시스템과 이를 운용하는 통합 시스템을 가리키는 명칭으로도 사용된다.

아이기스토스 Aegisthus

요약

아이기스토스는 아버지 티에스테스와 그의 딸 펠로페이아 사이에서 근친상간으로 태어난 자식이다.

티에스테스는 자신의 형제 아트레우스가 자신의 아들 셋을 잔인하게 살해하자 복수를 할 방법을 찾는다. 그는 자신의 딸과 관계하여 아들을 낳으면 그 아들이 복수를 할 것이라는 신탁을 받고 딸을 범하였고 그들 사이에서 아이기스토스가 태어났다.

아이기스토스는 아버지 티에스테스와 아트레우스를 죽이고 왕권을 되찾지만 후에 아트레우스의 자식 오레스테스에 의해 죽임을 당했다.

기본정보

구분	신화 속 인물
외국어 표기	그리스어: Αἴγισθος
어원	'염소'라는 뜻의 'aega'에서 유래
관련 신화	탄탈로스 가문의 저주, 아가멤논, 클리타임네스트라, 오레스테스

인물관계

탄탈로스의 손자인 티에스테스는 그의 딸 펠로페이아 사이에서 근친상간의 자식 아이기스토스를 낳았다.

신화이야기

티에스테스의 복수

아이기스토스의 아버지 티에스테스가 형 아트레우스에 행한 복수의 내용은 작가마다 조금씩 변형되어 전해진다.

아폴로도로스의 『비블리오테케』에는 티에스테스의 복수의 과정이 간단하게 설명되어 있다. 세 아들을 잔인하게 잃고 얼떨결에 자신의 아들까지 먹은 티에스테스는 복수의 칼을 갈았다. 그가 어떻게 하면 복수를 할 수 있을지 신에게 묻자 딸 펠로페이아와의 사이에서 아들을 낳으면 그 아들이 복수를 할 것이라는 신탁을 들었다. 이에 그는 펠로페이아와 동침을 하고 그들 사이에서 아들 아이기스토스가 태어났다.

아이기스토스는 성장하여 자신이 할아버지 티에스테스의 아들임을 알고 아트레우스를 죽이고 티에스테스에게 왕권을 되찾아주었다.

히기누스의 『이야기』에 따르면 티에스테스는 아트레우스의 아들 플레이스테네스를 키워 아트레우스에게 보내 그를 죽이도록 사주하였다. 그러나 아트레우스는 플레이스테네스가 자신의 아들이 아닌 티에스테스의 아들이라고 생각하고 그를 죽였다.

티에스테스는 신탁에 따라 아트레우스에게 복수하기 위해 펠로페이아를 강제로 범하고 그 후 펠로페이아는 아들을 낳아 버려버렸다. 그러나 양치기들이 그를 발견하여 키웠는데, 아이기스토스라는 이름은 염소라는 뜻인 그리스어 'aega'에서 유래한 것이다.

『이야기』에는 다른 이야기도 있는데 미케네에서 추방당한 티에스테스는 시키온으로 도망쳐 그곳에서 제물을 올리고 있던 자신의 딸 펠로페이아를 발견하고 강제로 범했다.(펠로페이아가 자신의 딸인지 몰랐다고도 한다) 펠로페이아는 아버지가 자신을 범했다는 사실을 모른 채 후일을 위해 그의 칼을 몰래 빼서 아테나의 신전에 감춰놓았다.

한편 아트레우스는 자신의 악행 때문에 나라에 흉년이 들자 신탁에 따라 티에스테스에게 다시 왕권을 주기로 하였다. 그는 티에스테스를 찾아가던 도중에 테스프로토스 왕의 궁전에서 펠로페이아를 보고 사랑에 빠졌다. 그는 테스프로토스에게 펠로페이아와의 결혼을 허락받았는데, 그때 이미 그녀의 뱃속에는 티에스테스의 아들(아이기스토스)이 자라고 있었다. 그녀는 아이가 태어나자 바로 버려버렸다. 그러나 아이는 목동에게 발견되고 목동은 염소의 젖으로 아이를 키웠다.

아트레우스는 펠로페이아의 아이를 찾아내어 그 아이가 티에스테스의 아들인지도 모르고 자신의 아들로 받아들였다. 그 후 아트레우스는 자신의 두 아들 아가멤논과 메넬라오스에게 티에스테스를 찾아오도록 하였고, 그들은 델피의 신전에서 아트레우스에게 복수를 할 방법을 묻고 있는 티에스테스를 발견했다. 그들은 그를 붙잡아 아트레우스에게 데려갔고 아트레우스는 티에스테스를 감옥에 가두고 성인이 된 아이기스토스에게 티에스테스를 죽이라고 명하였다.

티에스테스는 아이기스토스의 손에 들린 칼을 보았고 누구에게 칼을 받았는지 물었다. 아이기스토스는 어머니의 것이라고 밝혔고, 그는 아이기스토스의 어머니와 대면하였다. 그녀는 자신이 과거에 모르는 남자에게 한밤중에 강간을 당했는데 그날 아이기스토스를 임신했다고 고백하였고, 그 남자가 바로 자신의 아버지임을 안 펠로페이아는 칼을 낚아채어 자신의 가슴을 찔러 목숨을 끊었다.

아이기스토스는 어머니의 가슴에서 피문은 칼을 뽑아 아트레우스에게 건넸는데, 그것으로 티에스테스가 죽었다고 믿은 아트레우스가

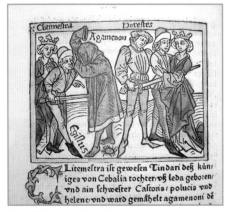

클리타임네스트라와 아이기스토스가 아가멤논을 살해한다
목판화, 보카치오의 책 『유명한 여성들에 관하여』의 삽화
©kladcat@wikimedia(CC BY-SA-2.0)

바닷가에서 신에게 감사의 제물을 바칠 때 아트레우스를 칼로 찔러 죽였고 티에스테스와 함께 왕권을 되찾았다.

미케네의 왕권을 잡은 아이기스토스는 아트레우스의 두 아들 아가멤논과 메넬라오스를 스파르타로 추방하였다.

아폴로도로스에 따르면 유모가 아트레우스의 두 아들을 시키온의 왕 폴리페이데스에게 데려갔다. 그 뒤 그들은 아이톨리아의 오이네우스에게 보내졌고 얼마 후 틴다레오스가 그들을 다시 데려갔다. 그곳에서 아가멤논과 메넬라오스는 틴다레오스 왕의 두 딸과 결혼하였다. 틴다레오스는 아가멤논에게 클리타임네스트라를 주고 메넬라오스에게 헬레네를 주었다.

한편 티에스테스와 아이기스토스 부자는 한동안 미케네를 다스리다

가 스파르타 왕 틴다레오스의 지원을 받은 아가멤논과 메넬라오스에게 패하여 쫓겨나게 되었다. 틴다레오스 왕이 죽자 메넬라오스가 스파르타의 왕위를 물려받았다.

아이스킬로스의 『아가멤논』 속의 아이기스토스

그리스군의 총사령관 아가멤논은 트로이에서 10년 만에 귀향하던 날 아내 클리타임네스트라에게 쌍칼로 욕조에서 무참하게 살해당하였다. 클리타임네스트라가 아가멤논을 죽인 이유를 밝혔는데 아가멤논이 그리스 함대를 이끌고 트로이로 떠날 때 폭풍을 잠재우기 위해 그들의 딸 이피게네이아를 희생 제물로 바쳤을 뿐만 아니라('아가멤논' 참조) 귀국할 때 카산드라를 데려온 것을 용서할 수 없었다고 주장하였다. 그녀는 그의 죽음은 딸을 죽인 것에 대한 응분의 벌이니 저승에 가서도 큰소리치지 못할 것이라고 냉정하게 말했다.

아이기스토스 역시 아가멤논의 죽음은 자신의 가문을 파멸시킨 대가라고 주장했다. 아가멤논의 아버지 아트레우스는 아이기스토스의 이복형제들을 죽인 후 그들의 발과 팔의 끝 부분을 잘게 썰어 아버지 티에스테스에게 먹였던 것이다.

티에스테스는 아트레우스의 끔찍한 범행을 알고 난 후 아트레우스의 자손들에 저주를 내렸고, 아이기스토스는 아가멤논의 죽음으로 저주가 이루어졌다고 자신의 행위를 정당화하였다.

호메로스의 『오디세이아』 속의 아이기스토스의 죽음

한편 호메로스는 『오디세이아』에서 아이기스토스가 아가멤논의 아내 클리타임네스트라를 어떻게 그의 여자로 만들었고 그 둘이 단합하여 아가멤논을 어떻게 죽였는지 이야기하고 있다.

아이기스토스는 아가멤논이 트로이 전쟁에 나간 동안 그의 아내 클리타임네스트라를 온갖 감언이설로 유혹하였다. 하지만 클리타임네스트라는 심성이 고왔을 뿐만 아니라 그녀의 곁에는 아가멤논의 충신이 늘 붙어 있어 그녀에게 접근하는 것이 쉽지 않았다. 그러던 어느 날 아이기스토스가 그 충신을 외딴 섬으로 데려가 그곳에 버리고 돌아왔다. 이렇게 그는 자신의 사랑을 가로막는 방해꾼을 제거하였고 그들의 치명적인 사랑이 시작되었다.

아가멤논이 돌아온다는 소식을 접한 아이기스토스는 아가멤논을 죽일 계획을 짰다. 그는 건장한 남자 20명을 매복시킨 후 아가멤논을 환영하는 연회를 준비시켰다. 아가멤논은 자신의 죽음을 전혀 예감하지 못하고 연회에 참석하였다. 아이기스토스는 기회를 놓치지 않고 아가멤논과 그의 수행원들을 마치 소를 도살하듯 죽여버렸다.

그 후 아이기스토스와 클리타임네스트라는 황금의 미케네를 7년 동안 통치하였다. 그러나 8년째 되던 해에 아가멤논의 아들 오레스테스가 돌아와 아이기스토스와 어머니 클리타임네스트라를 죽였다.

아폴로도로스의 이야기는 호메로스와 약간 다르다. 클리타임네스트라가 남편을 배신한 이유는 오디세우스의 음모로 돌에 맞아 죽은 팔라메데스의 아버지 나우플리오스가 클리타임네스트라를 비롯해 그리스 여인들의 외도를 부채질했기 때문이다. 아가멤논은 트로이에서 카산드라를 데리고 돌아온 후 아이기스토스와 클리타임네스트라에게 살해되었다.

아가멤논의 딸 엘렉트라는 동생 오레스테스를 포키스의 스트로피오스에게 피신시켰고, 장성한 오레스테스는 아버지의 살해자를 어떻게 해야할 지 델피로 가서 신탁을 청했다. 그는 스트로피오스의 아들 필라데스와 함께 몰래 미케네로 돌아와 아이기스토스와 자신의 어머니 클리타임네스트라를 죽였다.

소포클레스의 『엘렉트라』 속의 아이기스토스

아이기스토스는 아가멤논의 자식들인 오레스테스와 엘렉트라를 죽이려 했으나 성공하지 못했다. 아가멤논의 늙은 하인이 오레스테스를 포키스 땅으로 데려가서 스트로피오스에게 키우게 했다.

아이기스토스는 엘렉트라를 죽이려 했지만 클리타임네스트라가 저지해 뜻을 이루지 못하고 엘렉트라가 좋은 집안의 자제와 결혼하여 자신에게 복수할 것을 두려워하였다. 결국 엘렉트라는 한때 귀족이었으나 지금은 농부의 신분인 한 남자와 강제 결혼했다.

한편 오레스테스는 아버지의 원수를 갚기 위해 친구 필라데스와 함께 미케네로 돌아왔다. 아이기스토스는 님페들에게 소를 제물로 바치는 제사에 오레스테스를 낯선 길손이라고 생각하고 초대하였는데, 오레스테스는 제물에 바칠 황소를 해체하는 일을 돕는 척하면서 아이기스토스의 목덜미를 내리치고 아이기스토스는 고통에 온몸을 버둥거리다 피투성이가 되어 죽었다.

오레스테스가 아이기스토스를 살해한다
기원전 430~300년, 붉은 도기(와인주전자) 그림
루브르 박물관

아이깁토스 Aegyptus

요약

이집트라는 지명을 탄생시킨 인물이다.

벨로스와 안키노에 사이에 태어난 아들로 쌍둥이 형제 다나오스가 있다.

여러 여인들과의 사이에 50명의 아들을 낳았으나 이 아들들은 결혼식 첫날밤에 린케우스를 제외하고 다나오스의 딸들에 의해 살해당하였다. 린케우스는 자신을 구해준 히페름네스트라와 결혼하여 아르고스의 왕이 되었다.

기본정보

구분	아르고스의 왕
외국어 표기	그리스어: Αἴγυπτος
관련 신화	다나오스, 린케우스, 다나이데스, 히페름네스트라
가족관계	안키노에의 아들, 벨로스의 아들, 다나오스의 형제, 린케우스의 아버지

인물관계

벨로스와 안키노에 사이에 태어난 아들로 다나오스는 그의 쌍둥이 형제이다. 여러 여인들과의 사이에 50명의 아들을 두었다.

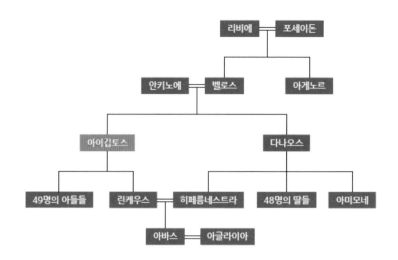

신화이야기

아이깁토스는 벨로스와 안키노에의 아들로 다나오스는 그의 쌍둥이 동생이다. 아버지 벨로스는 아프리카의 광대한 지역을 다스리고 있었는데 아이깁토스에게는 아라비아를 다나오스에게는 리비아를 물려주었다.

『비블리오테케』에 의하면 아이깁토스는 "발이 검은 사람들"이라는 뜻을 가진 멜람포데스족의 나라를 정복하여 자신의 이름을 따서 아이깁토스, 영어식으로 이집트라고 불렀다. 이렇게 해서 아이깁토스는 이집트라는 지명을 탄생시킨 인물이 된다.

아이깁토스의 정식 아내는 왕가의 피를 이어받은 아르기피아라고 할 수 있는데 그는 아르기피아로부터 린케우스와 프로테우스를 얻었다. 그는 이 아들들을 비롯하여 서로 다른 여인들에게서 낳은 50명의 아들이 있고 다나오스에게는 50명의 딸이 있었다.

아버지 벨로스가 죽자 아이깁토스와 쌍둥이 동생 다나오스가 왕위를 두고 다툼을 벌이던 중 다나오스는 점점 더 힘을 뻗쳐오는 아이깁토스와 그의 아들들이 두려워 50명의 딸들을 데리고 아르골리스 지방으로 도망가서 아르고스의 왕이 되었다. 그러나 아이깁토스가 낳은 50명의 아들도 결혼을 하기 위해 다나오스의 뒤를 따라 아르고스로 왔고, 결혼식을 치를 수밖에 없는 상황에서 다나오스는 딸들에게 단검을 주면서 첫날밤 각자 신랑을 죽이라는 명령을 내렸다.('다나오스' 참조)

이에 맏딸 히페름네스트라를 제외한 49명의 딸들은 신혼 첫날밤에 아버지의 명령대로 신랑을 살해하였다. 히페름네스트라만이 자신의 처녀성을 지켜준 린케우스를 사랑하게 되어 그가 탈출하는 것을 도와주었다. 다나오스는 결국 린케우스를 사위로 인정하지만 형제를 모두 잃은 린케우스는 복수의 일념으로 다나오스를 죽이고 아르고스의 왕이 되었다. 그리고 아내 히페름네스트라를 제외한 다나오스의 나머지 딸들을 모두 죽였다.

린케우스와 히페름네스트라 사이에는 사랑의 결실 아바스가 태어났는데, 황금비로 변신한 제우스의 사랑을 받은 다나에가 바로 아바스의 손녀이고 메두사의 목을 벤 영웅 페르세우스가 다나에의 아들로 바로 아바스의 증손자이다. 그리고 그 유명한 영웅 헤라클레스가 페르세우스의 증손자이다.

아이깁토스는 형제와 사촌가의 비극적인 유혈사태에서 린케우스를 제외한 모든 아들들을 잃고는, 자식들의 끔찍한 운명에 상심하여 왕위에서 물러났다. 그런데 이런 끔찍한 상황 속에서도 자신의 피와 쌍둥이 동생 다나오스의 피를 동시에 물려받은 손자 아바스를 얻게 되었고, 아이깁토스는 그들을 통해 그리스 뿐만 아니라 페르시아, 아프리카에 있는 많은 왕가의 시조들과 불세출의 뛰어난 영웅들을 후손으로 두게 된다.

아이네이아스 Aeneas

요약

   그리스 로마 신화에 등장하는 영웅으로 로마의 시조이다.

   다르다노스의 후손으로 트로이 왕가와 친척인 아이네이아스는 다르다니아 군대를 이끌고 트로이 전쟁에 참가하였다. 그는 트로이군에서 헥토르 다음으로 용맹한 장수로 꼽혔다. 트로이가 패망한 뒤 트로이 유민을 이끌고 이탈리아로 건너가서 로마의 모태가 되는 새 나라를 건설하였다.

기본정보

구분	영웅
상징	로마인의 조상
외국어 표기	그리스어: Aiνείας
어원	찬양받은 자
로마 신화	아이네아스(Aeneas)
관련 신화	트로이 전쟁, 로마 건국

인물관계

   아이네이아스는 다르다니아의 왕 안키세스와 여신 아프로디테 사이에서 태어난 아들로 트로이의 건설자 일로스의 후손이다.

   트로이 왕 프리아모스의 딸 크레우사와 결혼하여 아들 아스카니오스를 낳았고 이탈리아 라티움의 왕 라티누스의 딸 라비니아와 결혼하여 아들 실비우스를 낳았다. 실비우스는 로마의 건설자로 알려진 로물루스와 레무스 형제의 직계 조상이다.

신화이야기

개요

호메로스의 『일리아스』에 따르면 아이네이아스는 트로이 왕가의 친척으로 다르다니아 군대를 이끌고 트로이 전쟁에 참전하였다. 호메로스는 아이네이아스를 트로이군에서 헥토르 다음으로 용맹한 장수로 묘사하고 있고, 그의 작품에서 이미 신들의 보호를 받는 고귀한 영웅으로 등장한다.

그는 진심으로 신들을 공경하는 경건한 인물로 신들로부터 위대한 운명을 약속받고 있었는데, 그의 위대한 운명이란 트로이 종족의 미래가 그의 손에 달려 있다는 것이었다.

포세이돈은 아이네이아스가 언젠가 트로이를 다스리게 될 것이라고 했으며 아프로디테는 그의 자손들이 대대손손 트로이의 왕위를 이어나갈 것이라고 예언하였다. 아이네이아스에 대한 호메로스의 이런 묘사는 훗날 베르길리우스의 『아이네이스』에서 로마의 건국 신화로 재해석되었다.

출생

미의 여신 아프로디테는 이데 산에서 양을 돌보고 있던 다르다니아의 왕자 안키세스의 사랑을 얻기 위해 자신이 프리기아의 왕 오트레우스의 딸인데 헤르메스에게 납치되어 이데 산으로 오게 되었다고 거짓말을 하였다. 아프로디테가 안키세스와 사랑을 나누어 임신을 하게 되자 그에게 자신의 정체를 밝히면서 이렇게 말했다.

"네게 아들이 생길 것이다. 그 아들은 트로이인들을 다스릴 것이며 대대손손 자손이 끊이지 않을 것이다." 아프로디테는 자신과의 일을 아무에게도 발설하지 말라고 당부하였다.

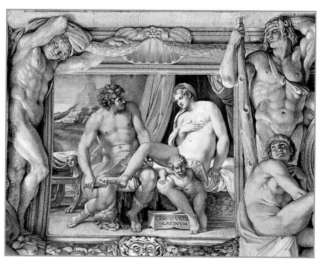

안키세스와 아프로디테
안니발레 카라치(Annibale Carracci), 1597~1608년, 로마 파르네세 궁전
: 천장 프레스코화의 일부이다

얼마 뒤 아프로디테는 아들 아이네이아스를 낳았다. 아프로디테는 아이네이아스를 이데 산의 님페들에게 맡겨서 기르다가 다섯 살이 되었을 때 아버지 안키세스에게 데려다주었다. 안키세스는 아들을 맏딸 히포다메이아의 남편 알카토오스에게 맡겨 교육시켰다.

안키세스를 등에 업은 아이네이아스
아티카 흑색상도기, 기원전 520년, 루브르 박물관

트로이 전쟁

트로이 전쟁이 터지자 아이네이아스는 다르다니아의 병사들을 이끌고 참전하였다. 『일리아스』에서 아이네이아스는 트로이군에서 헥토르 다음으로 용맹한 장수로, 전투에서 혁혁한 공을 세우는 것으로 묘사되지만 또한 여러 번 위험에 처하기도 했다. 그는 그리스군의 용장 디오메데스와 겨루다 부상을 당했는데 이를 본 아프로디테가 아들을 구하려다 그녀 자신도 상처를 입고 말았다. 그러자 아폴론이 나서서 아이네이아스를 구름으로 감싸 전장 밖으로 피신시켰다.

무적의 아킬레우스와 맞섰을 때는 다시 포세이돈이 구름으로 감싸서 목숨을 구해주었다. 이처럼 호메로스의 신화에서 아이네이아스는 신들의 각별한 보호를 받는 인물이었다. 포세이돈은 아이네이아스가 트로이인들의 왕이 될 것이라고 예언하였다.

트로이 성에서의 탈출

트로이 패망 이후 아이네이아스의 행적에 대해서는 몇 가지 이야기가 있다. 아이네이아스는 어머니 아프로디테의 경고에 따라 트로이가 완전히 함락되기 전에 이다 산으로 피신하여 새 도시를 건설했다고도 하고 아킬레우스의 아들 네오프톨레모스에게 붙잡혀 그의 노예가 되었다는 이야기도 있다. 또 트로이의 요새인 페르가몬을 끝까지 방어하는 그에게 감동한 그리스군이 협상을 통해 트로이를 떠나게 해주었다는 이야기도 있다.

그가 트로이 유민들을 이끌고 해상을 방랑하다가 이탈리아에 닿게 되었다는 이야기도 로마의 시인 베르길리우스 이전에 이미 그리스의 전승에도 나온다. 하지만 트로이가 함락된 이후의 아이네이아스의 행적에 관해서 전해지는 대부분의 이야기들은 베르길리우스의 서사시 『아이네이스』에 담긴 내용들이다.

베르길리우스가 전하는 이야기에 따르면 최후의 항전을 시도하던 아이네이아스는 트로이 왕 프리아모스가 네오프톨레모스에게 살해당하는 광경을 목격한 뒤 트로이의 패망이 돌이킬 수 없음을 깨닫고 성을 버리고 도망치기로 결심하였다. 물론 그 이전에 어머니 아프로디테와 죽은 헥토르의 망령의 경고도 있었다.

아이네이아스는 늙은 아버지 안키세스를 등에 업고 어린 아들 아스

아버지 안키세스를 업고 도망치는 아이네이아스
샤를 앙드레 반 루(Charles-Andre van Loo), 1729년
루브르 박물관

카니오스(전승에 따라 이올로스라는 이름으로도 불린다)의 손을 잡고 불타는 트로이 성을 탈출하였다. 뒤를 따르던 아내 크레우사의 모습이 보이지 않자 아이네이아스는 다시 성으로 들어가 찾았으나 아내의 망령이 나타나 더 이상 찾지 말 것을 당부하였다.

아이네이아스는 다른

트로이 유민들과 이다 산에 잠시 머물며 배를 건조한 뒤 새로운 정착지를 찾아 항해를 떠났다.

옛 어머니의 땅으로

아이네이아스 일행은 트라키아를 거쳐 델로스 섬에 도착한 뒤 '옛 어머니'를 찾아가라는 아폴론의 신탁에 따라 크레타 섬으로 갔다.

트로이인들의 조상 테우크로스가 크레타 출신이었기 때문이다. 하지만 크레타 섬에서 아이네이아스는 아폴론이 꿈에서 말한 옛 어머니의 땅이 테우크로스가 아니라 다르다노스의 고향 헤스페리아(이탈리아)라는 계시를 받는다.(베르길리우스에 따르면 다르다노스는 이탈리아 중부 에트루리아 태생이다)

이탈리아를 향해 출발한 아이네이아스 일행은 프리아모스의 아들 헬레

아이네이아스와 디도
피에르 나르시스 게랭(Pierre-Narcisse Guerin), 1815년
프랑스 보르도 미술관

노스와 안드로마케가 건설한 새 왕국 부트로톤에 잠시 들른 뒤 스킬라와 카립디스가 위협하는 메시나 해협을 피해 시칠리아를 우회하는 길을 택해 이탈리아로 접근하였다. 하지만 헤라 여신은 그가 이탈리아에서 새로운 트로이를 건설하는 것을 방해하기 위해 바람의 신 아이올로스에게 지시하여 커다란 풍랑을 일으켰고 아이네이아스 일행은 아프리카의 카르타고 연안으로 밀려갔다.

아프리카에서 아이네이아스는 카르타고의 여왕 디도와 뜨거운 사랑을 나누게 되었고, 디도는 아이네이아스에게 카르타고에 머물 것을 간청하였지만 제우스는 헤르메스를 보내 그의 사명을 상기시키며 빨리

카르타고를 떠나라고 경고하였다. 결국 아이네이아스는 디도의 손길을 뿌리치며 카르타고를 떠났고 디도는 자결했다.

아이네이아스는 쿠마이에서 무녀 시빌레를 만나 함께 저승으로 가서 아버지 안키세스의 망령으로부터 일족의 운명과 새로 건설될 나라 로마의 장래에 관하여 듣게 되었다. 다시 지상으로 돌아온 아이네이아스는 마침내 이탈리아 중부 라티움 지방에 도착했다.

이탈리아 정착

라티움은 당시 라티누스가 다스리고 있었다. 라티누스 왕은 딸을 이방인과 결혼시키라는 신탁에 따라 아이네이아스를 사위로 맞기로 하였다. 하지만 라티누스의 딸 라비니아는 이미 이웃 부족인 루툴리족의 왕 투르누스와 결혼하기로 약속이 되어 있었기 때문에 이로 인해 라티누스의 지지를 받는 아이네이아스와 투르누스 사이에 전쟁이 벌어졌다.

아이네이아스는 그보다 먼저 라티움에 정착하여 루툴리족과 대립하고 있던 아르카디아 출신의 에우안드로스 왕을 찾아가 도움을 청했다. 에우안드로스는 예전에 자신이 아이네이아스의 부친 안키세스에게 융숭한 대접을 받았던 일을 잊지 않고 아이네이아스를 환대하였다. 하지만 에우안드로스는 트로이 전쟁이 일어나기 60년 전에 라티움으로 갔으므로 이미 나이가 아주 많은 노인이었다. 그는 자신이 늙어 직접 전투에 참여할 수 없음을 사과하면서 아들 팔라스를 지휘관으로 삼아 지원군을 보내주었다.

첫 전투의 승리는 아이네이아스에게로 돌아갔다. 투르누스는 아이네이아스에게 패한 뒤 이웃나라 카이레를 다스리는 에트루리아족의 왕 메젠티우스에게 도움을 요청했다. 메젠티우스는 트로이 유민과 라티움의 결합으로 새롭고 강력한 세력이 생겨나는 것을 우려하여 투르누스의 요청을 수락하였다.

아이네이아스와 투르누스
루카 조르다노(Luca Giordano), 17세기, 코르시니 미술관

메젠티우스는 잔인한 폭군이었다. 이에 아이네이아스는 에우안드로스 왕의 조언에 따라 에트루리아의 아길라로 가서 메젠티우스에 대해 반감을 품고 있던 에트루리아 주민들을 선동하여 무장 봉기를 일으키게 하였다. 그 바람에 메젠티우스는 자기 나라에서 쫓겨나 투르누스의 궁전에 피신해야 했다.

아이네이아스가 아길라에 머무는 사이 투르누스의 군대가 트로이 진영을 공격하였다. 하지만 트로이군의 패색이 짙어질 무렵 아이네이아스가 지원군과 함께 나타나자 전세는 단박에 역전되었다.

전쟁의 막바지에 아이네이아스는 투르누스와 일대일로 맞붙어 그를 죽이고 전쟁을 승리로 끝맺었다.

로마의 건국

원주민과의 전쟁에서 승리한 아이네이아스는 라비니아와 결혼한 뒤 라티누스로부터 라티움의 통치권도 넘겨받았다. 아이네이아스는 트로이 유민과 라티니족을 결합시킨 새로운 나라를 건설하고 라비니아의 이름을 따서 라비니움이라고 명명하였다.

　라비니아와 아이네이아스 사이에서는 아들 실비우스가 태어났다. 하지만 아이네이아스는 실비우스의 탄생을 보지 못하고 그 전에 숨을 거두었다.

　아이네이아스가 죽은 뒤 라비니움의 왕위에 오른 사람은 그가 트로이에서 데려온 아들 아스카니오스였다. 그러자 실비우스를 임신 중이었던 라비니아는 아스카니오스가 자신의 아들을 해칠까 두려워 숲으로 피신하여 티루스 혹은 티레누스라는 목동의 집에서 아이를 낳았다. 티루스와 라비니아는 그 후 아스카니오스에 대한 라티움 원주민들의 미움을 부추기면서 실비우스의 세력을 키웠다. 이에 아스카니오스는 이복형제 실비우스에게 라비니움을 양보하고 로마의 남동쪽에 위치한 알바 산 기슭에 새로운 나라를 건설하였다. 이 나라가 훗날 로마 제국의 모태가 되는 알바 롱가 왕국이다.

　그 후 아스카니오스는 후사가 없이 죽음을 맞게 되었고 이복형제 실비우스에게 알바 롱가의 왕위도 물려주었다. 실비우스는 알바 롱가를 29년 동안 다스린 뒤 할아버지의 이름을 따서 아이네이아스 실비우스라고 불린 아들에게 왕위를 물려주었다. 실비우스 이후로 알바 롱가의 왕들은 모두 실비우스라는 이름도 함께 물려받았다. 알바 롱가 왕조는 실비우스의 혈통에 의해 계속 이어지다가 누미토르의 대에 이르러 로마를 건국하게 된다. 로마의 건국 신화에 따르면 누미토르의 딸 레아 실비아가 군신 마르스(그리스 신화의 아레스)와 결합하여 낳은 쌍둥이 로물루스와 레무스 형제에 의해 로마가 건국되었다고 한다. 로물루스는 로마의 초대 왕으로 간주된다.

아이사코스 Aesacus

요약

그리스 신화에 나오는 트로이의 왕자이자 예언자이다.

그는 트로이의 헤카베 왕비가 파리스를 임신하고서 꾼 태몽을 트로이가 망하는 꿈으로 해석하여 아기를 낳자마자 죽이라고 했다. 하지만 왕과 왕비는 아기를 차마 죽이지 못했고 트로이는 멸망했다.

기본정보

구분	예언자
외국어 표기	그리스어: Αἴσακος
관련 동물	바다새
관련 신화	트로이 전쟁

인물관계

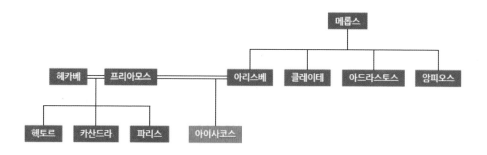

아이사코스는 페르코테의 예언자 메롭스의 딸 아리스베(혹은 님페 알렉시로에)와 트로이의 마지막 왕 프리아모스 사이에서 난 아들로 헥토르, 파리스, 카산드라 등과 이복형제 사이다.

신화이야기

트로이 멸망의 예언

아이사코스가 태어나고 얼마 뒤 프리아모스는 아리스베를 버리고 두 번째 아내 헤카베와 결혼하였고, 아리스베는 페르코테의 왕 히르타코스와 재혼하여 아들 아시오스를 낳았다. 일설에 의하면 프리아모스는 헤카베와 결혼하기 위해 아리스베를 히르타코스에게 주었다고도 한다.

아이사코스와 헤스페리아
비르길 졸리스(Virgil Solis), 16세기
오비디우스의 『변신이야기』에 실린 삽화

아이사코스는 외조부 메롭스로부터 예언 능력과 꿈 해몽술을 전수 받아 헤카베 왕비의 꿈을 해몽해 준 것으로 유명하다. 헤카베는 파리스를 임신하고 횃불을 낳는 꿈을 꾸었는데 그 횃불이 트로이를 불바다로 만들더라는 것이었다. 아이사코스는 그 이야기를 듣고 트로이가 망하는 꿈이라며 아이가 태어나면 반드시 죽여야 한다고 주장하였지만 왕과 왕비는 차마 아이를 죽일 수 없어 이데 산에 내다버렸다.

파리스는 양치기들에게 발견되어 그들의 손에서 자랐고 나중에 그가 스파르타의 왕비 헬레네와 사랑에 빠져 그녀를 데려오는 바람에 트로이는 멸망하고 말았다.

바다새로 변한 아이사코스

오비디우스의 『변신이야기』에 따르면 아이사코스는 아리스베가 아니라 강의 신 그라니코스의 딸인 님페 알렉시로에가 프리아모스와 사랑을 나누어 낳은 사생아로 이데 산 근처의 시골에서 자랐다고 한다. 아이사코스는 어느 날 케브렌 강가에서 머리를 말리고 있는 님페 헤스페리아를 보고 첫눈에 반해 그녀에게 다가갔다. 하지만 헤스페리아는 놀라서 도망치다가 그만 뱀에 물려 죽고 말았다.

슬픔과 죄책감에 사로잡힌 아이사코스가 바다에 몸을 던져 죽으려고 했지만 오케아노스의 아내인 테티스 여신이 그를 불쌍히 여겨 바다새로 변하게 하였다. 하지만 그 바람에 아이사코스는 죽지 못하고 계속해서 물로 뛰어들었다가 솟구치기를 반복하게 되었다.

헤스페리아의 죽음
질 엘리 들로네(Jules-Elie Delaunay), 1859년, 코펜하겐 글립토테크 미술관

아이손 Aeson

요약

이올코스 왕국을 세운 크레테우스의 아들이다.

어머니 티로가 크레테우스와 결혼하기 전에 낳은 이복형 펠리아스에게 왕위를 빼앗긴다. 펠리아스는 아이손의 아들 이아손까지 없애기 위해 이아손에게 황금 양털 가죽을 가져오라고 한다.

기본정보

구분	왕자
외국어 표기	그리스어: Αἴσων
관련 신화	이아손, 메데이아, 펠리아스

인물관계

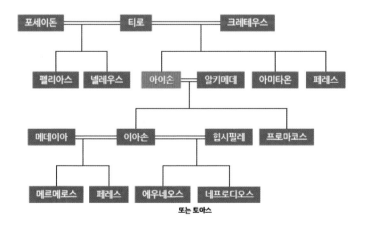

크레테우스와 티로 사이에 태어난 아들이다. 아미타온 및 페레스와 형제간이며 이복형제로 펠리아스와 넬레우스가 있다. 필라카이 왕 필라코스의 딸 알키메데와 결혼하여 이아손, 프로마코스를 낳았다.(또 다른 이야기에.의하면 아리톨리코스의 딸 폴리메데와 결혼했다고 한다)

신화이야기

개요

아이손은 아버지 크레테우스로부터 왕위를 물려받을 예정이었으나 나이가 너무 어려 이복형인 펠리아스에게 왕위를 빼앗겼다.

아이손은 필라코스의 딸 알키메데와 결혼하여 아들 이아손을 낳았는데 펠리아스로부터 아들을 보호하기 위해 반인반마의 현자 케이론에게 보내 양육하게 하였다. 이아손이 성장하여 나타나자 펠리아스는 이아손까지 없애기 위해 그에게 콜키스의 왕이 갖고 있는 황금 양털 가죽을 가져오라는 명령을 내렸다. 그리하여 이아손은 황금 양털 가죽을 가져오기 위해 원정을 떠나게 되었다.

이아손의 지휘하에 아르고호를 타고 원정을 떠난 사람들을 아르고나우타이라 하는데 아르고나우타이가 원정을 떠난 이후에 대해서는 여러 가지 이야기가 존재한다.

『비블리오테케』에서는 펠리아스가 아르고나우타이가 돌아오지 못할 것이라 확신하고 아이손을 죽이려 했다고 전하고 있다. 이에 아이손은 스스로 죽을 수 있게 해달라고 간청하고는 제물을 바치고 당당하게 황소의 피를 마시고 죽었다. 그러자 아이손의 아내도 어린 아들 프로마코스를 남겨두고 펠리아스를 저주하며 목을 매어 아이손의 뒤를 따라 죽었다.

그러나 『변신이야기』는 이와 다른 내용을 전하고 있다. 아이손은 이아손이 이올코스로 돌아올 때까지 살아있어서 아들을 다시 만났다. 이 아손은 너무나 노약해서 죽을 날만 기다리는 아버지의 모습을 보고 마법의 능력이 있는 메데이아에게 자신의 수명을 덜어내고 대신 아버지의 수명을 늘려달라고 간청하였다.

메데이아
프레데릭 샌디스(Frederick Sandys),
1868년, 버밍엄 미술관

"여보, 난 고백할 수 있소. 내가 구원 받을 수 있었던 것은 오로지 당신 덕분이라는 것을… 당신은 그 어떤 것이라도 모두 나에게 주었고 당신의 끝없는 은혜는 내가 생각하는 것 이상이었소. 그러나 혹시라도 가능하다면(사실 당신의 주문으로 이루지 못할 일이 어디 있겠소?) 나의 수명을 조금 빼서 아버지의 수명에 더해주시오!"

273

이에 메데이아는 이아손의 수명을 줄이지 않고도 시아버지인 아이손을 회춘시킬 수 있을 것이라 대답했다. 아이손은 메데이아의 마법을 통해 젊음을 되찾게 되었다.

펠리아스의 최후

마법의 힘으로 아이손에게 젊음을 되찾아준 메데이아는 이에 만족하지 않고 왕위를 찬탈하고 아이손과 이아손을 학대한 펠리아스에게 복수하기로 결심하였다. 메데이아는 펠리아스의 딸들에게 그들의 아버지에게도 아이손에게 일어난 것과 똑같은 기적이 일어나게 해주겠다고 약속하면서, 그러기 위해서는 우선 그녀들이 아버지를 살해하여 시신을 조각내야 한다고 설득했다. 그리고는 펠리아스의 딸들을 설득하기 위해 아버지를 회춘시키는 마법이라고 하면서 늙은 양을 물이 펄펄 끓는 가마솥에 집어넣었다가 어린 양으로 바꾸는 모습을 보여주었다. 이에 펠리아스의 딸들이 메데이아가 말한 대로 아버지를 죽이자 메데이아는 조각난 그의 시신을 아무 효험도 없는 물에 끓이게 했다.

펠리아스는 결국 살아나지 못하였고 메데이아와 이아손은 고향에서 추방되어 코린토스 왕국으로 도망쳤다.

아이아스 Ajax

요약

그리스 신화에 등장하는 트로이 전쟁의 영웅이다.

대(大)아이아스와 소(小)아이아스가 있으며 둘 다 그리스군의 빼어난 용장이다.

기본정보

구분	영웅
상징	대(大)아이아스 – 크고 힘센 용사 소(小)아이아스 – 잔인하고 민첩한 용사
외국어 표기	그리스어: Αἴας
별칭	아약스(Ajax)
관련 신화	트로이 전쟁
별자리	트로이소행성군에 속하는 소행성: 아이아스 1404
관련 동식물	대(大)아이아스 – 아이리스

인물관계

트로이 전쟁과 관련하여 그리스 신화에 등장하는 인물로 호메로스의 『일리아스』에는 아이아스라는 이름을 가진 영웅이 두 사람 있다. 한 사람은 살라미스의 왕 텔라몬의 아들 아이아스인데 키가 크고 힘이 세 대(大)아이아스라고도 불린다. 다른 아이아스는 로크리스의 왕 오일레우스의 아들이며 텔라몬의 아들 아이아스와 구별하기 위해 소(小)아이아스라고도 한다.

두 아이아스는 모두 그리스군 편에서 싸운 장수다.

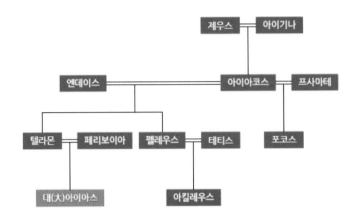

신화이야기

텔라몬의 아들 아이아스

살라미스의 왕 텔라몬과 페리보이아 사이에서 태어난 일명 대(大)아이아스는 트로이 전쟁에 참가한 그리스군에서 가장 강력한 장수로 그를 능가하는 사람은 아킬레우스밖에 없었다.

호메로스의 『일리아스』에 묘사된 바에 따르면 아이아스는 다른 남자들보다 훨씬 키가 큰 거한(巨漢)으로 그리스군의 방벽과도 같은 존재였다. 대개 명예욕과 탐욕에 사로잡혀 있는 다른 영웅들과 달리 아

트로이 전쟁의 와중에 장기를 두는 아킬레우스와 아이아스
고대 그리스의 도화가 엑세키아스의 작품, 기원전 530년, 바티칸 미술관

이아스는 과묵하고 너그러운 심성의 소유자였다. 그는 전리품으로 포획한 여인 테크메사와 애틋한 사랑을 나누기도 하였으며 두 사람 사이에서 태어난 아들 에우리사케스는 나중에 할아버지 텔라몬의 뒤를 이어 살라미스의 왕이 되었다.

아이아스는 아킬레우스가 전투에서 물러나 있는 동안 트로이군의 가장 강력한 전사인 헥토르를 상대로 일대일 대결을 벌일 그리스군 전사로 선출되었다. 하루 종일 계속된 싸움에서 아이아스는 나중에 헥토르에게 약간의 부상을 입히긴 하지만 결국 승패를 가리지 못하였다. 두 영웅은 서로에 대한 깊은 존경심을 품은 채 각자의 진영으로 돌아갔다.

아킬레우스가 파리스의 화살에 맞아 죽었을 때는 시신을 탈취하려고 사납게 달려드는 트로이군을 오디세우스와 함께 물리치며 아킬레우스의 시신을 그리스군 진영으로 운반해왔는데, 아킬레우스의 장례식 때 시신을 지켜낸 공로가 가장 큰 사람에게 망자의 유물을 요구할 권리를 주는 관례에 따라 아킬레우스의 갑옷을 놓고 오디세우스와 말다툼이 벌어졌다. 하지만 결국 아킬레우스의 갑옷은 언변과 지략에 능한 오디세우스의 차지가 되었다. 아이아스는 당장에는 아무 말도 하지 않았지만 분을 삭이지 못해 한밤중에 그리스군 장수들을 모두 죽이려고 하였다. 하지만 이를 눈치 챈 아테나 여신이 광기를 불어넣는 바람에 아이아스는 양떼를 오디세우스나 아가멤논 등으로 착각하고 도륙하였다. 아침에 깨어나 제정신이 든 아이아스는 자신의 행동을 부끄럽게 여겨 헥토르에게서 받은 칼로 자결했다.

아이아스의 피가 땅에 스며들자 그 자리에서 아이리스 꽃이 피어났는데 꽃잎에는 A와 I 두 글자의 모양이 그려져 있었다. 이 두 글자는 아이아스의 맨 앞 두 글자이기도 하고, '슬프다'는 뜻의 그리스어이기도 하다.

또 오디세우스의 배가 표류하다 난파했을 때 아킬레우스의 갑옷이 파도에 떠다니다가 트로아스에 있는 아이아스의 무덤 부근 해변으로 떠밀려왔는데 신

대(大)아이아스의 자살
에트루리아 적색상 크라테르 도기
기원전 400∼350년. 영국 박물관

들이 불쌍히 여겨 아이아스가 그토록 고대하던 물건을 사후에라도 갖게 했다는 이야기도 있다.

아이아스는 호메로스의 『오디세이아』에도 등장한다. 오디세우스가 귀향할 방도를 묻기 위해 저승으로 내려갔을 때 그곳에 있는 아이아스를 보고 반갑게 다가갔다. 오디세우스는 아이아스의 무공을 칭송하면서 지난 다툼을 잊어버리자고 말했지만 아이아스는 아무 대답도 없이 몸을 돌려 저승의 어둠 속으로 사라졌다.

오일레우스의 아들 아이아스

로크리스의 왕 오일레우스와 에리오피스 사이에서 태어난 소(小)아

이아스는 트로이 전쟁에 참가한 그리스군에서 아킬레우스 다음으로 걸음이 날랜 장수이며 창던지기의 명수이다. 소(小)아이아스는 대(大)아이아스와 달리 체구가 작았고 성격도 완전히 딴판이어서 오만불손하고 잔인하며 호전적이었다.

트로이를 함락한 뒤에 아이아스는 자신과 그리스군 전체에 커다란 재앙을 가져올 소행을 저질렀다. 약탈자들을 피해 아테나 여신의 신전에 피신해 있던 프리아모스 왕의 딸 카산드라를 끌어내어 강제로 욕을 보인 것이다. 이때 카산드라는 아테나 여신의 신상을 붙잡은 채 저항하였는데 그 바람에 신상이 쓰러지고 말았다. 다른 그리스인들은 신성모독죄를 범한 아이아스를 돌로 쳐죽이려 했지만 이번에는 아이아스가 아테나 여신의 신전으로 피신하여 신상을 부여잡고 목숨을 구했다.

카산드라를 욕보이는 소(小)아이아스
아티카 지방의 적색상 도기, 기원전 440∼430년.
루브르 박물관

이에 아테나 여신은 아이아스와 그리스인들 모두에게 벌을 내리기로 작정하고 제우스 신에게 부탁하여 그들이 돌아가는 길에 폭풍우를 일으키게 하였다. 이 폭풍우로 아이아스의 배를 포함한 그리스인들의 많은 배들이 난파되었지만 아이아스는 간신히 목숨을 구했다. 하지만 아이아스는 바위섬에 기어오른 다음 자신이 아테나 여신의 노여움을 이겨내고 무사히 살았노라고 자만을 떨었다. 그러자 아테나는 다시 포세이돈에게 아이아스를 죽여달라고 부탁했고 포세이돈은 삼지창으로 아이아스가 있던 바위를 내리쳐 그를 물 속에 빠뜨렸다. 아이아스는 이번에는 물에서 살아서 나오지 못했다.

아테나 여신은 아이아스가 죽고 나서도 분노를 풀지 않고 아이아스의 동족인 로크리스인들에게도 벌을 내렸다. 트로이 전쟁에 참가했던 전사들이 귀향한 다음 로크리스에 전염병과 흉년이 반복된 것이다. 이에 로크리스인들은 델포이 신탁에 따라 해마다 처녀 두 명을 트로이의 아테나 신전에 보내어 봉사하게 하였는데 트로이인들의 눈에 띄었다가는 죽음을 면치 못했기 때문에 처녀들은 남몰래 트로이로 들어가 아테나 신전에서 늙어 죽을 때까지 처녀인 채로 그곳에서 살았다. 이 관습은 그 후로도 1천 년 이상 지속되었다고 한다.

신화해설

아이아스의 딜레마

대(大)아이아스는 그리스 신화에서 항상 최고의 영웅 아킬레우스에 이은 2인자로 묘사된다. 아킬레우스가 힘도 세고 달리기도 빠르고 머리도 좋은 만능의 천재라면 아이아스는 엄청난 거구 때문에 조금 둔하고 미련해 보이지만 누구보다도 힘이 세고 잘 싸우는 걸출한 용사다. 그런데 1인자 아킬레우스가 죽은 다음에 드디어 1인자의 자리에 등극할 순간 그는 허망하게 자결로 세상을 떠났다. 이유는 대장장이신 헤파이스토스가 직접 만들어 준 아킬레우스의 갑옷을 누가 차지할 것인가를 둘러싼 경합에서 약삭빠르고 말 잘하는 영웅 오디세우스에게 패하였기 때문이다.

관례에 따르면 죽은 용사의 갑옷은 시신을 적의 손아귀에서 지켜낸 공로가 가장 큰 용사에게 돌아가는 것이므로 자신의 차지가 될 것으로 기대했는데 오디세우스가 현란한 언변으로 사람들을 설득하여 이를 뒤집자 분을 참지 못하고 스스로 목숨을 끊은 것이다.

미국의 고전학자 폴 우드러프는 공동체 안에서의 보상과 분배 문제를 이 신화에 빗대어 '아이아스의 딜레마'라고 명명했다. 공동체 안에서 일정한 공로를 쌓고 그에 따른 보상을 받은 사람은 명예를 얻지만 마땅히 받아야 하는 보상을 받지 못한 사람은 분노와 모멸감을 느끼고 정의가 무너졌다고 생각하여 좌절하게 된다.

보상과 분배의 문제를 형평성의 원칙이나 일관된 규칙을 통해 기계적으로 풀려고 할 경우 아이아스와 같은 경우가 발생하게 된다는 것이다. '아이아스의 딜레마'는 요즘 기업에 만연하는 성과주의의 폐해를 언급할 때 자주 등장하는 용어이다.

아이아코스 Aeacus

요약

그리스 신화에 등장하는 섬나라 아이기나의 전설적인 왕이다.

모든 그리스인들 중에 가장 경건한 사람으로 칭송받았으며 사후에 라다만티스, 미노스와 함께 저승의 심판관이 되었다.

기본정보

구분	왕
상징	경건, 공정
외국어 표기	그리스어: Αἴακος
관련 동식물	개미
가족관계	제우스의 아들, 아이기나의 아들, 펠레우스의 아버지

인물관계

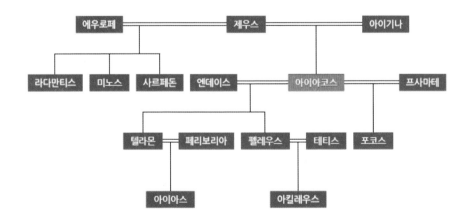

제우스와 강의 신 아소포스의 딸인 님페 아이기나 사이에서 태어난 아들이며 스키론의 딸 엔데이스와 결혼하여 두 아들 펠레우스와 텔라몬을 낳았다.

트로이 전쟁 때 그리스군 최고의 영웅인 아킬레우스와 대(大)아이아스가 각각 펠레우스와 텔라몬의 아들이므로 아이아코스는 이 두 영웅의 직계 조상이 된다.

신화이야기

아이아코스와 미르미도네스

제우스는 강의 신 아소포스의 딸인 아름다운 님페 아이기나에게 반해 독수리로 변해서 그녀를 납치했다. 제우스는 아이기나를 오이노네 섬으로 데려가서 사랑을 나누었고 이때 태어난 자식이 아이아코스다. 오이노네 섬은 그 이후 아이기나 섬으로 이름이 바뀌었고 아이아코스는 그 섬의 왕이 되었다. 하지만 제우스의 아내인 헤라 여신은 자신의 연적인 아이기나의 이름으로 명칭을 바꾼 이 섬나라를 못마땅하게 여겨 그곳에 역병을 내리고 용을 보내 나라의 백성들을 거의 모두 죽여버렸다. 아이아코스는 눈물을 흘리며 아버지 제우스 신에게 자신의 백성들을 다시 돌려 달라고 간청했다. 이에 제우스는 아들의 청을 들어주어 땅에 기어다니는 수많은 개미들을 사람으로 변하게 했고 아이아코스는 이들에게 개미에서 생겨난 사람이라고 하여 미르미도네스(개미족)라는 이름을 붙여 자신의 백성으로 삼았다. 개미는 그리스어로 '미르메코스'라고 한다.

또 다른 이야기에 의하면 그 섬은 원래 사람이 없는 무인도였는데 아이아코스가 제우스 신에게 자신이 다스릴 사람들을 내려달라고 기도를 올렸다고 한다.

아이아코스의 자손

아이아코스는 메가라의 왕위를 둘러싼 스키론과 니소스의 다툼을 중재한 후에 스키론의 딸 엔데이스와 결혼하여 텔라몬과 펠레우스를 낳았다.

그 뒤 아이아코스는 바다의 신(海神) 네레우스의 딸 프사마테와 사이에서 아들 포코스를 얻었다. 프사마테는 아버지 네레우스와 마찬가지로 변신에 능해서 아이아코스가 구애할 때 이를 피해 바다표범으로 변했지만 소용이 없었다. 아들 포코스의 이름은 바다표범이란 의미를 갖는다.

포코스는 운동에 뛰어난 능력을 지녀서 다른 형제들의 시기를 샀다. 텔라몬은 원반 경기에서 일부러 원반을 포코스의 머리를 향

아이아코스와 텔라몬
장 미셸 모로(Jean Michel Moreau), 1806년

해 던져 아우를 죽였고 펠레우스는 텔라몬을 도와 포코스의 시체를 숲에 묻었다. 하지만 이들의 범행은 발각되었고 아이아코스는 그 죄를 엄격하게 물어 두 아들을 아이기나에서 추방하였다. 아이아코스는 이 일로 고결하고 정의로운 사람이라는 평판을 얻게 되었다. 섬에 극심한 가뭄이 들었을 때 델포이 신탁은 제우스에게 기도를 드릴 대표자로 아이아코스를 지목하였다.

핀다로스에 의하면 아이아코스는 포세이돈과 아폴론이 라오메돈을 위해 트로이 성벽을 쌓을 때 신들의 부름을 받아 이를 도와주었다고 한다. 성벽이 완성되었을 때 커다란 뱀 세 마리의 습격을 받았는데 신들이 쌓은 부분을 공격하던 뱀 두 마리는 성공하지 못하고 죽었고 한

마리만 아이아코스가 쌓은 곳을 돌파하였다. 이를 본 아폴론은 나중에 아이아코스의 자손이 트로이를 멸망시킬 것이라고 예언했다. 아이아코스는 트로이의 영웅 아킬레우스와 아이아스의 조부였던 것이다.

저승의 심판관

자비심이 많고 정의로운 왕으로 온 그리스에 이름을 떨쳤던 아이아코스는 죽은 뒤에 크레타의 현명한 왕이었던 라다만티스, 미노스와 함께 하계에서 죽은 자들을 심판하는 심판관이 되었다고 한다. 이는 비교적 후대에 생겨난 신화로 보인다.

호메로스는 이와 관련하여 오직 라다만티스의 이름만을 언급하였다. 플라톤은 고르기아스에서 라다만티스는 동쪽나라 사람들(아시아인)을 심판하고, 아이아코스는 서쪽나라 사람들(유럽인)을 심판하고 미노스는 캐스팅보트를 가지고 있었다고 기술하였다. 아이아코스는 신적인 존재로 추앙받았고 아테네와 아이기나에는 아이아코스를 모시는 신전도 세워졌다.

저승의 심판과 미노스, 아이아코스(가운데), 라다만티스
루트비히 마크(Ludwig Mack), 1829년

아이에테스 Aeetes

요약

아이에테스는 그리스 신화에 나오는 콜키스의 왕이다.

보이오티아에서 금빛 털을 지닌 숫양을 타고 날아온 프릭소스에게서 황금 양털을 선물 받아 신성한 아레스 숲의 떡갈나무에 걸어 놓고 잠들지 않는 용에게 지키게 하였다. 하지만 딸 메데이아의 배신으로 이아손이 이끄는 아르고호 원정대에게 황금 양털을 빼앗겼다.

기본정보

구분	콜키스의 왕
외국어 표기	그리스어: Αἰήτης
관련 상징	황금 양털
관련 신화	아르고호 원정대의 모험
가족관계	헬리오스의 아들, 키르케의 형제, 칼키오페의 아버지

인물관계

아이에테스는 태양의 신 헬리오스가 오케아노스의 딸 페르세이스와 관계하여 낳은 아들로 키르케, 파시파에, 페르세스, 알로에우스 등과 형제지간이다. 아이에테스는 오케아노스의 딸 이디이아와의 사이에서 칼키오페와 메데이아를 낳았고 역시 오케아노스의 딸 아스테로데이아와의 사이에서는 압시르토스를 낳았다.

다른 이야기에 따르면 아이에테스는 페르세스의 딸인 마녀 헤카테와 결혼하여 메데이아, 키르케, 아이기알레우스 등을 낳았다고 한다.

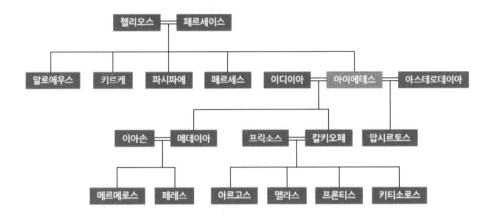

신화이야기

콜키스의 왕이 된 아이에테스

아이에테스의 아버지 헬리오스는 자신이 통치하는 나라를 쪼개어 아소피아는 아이에테스의 형제 알로에우스에게 주고 아이에테스에게는 에피라(나중의 코린토스)를 주었다. 나중에 아이에테스는 다스리던 에피라를 헤르메스의 아들 보우노스에게 넘겨주고 자신은 코카서스의 서쪽에 있는 콜키스로 가서 파시스 강 유역에 아이아를 건설하고 그곳의 왕이 되었다.

한편 에피라는 보우노스가 죽은 뒤 알로에우스의 아들 에포페우스가 넘겨받아 아버지로부터 물려받은 아소피아와 함께 다스렸다.

프릭소스와 황금양털

아이에테스가 콜키스를 다스리고 있을 때 보이오티아의 왕 아타무스의 아들 프릭소스가 계모 이노의 박해를 피해 황금빛 털을 지닌 숫양을 타고 그의 나라로 왔다. 아이에테스는 황금빛 숫양을 타고 하늘

에서 내려온 프릭소스를 환
대하고 자신의 딸 칼키오페
와 결혼시켰다. 프릭소스는
타고 온 숫양을 제우스에게
제물로 바친 뒤 그 가죽을
아이에테스에게 선물하였
고 아이에테스는 신비한 숫
양의 황금 양털을 성스러운
아레스의 숲에 있는 떡갈
나무에 걸어 놓고 결코 잠
들지 않는 용으로 하여금
지키게 하였다.

이아손과 황금 양털
신시내티 미술관, 1540년

　　프릭소스가 숫양을 타고 보이오티아에서 콜키스로 날아올 때 그의
쌍둥이 누이 헬렌도 동행했는데 헬렌은 지쳐서 숫양의 등에서 떨어지
는 바람에 바다에 빠져 죽고 말았다. 이때부터 그 바다는 헬레스폰토
스(헬렌의 바다)라고 불렸다.

이아손과 아르고호 원정대

　　얼마 뒤 이아손이 이끄는 아르고호 원정대가 황금 양털을 가져가려
고 콜키스를 찾아왔다. 콜키스의 황금 양털을 가져가는 것은 이올코
스의 왕 펠리아스가 이아손에게 왕권을 돌려주는 조건으로 내세운
과제였다. 아이에테스 왕은 황금 양털을 내주지 않으려고 이아손에게
콧구멍으로 불길을 내뿜는 황소에게 멍에를 씌워 밭을 갈고 그 밭에
용의 이빨을 뿌리는 어려운 일을 맡겼다. 하지만 이아손은 자신에게
반한 왕의 딸 메데이아의 도움으로 성공적으로 일을 마칠 수 있었다.
그리고 나서 용이 지키는 황금 양털마저도 메데이아의 마법을 빌어
탈취한 이아손은 메데이아를 데리고 콜키스를 탈출하였다.

아이에테스 왕이 황금 양털을 되찾으려고 이아손 일행을 추격했지만 메데이아가 궁에서 납치해 온 동생 압시르토스를 죽여서 그 사지를 바다에 뿌리며 추격을 방해하는 바람에 놓치고 말았다. 왕은 바다에 뿌려진 막내아들의 시신 조각들을 거두어들이느라 시간을 지체할 수밖에 없었던 것이다.

아들 메도스와 함께 돌아온 메데이아

그 뒤 아이에테스는 자신의 친형제이자 타우리스의 왕인 페르세스에게 왕위를 빼앗기고 나라에서 쫓겨나는 신세가 되었다. 하지만 그를 배신하고 도망친 딸 메데이아가 아테네의 왕 아이게우스와의 사이에서 낳은 아들 메도스와 함께 콜키스로 돌아와서는 페르세스를 죽이고 아버지 아이에테스를 왕위에 복귀시켰다. 아이에테스가 죽은 뒤에는 메도스가 콜키스의 왕위를 물려받았다.

아이에테스 왕
바르톨레메오 디 지오반니(Bartolomeo di Giovanni), 1487년

다른 이야기에 따르면 아이에테스 왕은 그 전에 이미 페르세스에게 죽임을 당했고 나중에 메데이아와 메도스가 와서 페르세스를 죽이고 왕권을 되찾았다고 한다.

신화해설

이아손이 그리스 각지의 온갖 영웅들로 구성된 아르고호 원정대를 이끌고서 찾아나서는 황금 양털은 신화에서 왕권을 상징하는 물건으로 간주된다. 하지만 이 신비한 물건에 어떤 구체적인 마력이나 힘이 있었던 것은 아닌 듯하다. 황금 양털이 어떤 신비한 능력을 발휘했다는 이야기는 전해지지 않는다.

학자들은 황금 양털과 아르고호 원정대의 신화를 콜키스 지방의 금과 연결시켜서 주로 해석하고 있다. 오늘날의 그루지아(조지아) 서부에 위치한 이 지역은 예로부터 금 산지로 유명했다. 고대인들은 강물에서 사금을 캘 때 양털 뭉치를 물 속에 넣어 금가루를 골라냈는데 양털 뭉치 사이사이에 사금이 잔뜩 달라붙은 모습은 말 그대로 황금 양털이었을 것이다.

원정과 관련해서는 그리스 본토의 테살리아 지방 사람들이 주로 콜키스 지역으로 가서 금을 캤다고도 하고 두 지역 사이에 금 무역이 활발했다고도 한다.

일부 학자들은 이 신화에 아테나 여신의 이야기가 많이 등장하는 점을 들어 아르고호 원정이 지중해 연안에 흩어져 있는 아테나 여신의 성소를 순방하는 순례 여행을 상징한다고 종교적으로 해석하기도 한다.

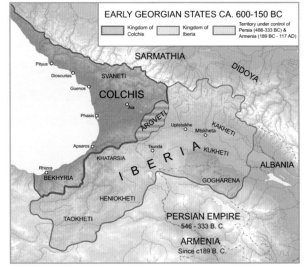

기원전 600~150년경 조지아 주 콜키스와 이베리아

아이올로스 Aeolus, 포세이돈의 아들

요약

그리스 신화에 나오는 아이올리아 지방 리파라의 왕이다.

어머니 아르네가 처녀의 몸으로 포세이돈과 사이에서 낳은 아들인 아이올로스는 외조부에 의해 산에 버려졌으나 암소의 젖을 먹으며 살아남아 이카리아의 왕 메타폰토스의 궁에서 자랐다. 성년이 된 아이올로스는 아이올리아 제도로 건너가 리파라의 왕이 되었다.

기본정보

구분	리파라의 왕
외국어 표기	그리스어: Αἴολος
관련 지명	아이올리아 제도(諸島), 리파라
관련 신화	아이올로스와 보이오토스, 멜라니페(아르네)
가족관계	포세이돈의 아들, 아르네의 아들, 보이오토스의 형제

인물관계

아이올로스는 해신 포세이돈과 아르네 사이에서 태어난 아들로 보이오토스와 형제이다. 아르네는 헬렌의 아들 아이올로스(I세)가 켄타우로스 케이론의 딸 멜라니페(혹은 히페)와 사이에서 낳은 딸인데, 전승에 따라 어머니와 같은 이름인 멜라니페로 불리기도 한다.

아르네의 아들 아이올로스(II세)는 리파라 왕 리파로스의 딸 키아네와 사이에서 아스티오코스, 크수토스, 안드로클레스, 페라이몬, 이오카스토스, 아가티르노스 등 여섯 명의 아들을 낳았다.

프로메테우스 — 판도라 — 에피메테우스
데우칼리온 — 피라
헬렌 — 오르세이스
케이론
도로스 | 크수토스 | 에나레테 — 아이올로스 1세 | 멜라니페 (또는 히페)
시시포스 | 알키오네 | ...
아르네 (또는 멜라니페) — 포세이돈 | 리파로스
보이오토스 | 아이올로스 2세 — 키아네
아스티오코스 | 크수토스 | 안드로클레스 | 페라이몬 | 이오카스토스 | 아가티르노스

신화이야기

개요

그리스 신화에는 모두 세 명의 인물이 아이올로스라는 이름으로 등장하는데 서로 잘 구별되지 않는다. 고대의 작가들은 아이올로스를 흔히 '바람의 지배자'로 묘사하는데 이때 이들이 세 인물 중 어느 아이올로스를 말하는지 불분명할 때도 많다.

디오도로스 시켈로스는 이같은 혼동을 피하기 위해 세 인물의 정리를 시도한 바 있다. 그에 따르면 아이올로스는 그리스인의 시조 헬렌

의 아들, 포세이돈의 아들, 히포테스의 아들로 구별되며 각각 친족 관계로 연결된다. 헬렌의 아들인 아이올로스 I세는 포세이돈의 아들인 아이올로스 II세의 외조부가 되고 히포테스의 아들인 아이올로스 III세는 아이올로스 I세의 증손이다.

출생

그리스인의 시조 헬렌의 아들 아이올로스가 켄타우로스 케이론의 딸 히페(혹은 멜라니페)와 사이에서 낳은 딸 멜라니페(혹은 아르네)는 처녀의 몸으로 해신 포세이돈과 정을 통하여 쌍둥이 아들 보이오토스와 아이올로스를 낳았다. 그러자 멜라니페의 아버지 아이올로스는 딸을 장님으로 만들어 지하 감옥에 가두고 쌍둥이 아들은 산 속에 내다버렸다. 하지만 아이들은 암소의 보살핌을 받으며 살아남았고 나중에 목동들에게 발견되어 이카리아 왕 메타폰토스의 궁으로 들어가게 되었다. 그 무렵 아이를 낳지 못해 소박맞을 처지에 몰려있던 메타폰토스의 아내 테아노가 몰래 어린아이를 수소문하던 중 이들의 소식을 듣고 궁으로 데려갔던 것이다.

아이올로스와 보이오토스

테아노는 남편 메타폰토스에게 보이오토스와 아이올로스를 자신이 낳은 아기라고 속이고 키웠다. 그런데 얼마 뒤 테아노가 임신을 하여 두 아들을 낳았다. 자기 아이들이 태어나자 테아노는 목동들이 데려온 보이오토스와 아이올로스가 그만 이 세상에서 없어지기를 바랐다. 게다가 메타폰토스 왕은 잘 생기고 총명한 보이오토스와 아이올로스를 테아노가 낳은 아들들보다 더 총애하였다.

네 아이가 모두 건강한 청년으로 자랐을 때 테아노는 자신이 낳은 아들들에게 두 형의 출생 비밀을 털어놓으며 함께 사냥을 가서 죽여버리라고 했다. 하지만 보이오토스와 아이올로스는 포세이돈의 도움으로 목숨을 구하고 오히려 테아노의 두 아들을 죽였다.

두 아들의 죽음을 전해들은 테아노는 스스로 목숨을 끊었고 보이오토스와 아이올로스는 자신들을 발견한 목동의 집으로 피신하였다. 그곳에서 포세이돈은 자신의 정체를 자식들에게 밝히고 아직도 지하 감옥에 갇혀 있는 어머니 멜라니페를 구하라고 했다. 두 형제는 외할아버지 아이올로스를 죽이고 어머니를 구해냈고 포세이돈은 멜라니페가 다시 눈을 뜰 수 있게 해주었다.

보이오토스와 아이올로스는 어머니 멜라니페와 함께 메타폰토스 왕에게로 가서 테아노의 죄상을 폭로했고 왕은 그들의 어머니 멜라니페와 결혼하였다.

그 후 보이오토스는 테살리아 남쪽으로 가서 보이오티아인의 조상이 되었고 아이올로스는 시칠리아 섬 북쪽의 티레니아 해로 가서 아이올리아 군도를 다스렸다고 한다.

리파라의 왕이 된 아이올로스

아이올리아 제도로 간 아이올로스는 리파라의 왕 리파로스에게 환대를 받았다. 리파로스 왕은 그를 자신의 딸 키아네와 결혼시키고 나라도 물려주었다. 아이올로스와 키아네 사이에서는 아스티오코스, 크수토스, 안드로클레스, 페라이몬, 이오카스토스, 아가티르노스 여섯 명의 아들이 태어났다.

아이올로스의 아들들은 모두 왕이 되었다. 이오카스토스는 이탈리아 남부 레기움의 왕이 되었고 페라이몬, 안드로클레스, 크수토스, 아가티르노스는 각각 시칠리아 해안에 도시를 건설하여 다스렸고 이오카스토스는 리파라의 왕이 되었다. 아이올로스의 아들들은 모두 정의롭고 경건한 통치자로 추앙받았다고 한다.

아이올로스 Aeolus, 헬렌의 아들

요약

그리스 신화에 나오는 테살리아 지방 마그네시아의 왕이다.

그리스인들의 시조로 꼽히는 헬렌의 아들로 고대 그리스의 주요 부족 가운데 하나인 아이올로스족의 시조이다.

기본정보

구분	왕
상징	그리스인의 조상, 아이올로스족의 시조
외국어 표기	그리스어: Αἴολος
관련 신화	데우칼리온의 대홍수, 헬렌, 카나케와 마카레우스
가족관계	헬렌의 아들, 멜라니페의 남편, 카나케의 아버지, 시시포스의 아버지

인물관계

아이올로스는 데우칼리온과 피라의 아들 헬렌이 산의 님페 오르세이스와 사이에서 낳은 세 아들 중 맏이다. 나머지 두 아들은 크수토스와 도로스다. 아이올로스는 테이마코스의 딸 에나레테와 결혼하여 아들 시시포스, 크레테우스, 아타마스, 살모네우스, 페리에레스, 마카레우스, 미마스 등과 딸 카나케, 알키오네, 페이시디케, 칼리케, 페리메데 등 수많은 자식을 낳았다. 그는 또 켄타우로스족의 현인 케이론의 딸 멜라니페와 사이에서 딸 아르네를 낳았다.

프로메테우스　　에피메테우스 ― 판도라

데우칼리온 ― 피라

헬렌 ― 오르세이스　　테이마코스　　케이론

도로스　　크수토스　　아이올로스 ― 에나레테　　멜라니페
또는 히페

아르네
또는 멜라니페

아들	딸
시시포스	알키오네
살모네우스	페이시디케
크레테우스	칼리케
아타마스	페리메데
페리에레스	카나케
마카레우스	

근친상간

신화이야기

대홍수

아이올로스의 아버지 헬렌은 대홍수 이후 최초의 인간인 데우칼리온과 피라 사이에서 태어난 맏아들로 모든 그리스인들의 시조로 간주되는 인물이다.

금과 은의 시대를 지나 청동 시대에 들어서면서 인간들의 마음이 거칠어지고 서로 싸움을 일삼는 등 세상이 악으로 물들자 제우스는 대홍수를 일으켜 인간 세상을 쓸어버리고자 하였다. 하지만 제우스의 의중을 미리 간파한 프로메테우스가 아들 데우칼리온 부부에게 커다란 배를 만들어 대홍수에 대비하게 하였다.

대홍수에서 살아남은 데우칼리온과 피라는 자신들이 유일한 생존자라는 사실을 알고 테미스 여신의 신전을 찾아가 지상을 다시 인류로 채울 수 있는 방법을 물었다. 그러자 "베일로 얼굴을 가리고 어머니의 뼈를 어깨 너머로 던지라."는 신탁이 내려졌다. 데우칼리온과 피라는 신탁의 의미를 알아채고 돌을 주어 어깨 너머로 던졌다. 신탁이 말하는 어머니는 대지의 여신 가이아를 뜻하고 그 뼈는 돌을 뜻했던 것이다.

데우칼리온과 피라가 던진 돌에서는 새로운 인간들이 생겨났고 두 사람은 새로운 인류의 조상이 되었다.

데우칼리온과 피라
조반니 마리아 보탈라(Giovanni Maria Bottalla),
1635년 , 브라질 국립미술관

297

그리스인의 시조 헬렌의 탄생

그 후 데우칼리온과 피라는 로크리스 지방에 정착하여 헬렌을 비롯하여 프로토게네이아, 암픽티온 등 여러 명의 자식을 낳았다. 그 중 맏아들인 헬렌은 모든 그리스인의 조상으로 간주된다. 테살리아 지방 프티아의 왕이 된 헬렌은 산의 님페 오르세이스와 결합하여 세 아들 아이올로스, 크수토스, 도로스를 낳았는데 이들이 각기 고대 그리스를 구성하는 주요 부족의 시조가 되었기 때문이다.

아이올로스는 아이올리스인의 시조가 되었고 크수토스의 아들 이온과 아카이오스는 각각 이오니아인과 아카이아인의 시조가 되었고 도로스는 도리스인의 시조가 되었다. 이 부족들은 모두 자신들을 헬렌의 후손이라는 뜻으로 '헬레네스'라고 불렀다.

헬레네스는 나중에 그리스인을 통칭하는 말이 되었다. 그리스 문화를 뜻하는 헬레니즘도 헬렌에서 유래한 말이다.

아이올로스와 그 자식들

아이올로스는 테살리아의 마그네시아를 다스렸다. 그곳에서 그는 테이마코스의 딸 에나레테와 결혼하여 아들 시시포스, 크레테우스, 아타마스, 살모네우스, 페리에레스, 마카레우스, 미마스 등과 딸 카나케, 알키오네, 페이시디케, 칼리케, 페리메데 등 수많은 자식을 낳았다.

아이올로스의 자식들은 대부분 도시를 건설하고 통치자가 되어 유력한 가문을 형성하였다. 시시포스는 코린토스를 창건하였고, 살모네우스는 시시포스에게 쫓겨나 엘리스 지방으로 가서 살모네 왕국을 건설하였고, 크레테우스, 아타마스, 페리에레스는 각각 이올코스, 오르코메노스, 메세네의 왕이 되었다.

아이올로스와 멜라니페

아이올로스는 또한 반인반마족 켄타우로스의 현인 케이론의 딸 멜라니페와 관계하여 딸 아르네를 낳았다. 멜라니페는 아버지 케이론 몰래 아이올로스와 사랑을 나누고 임신하자 아버지의 분노가 두려워 아르테미스 여신에게 간청하여 암말로 변신한 뒤 아르네를 낳았다. 그래서 아르네는 망아지로 태어났다가 나중에 사람의 형상을 얻었다고 한다.

카나케와 마카레우스

아이올로스와 에나레테의 딸 카나케는 친오빠 마카레우스를 사랑하였다. 두 남매는 근친상간을 저지르고 아이도 낳았다. 카나케는 아버지 아이올로스 왕의 진노를 피하기 위해 유모를 시켜 아기를 몰래 내다버리게 하였다. 카나케의 유모는 신들에게 제사를 올리는 척하면서 아기를 희생 제물 사이에 숨겨 궁전에서 빼내려 했는데 아기가 그만 울음을 터뜨리는 바람에 발각되고 말았다.

아이올로스는 아기를 개들에게 먹이로 던져주고 카나케에게는 단검을 보내 자살하게 하였다. 마카레우스는 그 뒤 스스로 목숨을 끊었다.

아이올로스 Aeolus, Aeolos, 히포테스의 아들

요약

 그리스 신화에 나오는 바람의 지배자이다.

 인간의 몸으로 태어났지만 제우스의 총애를 받아 바람을 지배하는 신의 반열에 올랐다. 물에 떠 있는 섬 아이올리아에 살면서 마음대로 바람을 섬 안 동굴에 가두기도 하고 풀기도 하였다. 오디세우스를 만났을 때는 나쁜 바람을 모두 가죽 부대에 넣어 봉하고 순풍만 불게 하여 그의 귀향길을 도와주려 했다.

바람의 지배자 아이올로스
옛 대리석 그림

기본정보

구분	신의 반열에 오른 인간
상징	바람
외국어 표기	그리스어: Αἴολος
관련 신화	오디세우스의 귀향
가족관계	히포테스의 아들, 멜라니페의 아들, 에오스의 남편

인물관계

 호메로스에 따르면 아이올로스는 히포테스와 멜라니페의 아들로 슬하에 여섯 명의 아들과 여섯 명의 딸을 두었다고 한다. 그런데 히포테스의 아버지 미마스가 헬렌의 아들인 아이올로스(I세)의 아들이므로 히포테스의 아들 아이올로스는 헬렌의 아들 아이올로스의 증손이 된다. 아이올로스의 어머니 멜라니페는 아이올로스 I세와 사이에서 딸 아르네를 낳은 멜라니페와 동일인이라는 이야기도 있다.

아이올로스가 바람의 신으로 등장하는 신화에서는 새벽의 여신 에오스와 결합하여 바람 사형제 보레아스(북풍), 노토스(남풍), 에우로스(동풍), 제피로스(서풍)를 낳았다는 이야기도 있지만, 에오스와 사이에서 바람 사형제를 낳은 인물은 티탄 신족인 아스트라이오스라는 이야기가 더 일반적이다.('에오스', '아스트라이오스' 참조)

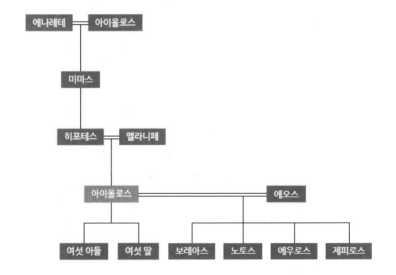

신화이야기

바람의 지배자

히포테스의 아들 아이올로스는 아이올리아 섬을 다스리는 왕으로 인간의 몸으로 태어났지만 제우스의 총애를 받아 바람을 지배하는 신의 반열에 올랐다. 그는 바람을 섬 안의 동굴에 가두어두었다가 신들의 요구가 있거나 하면 풀어놓아 불게 하였다. 예를 들어 헤라 여신이 아이네이아스와 트로이 유민들이 이탈리아를 향해 순조롭게 항해하는 것을 훼방 놓기 위해 아이올로스에게 거친 바람을 부탁하였다. 시칠리아 해안을 따라 항해하던 아이네이아스 일행은 아이올로스가 일으킨 사나운 북풍 탓에 진로를 벗어나 아프리카 해안까지 밀려갔다.

히포테스의 아들 아이올로스는 특히 포세이돈의 아들 아이올로스와 자주 혼동되며 전승에 따라 이들을 아예 동일 인물로 묘사하기도 한다.

아이올로스에게 바람을 부탁하는 헤라
프랑수아 부셰(Francois Boucher), 1769년, 텍사스 포트워스 킴벨미술관

아이올로스와 오디세우스의 만남

트로이 전쟁을 끝마치고 귀향하던 오디세우스는 우연히 아이올리아 섬에 도착하였다. 호메로스의 『오디세이아』에 따르면 아이올리아는 물에 떠 있는 섬으로 주위에는 부술 수 없는 청동 성벽이 둘러져 있었다. 섬에는 히포테스의 아들 아이올로스가 열두 자녀(여섯 딸과 여섯 아들)와 함께 살고 있었는데 그는 딸들과 아들들을 서로 결혼시켜 부부로 살게 하였다.

아이올로스는 오디세우스 일행을 환대하며 한 달 동안 편히 머물게 한 뒤 다시 떠날 때는 친절하게도 오디세우스의 배를 고향 이타카로 데려다줄 순풍을 제외한 다른 모든 바람들을 가죽 부대에 넣어 주둥이를 마개로 꽁꽁 묶어서 주기까지 했다. 하지만 오디세우스가 잠든 사이에 그의 부하들이 가죽 부대 안에 귀한 물건이 감추어져 있는 줄 알고 마개를 열어버렸고 그러자 안에 가두어 둔 거센 바람들이 모두 쏟아져 나오면서 배는 다시 아이올리아 섬으로 밀려갔다.

바람의 동굴 속 아이올로스와 오디세우스
요하네스 스트라다누스(Johannes Stradanus), 1605년
보이만스 판뵈닝언 미술관

오디세우스 일행을 다시 맞게 된 아이올로스는 이들이 신의 분노를 사고 있다고 여겨 더 이상의 도움을 거절하고 섬에서 쫓아냈다. 오디세우스는 그 후 10년 동안이나 바다를 헤매며 갖은 고난을 겪은 뒤 혈혈단신으로 고향 이타카 섬으로 돌아가게 되었다.

아이테르 Aether

요약

　그리스 로마 신화에서 하늘의 상층부를 의인화한 신으로 밝은 빛과 신들이 머무는 곳이다.

　아이테르의 빛은 땅과 가까운 하늘의 빛보다 훨씬 더 밝으며 아이테르의 공기는 신들이 숨 쉬는 맑고 순수한 공기로 인간이 숨 쉬는 탁한 공기에 대비된다.

기본정보

구분	천계의 신
상징	창공의 순수한 빛과 공기
외국어 표기	그리스어: Αἰθήρ
관련 신화	창세 신화
가족관계	에레보스의 아들, 닉스의 아들

인물관계

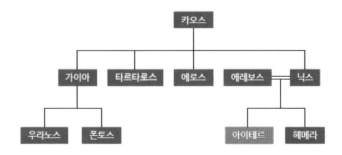

아이테르의 가계에 관해서는 여러 가지 이야기가 있지만 헤시오도스는 아이테르와 헤메라가 에레보스와 닉스 사이에서 태어난 남매라고 하였다. 헤시오도스에 따르면 에레보스와 닉스는 태초에 카오스로부터 생겨난 다섯 신에 속하며 나머지는 가이아, 타르타로스, 에로스이다.

신화이야기

헤시오도스 전거

헤시오도스의 『신들의 계보』에서 아이테르는 암흑의 신 에레보스와 밤의 여신 닉스 사이에서 태어난 아들로 낮의 여신 헤메라와 남매 사이다. 이 관계는 암흑에서 빛이 생겨나고 밤에서 낮이 생겨났음을 상징하고 있다.

오르페우스교 전거

오르페우스교의 우주관에 따르면 아이테르는 크로노스와 운명의 여신 아난케 사이에서 태어난 아들로 혼돈의 신 카오스와 어둠의 신 에레보스의 형제이다. 크로노스로부터 생겨난 카오스(혼돈)와 아이테르(창공)는 빛의 신 파네스가 태어나면서 분리되었다.

『오르페우스 찬가』는 아이테르를 세계의 영혼이자 모든 생명의 원소라고 노래하였다. 고대인들은 인간이 죽으면 영혼은 아이테르로 올라가고 육신은 가이아로 내려간다고 믿었다.

히기누스 전거

히기누스의 『이야기』에 따르면 아이테르는 카오스에서 생겨난 것으로 에레보스, 헤메라, 닉스 등과 형제지간이라고 기술하였다. 아이테르

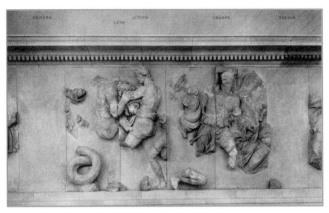

사자머리를 한 기간테스와 싸우는 아이테르
페르가몬 제단 조각, 기원전 2세기

는 누이 헤메라와 결합하여 가이아(대지), 우라노스(하늘), 탈라사(바다)를 낳았고 다시 가이아와 결합하여 고통, 기만, 슬픔, 분노, 복수, 맹세, 무절제, 불화, 망각, 게으름, 공포, 오만, 쾌락, 싸움 등이 의인화된 정령들을 낳았다.

그밖에도 로마의 사상가 키케로는 우라노스가 아이테르로부터 생겨났다고 보았고 그리스의 희극 작가 아리스토파네스는 아이테르를 구름의 아버지로 묘사했다.

아이톨로스 Aetolus

요약

그리스 신화에 등장하는 아이톨리아의 왕이다.

엘리스의 왕 엔디미온의 아들로 형 에페이오스에 이어 엘리스의 왕위에 올랐지만 실수로 살인을 저지르고 추방되어 코린토스 만 북쪽에 새나라 아이톨리아를 건설하였다.

기본정보

구분	아이톨리아의 왕
외국어 표기	그리스어: Αἰτωλός
관련 신화	아이톨리아 건국, 올림픽 경기
가족관계	엔디미온의 아들, 파이온의 형제, 칼리돈의 아버지

인물관계

아이톨로스는 제우스의 직계 후손인 엔디미온이 아르카스의 딸 히페리테 혹은 이토노스의 딸 크로미아와 결혼하여 낳은 아들로 파이온, 에페이오스 등과 형제지간이다. 여자 형제로는 에우리키데, 낙소스, 피소스 등이 있다.

포르보스의 딸 프로노에와 결혼하여 플레우론과 칼리돈을 낳았다.

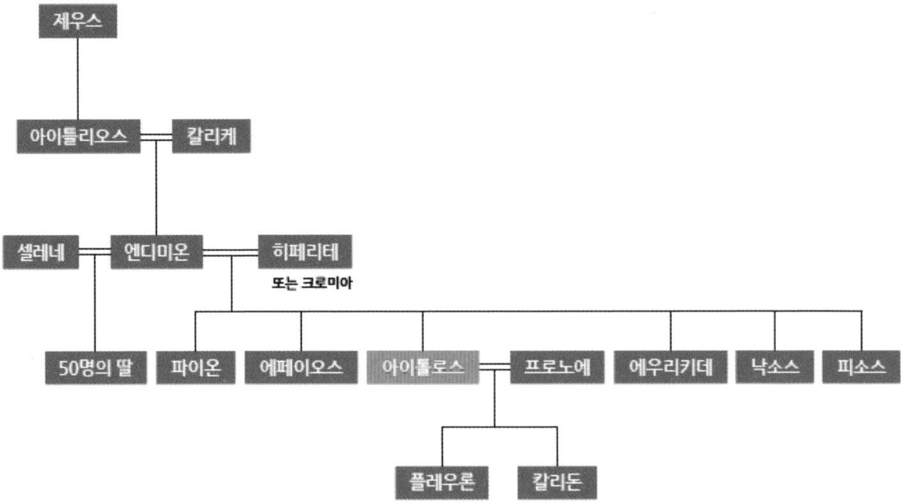

제우스

아이틀리오스 ─ 칼리케

셀레네 ─ 엔디미온 ─ 히페리테
또는 크로미아

50명의 딸　파이온　에페이오스　아이톨로스 ─ 프로노에　에우리키데　낙소스　피소스

플레우론　칼라돈

신화이야기

엘리스의 왕이 되기 위한 올림피아의 달리기 경주

펠로폰네소스 지방에 있는 나라 엘리스의 왕 엔디미온은 노년에 이르자 세 아들 중 누구에게 나라를 물려줄 것인지를 고민했다. 결국 엔디미온은 올림피아에서 달리기 경주를 벌여 승리한 아들을 후계자로 삼기로 했다.

경주에 이긴 것은 둘째 아들 에페이오스였다. 그러자 맏아들 파이온이 분을 삭이지 못하고 엘리스에서 가능한 한 멀리 떨어진 곳으로 떠나갔다. 그가 자리 잡은 곳은 마케도니아의 악시오스 강 건너편이었는데 그때부터 이 지방에는 파이오니아란 이름이 붙여졌다. 하지만 아이톨로스는 떠나지 않고 엘리스에 남아 있다가 에페이오스가 후사 없이 죽은 뒤 왕위를 물려받았다.

아이톨리아를 건설한 아이톨로스

아이톨로스는 아르카디아의 영웅 아잔의 장례 경기에 참가했다가 실수로 이아손의 아들 아피스 왕을 전차로 치어 죽인 뒤 그의 아들들에게 쫓기는 신세가 되어 엘리스를 떠났다. 아이톨로스는 코린토스만 북쪽의 아켈로오스 강 하구에 있는 쿠레테스인들의 나라로 가서 그곳을 다스리는 라오도코스와 그 형제들을 모두 죽이고 왕이 되었다. 아이톨로스는 새로 다스리게 된 나라를 자신의 이름을 따서 아이톨리아라고 명명하였다.

　아이톨리아의 왕이 된 그는 포르보스의 딸 프로노에와 결혼하여 두 아들 플레우론과 칼리돈을 낳았다. 훗날 아이톨리아에는 이들 두 사람의 이름을 딴 도시가 세워졌다.

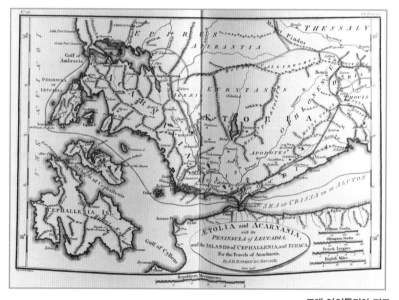

고대 아이톨리아 지도
1795년, 기독교 시대 이전 4세기 중반 그리스의 아나카르시스 여행을 설명하는 지도

아이트라 <small>Aethra, Aithra</small>

요약

그리스 신화에 등장하는 테세우스의 어머니이다.

그녀는 하룻밤에 두 남자(아이게우스와 포세이돈)와 동침하여 아테네의 영웅 테세우스를 낳았다. 나중에 아테네를 침공한 디오스쿠로이 형제에게 붙잡혀 미녀 헬레네의 노예가 되어 트로이 성까지 끌려갔으나 손자인 아카마스와 데모폰에게 구조되어 다시 아테네로 돌아왔다.

기본정보

구분	공주
외국어 표기	그리스어: Αἴθρα
관련 신화	테세우스, 디오스쿠로이, 트로이 전쟁

인물관계

아이트라는 펠롭스의 아들인 트로이젠 왕 피테우스의 딸로 탄탈로스 가문의 후손이다. 아이트라는 아테네 왕 아이게우스와 결혼하여 영웅 테세우스를 낳았다.

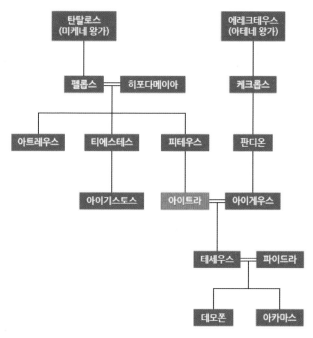

```
┌─────────────┐              ┌─────────────┐
│  탄탈로스    │              │ 에레크테우스 │
│ (미케네 왕가) │              │ (아테네 왕가) │
└──────┬──────┘              └──────┬──────┘
       │                            │
  ┌────┴───┬───────────┐       ┌────┴────┐
  │ 펠롭스 ├ 히포다메이아 │       │ 케크롭스 │
  └───┬────┴───────────┘       └────┬────┘
      │                             │
 ┌────┼────────┬──────────┐    ┌────┴────┐
┌──┴──┐ ┌──┴──┐  ┌──┴──┐   ┌──┴──┐
│아트레우스││티에스테스││피테우스│  │ 판디온 │
└─────┘ └──┬──┘  └──┬──┘   └──┬──┘
           │        │          │
       ┌───┴───┐ ┌──┴──┐  ┌───┴────┐
       │아이기스토스││아이트라├─┤아이게우스│
       └───────┘ └──┬──┘  └────────┘
                    │
              ┌─────┴──────┐
              │ 테세우스 ├ 파이드라 │
              └─────┬──────┘
                    │
              ┌─────┴─────┐
           ┌──┴──┐     ┌──┴──┐
           │데모폰│     │아카마스│
           └─────┘     └─────┘
```

신화이야기

영웅 테세우스의 탄생

아테네의 왕 아이게우스는 아내가 두 명이나 있었지만 도무지 자식을 얻을 수 없었다. 나이가 들면서 다급해진 아이게우스는 델포이로 가서 신탁에 자식 얻을 방도를 물었다. 그러자 "아테네로 갈 때까지 포도주 뚜껑을 열지 말라"는 수수께끼 같은 신탁이 내려졌다. 아이게우스는 아테네로 돌아가는 길에 트로이젠에 들러 유명한 예언자이기도 한 그곳의 왕 피테우스에게 신탁의 의미를 물었다. 피테우스는 신탁이 뜻하는 바를 당장에 알아차렸지만 아무 말 없이 성대한 주연을 벌여 아이게우스를 취하게 만든 다음 그의 침실에 딸 아이트라를 들였다.

아이게우스와 동침한 날 밤 아이트라의 꿈에 아테나 여신이 나타나 그녀를 펠롭스의 전차몰이꾼이었던 스파이로스의 제사가 열리는 인근 섬으로 데려갔다. 그곳에서 아이트라는 포세이돈에게 겁탈당했다. 이렇게 아이트라가 하룻밤에 두 남자와 동침하여 잉태한 아이가 바로 아테네의 영웅 테세우스이다.(그래서 테세우스는 포세이돈의 아들로 간주되기도 한다)

아테네로 간 테세우스

아이트라가 자신과 동침한 뒤 아이를 임신하자 아이게우스는 그녀를 커다란 바위가 있는 곳으로 데려가 그 밑에 그녀와의 관계를 증명하는 물건인 칼과 신발을 숨겨두었다. 그리고는 아이가 태어나 바위를 들어 올릴 수 있을 만큼 자라면 이 물건들과 함께 아테네로 보내라고 말하고 트로이젠을 떠났다. 테세우스는 열여섯 살 때 벌써 그 바위를 들어올려 그 밑에 있던 칼과 신발을 가지고 아테네로 가서 아이게우스에 뒤이어 아테네의 왕이 되었다.

헬레네의 노예가 되어 트로이로 간 아이트라

아테네의 왕이 된 테세우스는 미녀 헬레네를 자신의 신붓감으로 점찍은 뒤 친구 페이리토오스와 함께 스파르타로 가서 그녀를 납치하였다. 하지만 헬레네의 나이가 아직 너무 어렸기 때문에 테세우스는 그녀를 어머니 아이트라에게 맡긴 다음 페이리토오스가 신붓감으로 고른 페르세포네를 납치하러 저승으로 내려갔다.('페이리토오스' 참조)

하지만 테세우스가 없는 사이 헬레네의 오빠인 디오스쿠로이 형제(카스토르와 폴리데우케스)가 아테네로 쳐들어와 동생 헬레네를 구하고 아이트라를 포로로 끌고 갔다.

아이트라의 죽음

이후 아이트라는 헬레네의 노예가 되어 그녀가 트로이 왕자 파리스와 함께 트로이로 갈 때도 동행하였다.(일설에 따르면 헬레네에게 메넬라오스를 버리고 파리스를 따라가도록 사주한 것이 아이트라였다고 한다) 트로이에서 아이트라는 손자인 테세우스의 아들 아카마스가 그리스군 측 협상사절단으로 트로이 성에 왔다가 프리아모스의 딸 라오디케와 사랑을 나누어 낳은 아들 무니토스를 맡아서 기르기도 하였다.

 트로이가 함락된 뒤 아이트라는 무니토스와 함께 아카마스와 데모폰 형제에게 구조되어 아테네로 돌아갔지만 아들 테세우스의 죽음을 전해듣고는 슬픔을 이기지 못해 스스로 목숨을 끊었다고 한다.

데모폰과 아이트라
고대 그리스 술잔, 기원전 470년, 뮌헨 국립고대미술박물관

아이피토스 Aepytus

요약

 그리스 신화에 등장하는 메세니아의 왕이다.
 귀족들의 반란으로 아버지 크레스폰테스 왕이 살해되자 외조부 아르카디아의 왕 킵셀로스에게로 피신했다가 어른이 되어 아버지의 원수를 갚고 메세니아의 왕좌를 되찾았다.

기본정보

구분	메세니아의 왕
상징	복수
외국어 표기	그리스어: Αἴπυτος
관련 신화	헤라클레이다이의 펠로폰네소스 정복
가족관계	크레스폰테스의 아들, 메로페의 아들

인물관계

 아이피토스는 펠로폰네소스를 정복한 헤라클레이다이의 우두머리 중 한 명인 크레스폰테스가 아르카디아 왕 킵셀로스의 딸 메로페와 결혼하여 낳은 아들 형제들 중 막내이다.
 외증조부의 이름도 아이피토스이다.

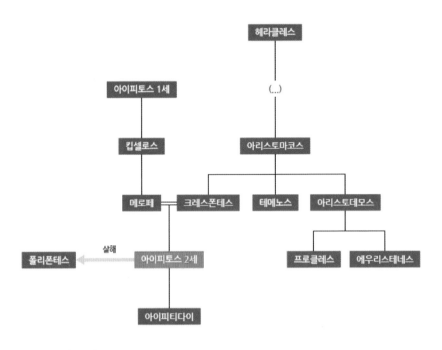

신화이야기

살해당한 메세니아의 왕 크레스폰테스

헤라클레이다이(헤라클레스의 후손들)가 여러 세대에 걸친 침략전쟁을 통해 마침내 펠로폰네소스를 정복하였을 때 전쟁을 이끈 아리스토마코스의 세 아들 테메노스, 크레스폰테스, 아리스토데모스는 펠로폰네소스 반도를 제비뽑기를 통해 삼등분하여 나누어 갖기로 했다. 그 결과 아르고스는 테메노스에게로 돌아갔고 라코니아는 전쟁 중에 죽은 아리스토데모스의 쌍둥이 아들 프로클레스와 에우리스테네스가 차지하고 메세니아는 크레스폰테스가 차지하였다.

메세니아의 왕이 된 크레스폰테스는 이웃나라 아르카디아의 왕 킵셀로스의 딸 메로페와 결혼하여 왕권을 더욱 튼튼히 하였다. 크레스폰테스와 메로페 사이에서는 여러 명의 아들도 태어났다.

크레스폰테스는 메세니아를 다섯 지역으로 나누어 각각 총독을 두고 다스렸는데 특히 도리스 출신의 평민들에게 우호적인 정책을 폈다. 하지만 이것이 귀족들의 반발을 사면서 자식들과 함께 살해당하고 말았다. 유일하게 어린 아들 아이피토스만 간신히 화를 피하여 외할아버지 킵셀로스에게로 도망쳤고 메로페는 강제로 폴리폰테스의 아내가 되었다.

폴리폰테스는 귀족들의 반란을 주도한 인물로 마찬가지로 헤라클레이다이의 한 명이었다. 어린 아이피토스가 죽지 않고 도망친 것을 알게 된 폴리폰테스는 그가 언젠가 복수하러 나타날 것을 두려워하여 그를 살해하는 자에게 큰 상을 내리겠다고 선포하였다.

아이피토스의 복수

아르카디아에서 외할아버지 킵셀로스 왕의 보살핌 속에 건장한 청년으로 성장한 아이피토스는 아버지와 형제들의 죽음을 복수할 계획을 세웠다. 그는 이름을 바꾸고 폴리폰테스를 찾아가 자신이 아이피토스를 죽였다며 상을 요구했다. 메로페는 그가 정말로 자기 아들을 죽인 살인자라고 여겼다. 그녀는 그가 아직 궁에 머물고 있는 동안 한밤중에 몰래 처소로 들어가 도끼로 살해하려 했다. 하지만 마지막 순간에 늙은 하인이 그를 알아보면서 극적인 모자상봉이 이루어졌다.

메로페는 미심쩍어하는 폴리폰테스를 속이기 위해 마치 정말로 아들의 살해 소식을 전해들은 양 비통해하였다. 마침내 의심을 푼 폴리폰테스는 크게 기뻐하며 감사의 제사를 드리기로 하고 아이피토스에게 직접 제물을 죽여서 바치게 하였다. 그러나 제단에서 아이피토스의 칼에 희생된 제물은 짐승이 아니라 폴리폰테스였다. 이로써 아이피토스는 부모와 형제들의 원수를 갚고 메세니아의 왕위도 되찾았다.

메세니아의 왕이 된 아이피토스는 덕망이 높고 지혜로운 왕으로 명성이 자자했으며 이제 그의 후손들은 더 이상 헤라클레이다이(헤라클레스의 후손들)가 아니라 아이피티다이(아이피토스의 후손들)라고 불렸다.

아카마스 Acamas

요약

그리스 신화에 나오는 트로이 전쟁의 영웅이다.

그리스 연합군의 일원으로 트로이 전쟁에 참가하여 트로이 멸망에
기여했다.

이 밖에도 아카마스라는 이름은 그리스 신화에 여러 차례 등장한다.

기본정보

구분	영웅
외국어 표기	그리스어: Ἀκάμ-ας
어원	지칠 줄 모르는 자
관련 신화	트로이 전쟁

인물관계

아카마스는 영웅 테세우스와 파이드라의 아들로 데모폰과 형제간
이다. 트로이의 왕 프리아모스의 딸 라오디케와 결합하여 무니토스를
낳았다.

신화이야기

테세우스와 파이드라의 아들 아카마스

아버지 테세우스가 메네스테우스에 의해 아테네에서 추방되자 아카마스와 데모폰은 에우보이아 섬의 아반테스 부족의 왕 엘레페노르에게 맡겨졌다가 왕과 함께 트로이 전쟁에 참가하였다. 또 다른 이야기에 따르면 메네스테우스에게 쫓겨난 것은 테세우스가 아니라 그가 친구 페이리토오스의 신붓감으로 삼을 페르세포네를 납치하러 저승에 간 동안에 아테네를 다스리고 있던 아카마스와 데모폰이라고도 한다.

추방된 두 형제는 스키로스로 가서 아버지 테세우스를 만난 뒤 엘레페노르와 함께 트로이 전쟁에 참가하였다.

아카마스는 전쟁이 시작되기에 앞서 디오메데스와 함께 사절단으로 트로이 성에 가서 헬레네의 반환을 요구하였다. 이때 트로이 왕 프리아모스의 딸 라오디케가 아카마스에게 반하여 궁녀 행세를 하며 아카마스와 잠자리를 갖고, 둘 사이에 태어난 아들 무니토스는 당시 트로이 성에 잡혀 있던 아카마스의 할머니 즉 테세우스의 어머니 아이트라에 의해 양육되었다.

아카마스와 데모폰은 목마 속에 숨어 트로이에 잠입한 그리스군의 일원으로서 트로이 함락을 주도하였다. 트로이가 멸망한 뒤 아카마스는 아들 무니토스와 할머니 아이트라를 데리고 고향 아티카를 향해 떠나지만 무니토스는 도중에 뱀에 물려 죽었다.

아카마스는 고향으로 돌아오던 중 트라키아의 왕녀 필리스와 결혼하여 그곳에 오랜 기간 머물렀다. 아카마스는 필리스의 결혼 지참금으로 왕국을 물려받지만 고향으로 돌아가기를 원해 아내 필리스의 애

말을 탄 아카마스와 데모폰
아티카 지방의 암포라 항아리, 기원전 540년경,
베를린 구(舊)박물관
: 고대 그리스의 도화가 엑세키아스(Exekias)의
서명이 새겨져 있다.

원을 뿌리치고 다시 길을 떠났다. 이에 필리스는 남편에게 성스러운 물건이 든 상자를 건네며 자기 곁으로 돌아올 모든 가능성이 사라지기 전까지는 절대로 열어보지 말라고 당부하였다. 그러나 아카마스는 키프로스 섬에 도착하여 상자를 열어보았고 엄청난 공포에 사로잡혀 말을 타고 도망치다가 말에서 떨어지면서 자기 칼에 찔려 죽고 말았다.

아카마스는 아티카의 한 부족인 아카만티스족(族)의 시조가 되었다.

필리스와의 이야기는 아카마스가 아니라 데모폰과 관련된 신화라고
도 한다.

또 다른 아카마스

1) 안테노르와 테아노의 아들 아카마스는 형 아르켈로코스, 사촌
아이네이아스와 함께 다르다니아인들을 이끌고 트로이군의 일원으로
전쟁에 참가하여 혁혁한 공을 세웠다. 호메로스의 『일리아스』에서 그
는 메리오네스의 손에 죽었다.

2) 에우소로스의 아들 아카마스는 트라키아 출신이다. 동료 페이로
스와 함께 트라키아 전사들을 이끌고 트로이 편에 가담하여 전쟁에
참가했다가 그리스의 용장 대(大)아이아스에게 죽임을 당했다.

3) 페넬로페의 구혼자 아카마스는 호메로스의 『오디세이아』에서 포
세이돈의 분노를 사 귀향이 늦어지는 오디세우스의 아내 페넬로페를
찾아와 결혼을 요구하던 100여 명의 구혼자 중 한 사람이다.

아카스토스 Acastus

요약

그리스 신화에 나오는 이올코스의 왕이다.

아르고호 원정대의 일원이었고 칼리돈의 사냥에도 참가한 영웅이기도 하다. 아내 아스티다메이아의 모함에 속아서 아르고호 원정에 함께 참여했던 친구 펠레우스를 죽이려다 실패한 뒤 오히려 공격을 받아 나라와 목숨을 잃었다.

기본정보

구분	이올코스의 왕
외국어 표기	그리스어: Ἄκαστος
관련 신화	아르고호 원정대의 모험
가족관계	펠리아스의 아들, 알케스티스의 형제, 펠로페이아의 형제, 라오다메이아의 아버지

인물관계

아카스토스는 이올코스의 왕 펠리아스와 아낙시비아 사이에서 난 아들로 알케스티스, 히포토에, 펠로페이아, 페이시디케 등과 형제지간이다. 그는 아스티다메이아와 결혼하여 라오다메이아, 스테로페, 스테넬레 등과 이름이 알려지지 않은 많은 아들들을 낳았다.

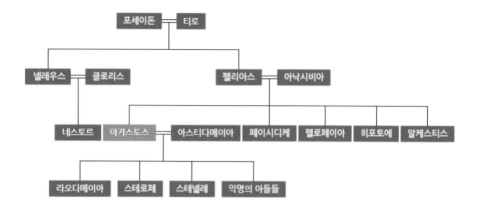

신화이야기

부친 펠리아스의 죽음

아카스토스의 아버지 펠리아스는 이아손의 아버지 아이손을 내쫓고 이올코스의 왕위를 차지한 인물이다. 이아손이 성장하여 왕위를 돌려줄 것을 요구하자 펠리아스는 황금 양털을 찾아오면 돌려주겠다는 조건을 내세웠고, 이아손은 다른 영웅들과 함께 아르고호 원정대를 결성하여 황금 양털을 찾으러 떠난다. 이아손이 원정을 떠난 뒤 펠리아스는 그의 부모를 자살로 내몰았다.

아카스토스는 아버지 펠리아스의 반대에도 불구하고 이아손의 아르고호 원정에 참여했다. 아르고호 원정대(아르고나우타이)가 돌아온 뒤 펠리아스는 이아손의 아내 메데이아의 계략에 빠져 자기 딸들의 손에 살해당하는 비참한 최후를 맞았다. 메데이아가 늙은 양을 죽

메데이아와 펠리아스
아티카의 도기 그림 복사본, 영국 박물관

딸들에 의한 펠리아스의 죽음
조르쥬 모로 드 투어(Georges Moreau de Tours), 1878년

인 뒤 솥에 삶아서 다시 어린 양으로 되살려내는 마법을 보여주며 늙은 아버지를 다시 젊고 활기찬 사내로 만들어주겠다고 하자, 펠리아스의 딸들이 제 아버지를 죽여 솥에 넣고 삶아 버린 것이다. 메데이아는 물론 펠리아스를 다시 살려내지 않았다.

아카스토스는 이 계획에 반대했지만 누이들의 행동을 미처 막지 못했다.

이아손은 이올코스의 왕위에 대한 권리가 있었지만 아카스토스의 복수가 두려워 왕위를 그에게 양보하고 메데이아와 함께 코린토스로 달아났다. 아카스토스는 이올코스의 왕이 되었다.

아카스토스의 아내 아스티다메이아와 펠레우스

트로이의 영웅 아킬레우스의 아버지로 유명한 펠레우스는 칼리돈의 사냥에 참가했을 때 실수로 프티아의 왕 에우리티온을 죽인 뒤 옛 친구 아카스토스의 궁을 찾아왔다.

아카스토스는 함께 아르고호 원정에 참여했던 펠레우스에게 거처를 제공하고 살인죄를 정화시켜주었다. 그런데 아카스토스의 아내 아스티다메이아가 펠레우스의 모습에 반해 은밀히 그를 유혹하며 밀회를 청했다. 펠레우스는 아카스토스의 우정을 배신할 수 없어 아스티다메이아의 청을 거절했다. 그러자 아스티다메이아는 오히려 그가 자신에게 흑심을 품고 있다며 남편에게 아카스토스를 모함했다. 그녀는 또 펠레우스의 아내 안티고네에게 사람을 보내 남편 펠레우스가 자신의 딸 스테로페와 결혼을 하려 한다는 거짓 소식을 전했다.

안티고네는 절망하여 목을 매고 죽었다. 아카스토스는 자기 손으로 죄를 씻어 준 펠레우스를 직접 죽이고 싶지 않아 그에게 다른 죽음을 준비했다.

아카스토스는 펠레우스와 함께 펠리온 산으로 사냥을 나갔다. 그리고 날이 어두워지자 사냥에 지쳐 잠든 펠레우스를 홀로 남겨 두고 산에서 내려왔다. 펠레우스는 곧 그 산에 사는 포악한 켄타우로스들에게 포위당하고 말았다. 그가 맞서 싸우려고 헤파이스토스가 만들어 준 자신의 칼을 찾았지만 칼집에 칼은 없었다. 아카스토스가 그를 켄타우로스들의 손에 살해당하게 하려고 몰래 칼집에서 칼을 빼내서 소똥 속에 감춰두었던 것이다. 하지만 켄타우로스족의 현자 케이론이 사태를 파악하고 숨겨 둔 칼을 되찾아 준 덕에 펠레우스는 위기에서 벗어날 수 있었다.

자기 나라로 돌아간 펠레우스는 복수를 다짐하고 이아손과 디오스쿠로이(카스토르와 폴리데우케스)에게 도움을 청하여 함께 이올코스를 공격했다. 펠레우스 일행은 이올코스를 함락시키고 아카스토스와 아스티다메이아를 죽였다. 나중에 펠레우스는 아카스토스의 아들들에 의해 다시 프티아에서 쫓겨나 코스 섬에서 쓸쓸한 최후를 맞았다.

아카칼리스 Acacallis

요약

   그리스 신화에 나오는 크레타 왕 미노스의 딸로 아폴론과 헤르메스의 사랑을 받은 여인이다.

   그녀가 두 신과 사이에서 낳은 자식들은 크레타와 그리스 여러 지역에 도시를 건설하고 자신들의 이름을 붙였다.

기본정보

구분	공주
외국어 표기	그리스어: Ἀκακαλλίς
관련 지명	크레타 섬
관련 신화	미노스 왕

인물관계

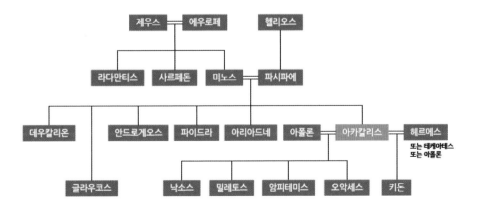

아카칼리스는 제우스와 에우로페의 아들 미노스와 태양신 헬리오스의 딸 파시파에 사이에서 태어난 딸로 글라우코스, 데우칼리온, 안드로게오스, 파이드라, 아리아드네 등과 형제이다.

그녀는 아폴론과 사이에서 세 아들 낙소스, 밀레토스, 암피테미스를 낳았고 헤르메스와 사이에서 키돈을 낳았다. 키돈의 아버지는 그러나 헤르메스가 아니라 테게아테스 혹은 아폴론이라는 이야기가 있고 아폴론과 사이에서 오악세스라는 이름의 아들도 낳았다는 이야기도 있다.

신화이야기

아폴론과 아카칼리스

아카칼리스는 아폴론과 사이에서 세 아들 낙소스, 밀레토스, 암피테미스를 낳았는데 암피테미스는 가라마스라는 이름으로 불리기도 한다. 아카칼리스가 암피테미스를 임신했을 때 미노스 왕은 딸의 행실에 분노하여 그녀를 멀리 리비아로 보내버렸다. 그곳에서 태어난 암피테미스(가라마스)는 나중에 유목 민족 '가라만테스'의 시조가 되었다. 그 후 다시 밀레토스를 임신하자 아카칼리스는 아버지의 노여움을 피해 숲 속으로 달아나 그곳에서 아이를 낳았다.

아카칼리스가 아이를 기를 수 없어 나무 밑에 버리자 아폴론이 늑대들을 시켜 젖을 먹이고 돌보게 하였다. 아이는 결국 목동들에게 발견되어 그들의 손에서 자랐다.

밀레토스는 나중에 소아시아로 건너가서 밀레토스라는 도시를 건설하였다.

헤르메스와 아카칼리스

크레타 전설에 따르면 아카칼리스는 헤르메스와 사이에서 아들 키돈을 낳았다고 한다. 키돈은 같은 이름의 크레타 도시를 건설한 인물이다. 하지만 아르카디아인들은 키돈이 자신들의 고장 테게아의 왕 테게아테스의 아들이라고 주장하였다. 그에 따르면 크레타의 도시 키돈은 테게아테스의 아들 키돈이 형제인 아르케디오스, 고르티스 등과 함께 아르카디아에서 크레타로 이주하여 세운 도시가 된다.

스테파누스 비잔티누스의 문헌에 따르면 키돈의 아버지는 헤르메스도 아니고 테게아테스도 아닌 아폴론이다. 또 아카칼리스는 아폴론과 사이에서 또 다른 아들 오악세스도 낳았는데 크레타의 도시 오악세스가 그의 이름에서 따온 것이라고 한다.

크레타의 사제 카르마노르

크레타 섬의 한 지방 전설에 따르면 아폴론이 아카칼리스와 사랑을 나눌 때 크레타의 사제 카르마노르가 이들을 위해 타라에 있는 자신의 집을 두 연인의 보금자리로 내주었다고 한다. 카르마노르는 아폴론이 대지의 여신 가이아의 자식인 왕뱀 피톤을 죽였을 때 아폴론의 죄를 정화해준 인물이기도 하다.('카르마노르' 참조)

아케론 Acheron

요약

그리스 신화에서 저승을 감싸고 흐르는 강 혹은 강의 신이다.

아케론 강은 슬픔과 고통의 강으로 불의 강 플레게톤, 탄식의 강 코키투스, 망각의 강 레테, 증오의 강 스틱스와 함께 하데스의 나라를 아홉 물굽이로 감싸고 흐른다.

아케론 강에 있는 저승의 뱃사공 카론은 망자의 영혼들을 배에 실어 저승으로 데려다 주는데 카론의 배를 타려면 반드시 뱃삯을 지불해야 한다.

기본정보

구분	하계의 신
상징	죽음, 저승
외국어 표기	그리스어: $\Phi\lambda\varepsilon\gamma\acute{\varepsilon}\theta\omega\nu$
어원	고통
관련 신화	티타노마키아, 페르세포네
가족관계	헬리오스의 아들, 가이아의 아들, 아스칼라포스의 아버지

인물관계

아케론은 태양신 헬리오스와 대지의 여신 가이아(혹은 데메테르) 사이에서 태어난 아들로 어둠의 님페 오르프네(혹은 고르기라)와 결합하여 아들 아스칼라포스를 낳았다.

```
헬리오스 ─── 가이아
              또는 데메테르

              아케론 ─── 오르프네
                          또는 고르기라

              아스칼라포스
```

신화이야기

저승을 흐르는 다섯 개의 강

호메로스는 망자가 저승으로 가려면 슬픔의 강 아케론, 탄식의 강 코키투스, 불의 강 플레게톤, 망각의 강 레테, 증오의 강 스틱스 등 다섯 개의 강을 차례로 건너야 한다고 했다.

저승의 입구에서 아케론 강을 건너기 위해 기다리는 망자들
윌리엄 블레이크(William Blake), 1827년
빅토리아 국립 미술관

망자의 영혼은 슬픔과 탄식에 젖어 아케론과 코키투스를 건넌 뒤 플레게톤의 불길 속에서 영혼을 정화하고, 망각의 강 레테의 강물을 마셔 이승에서의 일들을 모두 뒤로 한 채, 증오의 강을 건너 영원히 하데스의 나라로 들어가는 것이다.(전승에 따라 레테와 스틱스는 순서가 바뀌기도 한다)

저승의 강을 건너는 망자들
판화, 귀스타브 도레(Gustave Dore), 1861년

저승의 뱃사공 카론

전승에 따르면 저승의 다섯 개 강 중 나머지 4개는 모두 아케론 강으로 흘러든다. 아케론 강은 강물이 거의 흐르지 않으며 강기슭은 갈대와 진흙으로 덮여 있다. 아케론 강에서는 저승의 뱃사공 카론이 배로 망자들을 저승으로 데려다주는데 카론의 배를 타기 위해서는 반드시 뱃삯을 지불해야 했다. 장례 때 망자의 입에 동전을 물려주는 것은 그 때문이다. 그렇지 않으면 영원히 저승에 들어가지 못하고 아케론 강가에 머물러 있어야 하므로 망자에게 카론의 뱃삯을 챙겨주는 일은 장례에서 매우 중요한 의식이었다.

저승의 강으로 변한 아케론

아케론은 원래 태양신 헬리오스와 대지의 여신 가이아 혹은 데메테르 사이에서 태어난 아들이었다고 한다. 그런데 올림포스 신들과 티탄 신족 사이에 전쟁이 벌어졌을 때 갈증으로 힘겨워하는 티탄들에게 마실 물을 주었다가 제우스의 노여움을 사서 저승으로 보내져 그곳의 강물로 변하고 말았다는 것이다.

아케론은 어둠의 님페 오르프네(혹은 고르기라)와 사이에서 아들 아스칼라포스를 낳았다.

올빼미로 변한 아스칼라포스

아케론의 아들 아스칼라포스는 데메테르 여신의 딸 페르세포네가 하데스에게 납치되어 저승에 왔을 때 데메테르(혹은 페르세포네)의 분노를 사 올빼미로 변했다고 한다.

딸 페르세포네가 저승으로 끌려간 뒤 데메테르 여신은 실의에 빠져 더 이상 대지를 돌보지 않았다. 그러자 들판은 더 이상 곡물을 키워내지 못하고 황폐해졌고 제우스는 데메테르에게 페르세포네가 하계에서 아무 것도 먹지 않았다면 다시 지상으로 돌아올 수 있게 해주겠다고 약속했다. 그런데 페르세포네가 석류나무에서 열매를 한 알 따먹는 것을 본 아스칼라포스가 하데스에게 이 사실을 알려주는 바람에 일이 틀어지고 말았다. 분노한 데메테르(혹은 페르세포네)는 그의 머리에 저승의 강물을 부어 올빼미로 변하게 하였다.

에페이로스의 아케론 강

그리스 북서부 연안 에페이로스 지방에는 실제로 아케론이라는 이름의 강이 흐르고 있다. 에페이로스의 들판을 가로지르는 이 강은 중간에 물줄기가 계곡 틈바구니로 사라졌다가 하구에서 더러운 늪지가 되어 다시 나타나기 때문에 옛 사람들은 이 강이 저승으로 돌아들고 나온다고 여겼다.

그리키 지방의 아케론 강 계곡
©Babbsan47@Wikimedia(CC BY-SA)

아켈로오스 Achelous

요약

오케아노스와 테티스 사이에서 태어난 3000명의 아들 중 장남이다. 칼리돈의 오이네우스 왕의 딸 데이아네이라를 두고 헤라클레스와 결투를 하였다. 아켈로오스는 뱀과 황소 등으로 변신하며 헤라클레스에 맞섰지만 헤라클레스를 이길 수가 없었다. 헤라클레스는 그의 한쪽 뿔을 꺾고 데이아네이라를 차지하였다.

기본정보

구분	강의 신
외국어 표기	그리스어: Ἀχελῷος
관련 지명	아켈로오스 강
관련 신화	헤라클레스, 데이아네이라
가족관계	오케아노스의 아들, 테티스의 아들

인물관계

아켈로오스는 오케아노스와 테티스 사이에서 태어난 3000명의 아들 중 장남이다.

세이레네스와 델포이 샘의 님페 카스타리아의 아버지이고 알크마이온과 결혼한 칼리로에도 그의 딸이다.

신화이야기

탄생과 유래

아켈로오스는 그리스 중부의 아이톨리아와 아카르나니아 사이를 흐르는 아켈로오스 강의 신이다. 이 강은 그리스에서 가장 큰 강이고 가장 역사가 깊은 강이다. 아켈로오스는 3000명의 하신 중에서 맏이이다. 아켈로오스는 그리스 전역에서 숭배 받았고 그의 이름은 물과 동의어로 사용되기도 했다.

아켈로오스의 부모에 대한 이야기는 여러 가지이다. 헤시오도스는 『신들의 계보』에 아켈로오스가 오케아노스와 테티스의 아들 중 한 명으로 "은빛 소용돌이의 아켈로오스"라고 밝히고 있다. 그는 헬리오스와 가이아 혹은 오케아노스와 가이아의 아들이라고도 한다. 혹은 포세이돈의 아들이라고도 한다.

아켈로오스 강의 이름은 원래 포르바스였다고 한다. 어느 날 포세이돈의 아들 아켈로오스가 강을 건너다가 화살을 맞아 강에 빠져 죽었다. 그 후 포르바스 강의 이름이 아켈로오스가 되었다고 한다.

아켈로오스는 세이레네스와 델포이 샘의 님페 카스타리아의 아버지이다. 알크마이온과 결혼한 칼리로에도 그의 딸인데 알크마이온은 아켈로오스가 진흙을 부어 만든 땅에 도시를 세우고 정착했다.

아켈로오스와 데이아네이라

오비디우스는 『변신이야기』에서 아켈로오스와 헤라클레스가 칼리돈의 왕 오이네우스의 딸 데이아네이라를 놓고 어떤 싸움을 벌였는지 상세하게 묘사하고 있다.

테세우스가 아켈로오스에게 그의 한 쪽 이마에 난 상처에 대해 묻자 아켈로오스는 헤라클레스와 아름다운 한 여자를 두고 벌인 싸움에 대해 들려주었다.

두 남자의 사랑을 받은 오이네우스 왕의 딸 데이아네이라는 더 없이 아름다웠고 당연히 그녀와 결혼을 원하는 남자들이 많았다. 구혼자들은 아켈로오스와 헤라클레스에게 데이아네이라를 양보하였는데 둘은 한 치의 양보도 없었다. 그들은 서로의 장점을 내세우며 설전을 벌였다. 헤라클레스가 데이아네이라에게 자신과 결혼하면 제우스의 며느리가 될 수 있다고 하자 아켈로오스는 헤라클레스에게 제우스의 아들임을 부끄러워하라고 맞받아쳤다. 아켈로오스는 헤라클레스에게

아켈로오스와 헤라클레스의 싸움
아티카식 붉은 도기, 기원전 450년경, 루브르박물관
: 황소로 변신한 강의 신 아켈로오스가 헤라클레스와 데이아네이라를 두고 싸움을 벌였는데, 이 싸움에서 아켈로오스는 패배하고 헤라클레스는 아켈로오스의 뿔을 가졌다.

아버지 제우스의 간통으로 태어난 치욕적인 아들임을 인정하라고 목소리를 높였다.

끓어오르는 분을 참지 못한 헤라클레스는 아켈로오스에게 덤벼들고 그 둘 사이에 싸움이 시작되었다. 그들의 싸움은 힘센 황소 두 마리의 접전처럼 팽팽했다. 그러다 헤라클레스가 마침내 승기를 잡고 아켈로오스의 등에 올라타 그의 목을 단단히 감았다. 힘으로는 헤라클레스를 이길 수 없었던 아켈로오스는 변신술을 사용하여 뱀으로 둔갑하여 빠져나왔다. 하지만 헤라클레스는 자신이 이미 요람에서부터 뱀을 잡아 죽였다고 말하며 아켈로오스를 비웃었다. 헤라클레스가 태어난 지 8개월 즈음에 헤라가 그를 죽이려고 그의 방에 뱀을 풀어 놓자 두 손으로 뱀을 목 졸라 죽인 적이 있다. 그는 아켈로오스의 가소로운 재주를 조롱하며 뱀의 윗목을 손가락으로 조였다. 빠져나오려고 버둥거렸지만 여의치 않자 아켈로오스는 황소로 변신하였다. 하지만 이번에도 역시 그는 헤라클레스에게 밀려 뿔을 잡히고 말았다. 헤라클레스는 그를 모래땅에 처박아버렸고 이렇게 하고도 분이 풀리지 않은 헤라클레스는 황소의 뿔을 부러뜨렸다. 그로 인해 아켈로오스의 이마 한 쪽에 상처가 생긴 것이었다. 물의 님페들이 그 뿔을 집어 과일과 향기로운 꽃을 가득 채워 신들에게 봉헌하였고 그로 인해 풍요의 여신은 부자가 되었다.

일설에 의하면 아켈로오스는 자신의 뿔을 다시 찾고자 제우스를 키운 암염소 아말테이아의 뿔 하나를 헤라클레스에게 주었다고 하는데 이 뿔에는 꽃과 과실이 항상 풍성하게 들어있었다. 한편 그 뿔이 사실은 아켈로오스 자신의 것이라는 이야기도 있다.

아켈로오스와 페리메데

『변신이야기』에서 아켈로오스는 테세우스와 그의 사냥 친구들에게 그의 애인 페리메데가 어떻게 섬이 되었는지를 들려주었다.

아켈로오스의 연회
페테르 파울 루벤스(Peter Paul Rubens), 1615년경, 메트로폴리탄 미술관
: 테세우스와 그의 일행들을 위해 벌어진 연회를 묘사했다. 오비디우스에 따르면
이 연회에서 아켈로오스는 헤라클레스와의 싸움에서 자신이 진 것을 이야기했다.

　테세우스와 그의 친구들은 폭우로 불어난 아켈로오스 강을 건너지 못하고 잠시 여행을 멈추고 아켈로오스의 손님으로 묵게 되었다. 테세우스는 하신 아켈로오스의 융숭한 대접을 받으며 바다를 바라보다 여러 개의 섬으로 이루어진 섬의 이름이 무엇인지 궁금해했다. 아켈로오스의 설명에 따르면 원래 이 섬들은 님페였는데 님페가 섬이 된 사연은 이렇다.

　네 명의 님페는 강가에서 신들에게 제사를 올리면서 아켈로오스에게 희생제물을 바치는 것을 잊어먹었다. 화가 난 아켈로오스는 마치 홍수가 난 듯 강물을 불어나게 만들어 숲과 들판을 모조리 휩쓸어버렸다. 때늦게 님페는 아켈로오스가 생각났지만 그들도 이미 바다로 휩쓸려 간 뒤였다. 이렇게 네 명의 님페는 바다의 섬이 된 것이다.

　한편 네 개의 섬과 뚝 떨어진 곳에 또 하나의 섬이 있는데 선원들은 그 섬을 페리메데라고 불렀다. 페리메데는 아켈로오스의 연인인데 아켈로오스가 페리메데와 사랑을 나눈 사실을 안 그녀의 아버지 히포마다스가 격분하여 딸을 절벽에서 깊은 바다로 밀어버렸다.

아켈로오스는 떨어지는 페리메데를 받아들고서 잔혹한 아버지에 의해 바다에 빠진 페리메데가 살 수 있는 장소를 주든지 아니면 그녀를 섬으로 만들어 달라고 기도하였고, 포세이돈이 그의 간청을 받아들여 그녀를 섬으로 만들었다.

•참고문헌•

게롤트 돔머무트 구드리히; 〈신화〉

게르하르트 펑크; 〈그리스 로마 신화 속 인물들〉

괴테; 〈파우스트 II〉, 〈가니메드〉

논노스; 〈디오니소스 이야기〉, 〈디오니시아카〉

단테; 〈신곡 지옥편〉

디오니시오스; 〈로마사〉

디오도로스 시켈로스; 〈역사 총서〉

레싱; 〈라오코온〉

로버트 그레이브스; 〈그리스 신화〉

루키아노스; 〈대화〉

리비우스 안드로니쿠스; 〈오디세이아〉

리코프론; 〈알렉산드라〉

마르쿠스 바로; 〈농업론〉, 〈라틴어에 관하여〉

마리 셸리; 〈프랑켄슈타인〉

마이어스 백과사전, '바실리스크'

마이클 그랜트; 〈그리스 로마 신화사전〉

마크로비우스; 〈사투르날리아〉

몸젠; 〈라틴 명문 전집〉

밀턴; 〈실락원〉, 〈코머스〉

베르길리우스; 〈농경시〉, 〈목가〉, 〈아이네이스〉

보카치오; 〈데카메론〉

비오 2세; 〈비망록〉

세네카; 〈파에드라〉

세르비우스; 〈베르길리우스 주석〉

셰익스피어; 〈한여름 밤의 꿈〉

소포클레스; 〈오이디푸스 왕〉, 〈콜로노스의 오이디푸스〉, 〈안티고네〉, 〈수다(Suda)
      백과사전〉, 〈에피고노이〉, 〈트라키아의 여인〉, 〈텔레포스 3부작〉, 〈필
      록테테스〉, 〈테레우스〉, 〈엘렉트라〉, 〈아이아스〉

솔리누스; 〈세계의 불가사의〉

수에토니우스; 〈베스파시아누스〉

스테파누스 비잔티누스; 〈에트니카〉

스트라본; 〈지리지〉

실리우스 이탈리쿠스; 〈포에니 전쟁〉

아라토스; 〈천문〉

아르노비우스; 〈이교도들에 대해서〉

아리스타르코스; 〈호메로스의 일리아스 주석〉

아리스토파네스; 〈개구리〉, 〈여자의 축제〉, 〈정치학〉, 〈벌〉, 〈아카르나이 사람들〉,
〈여자들의 평화〉

아리안; 〈알렉산더 원정〉

아엘리안; 〈동물 이야기〉

아우구스투스; 〈아우구스투스 업적록〉

아우구스티누스; 〈신국〉

아이소푸스; 〈우화〉

아이스킬로스; 〈아가멤논〉, 〈자비로운 여신들〉, 〈결박된 프로메테우스〉, 〈오레스테
스 3부작〉, 〈자비로운 여신들〉, 〈제주를 바치는 여인들〉, 〈탄원하
는 여인들〉, 〈테바이 공략 7장군〉, 〈오이디푸스 3부작〉, 〈페르시아
여인들〉

아테나이오스; 〈현자들의 식탁〉〈현자들의 연회〉

아폴로니오스 로디오스; 〈아르고나우티카〉, 〈아르고호의 모험〉, 〈황금양피를 찾아
떠난 그리스 신화의 영웅 55인〉

아폴로도로스; 〈비블리오테케〉, 〈원전으로 읽는 그리스 신화〉, 〈아폴로도로스 신
화집〉

아풀레이우스; 〈황금의 당나귀〉

안토니누스 리베랄리스; 〈변신이야기 모음집〉

안티클레이데스; 〈노스토이(귀향 서사시)〉

알베르트 카뮈; 〈시시포스의 신화〉

에리토스테네스; 〈별자리〉

에우리피데스; 〈레수스〉, 〈안드로마케〉, 〈크레스폰테스〉, 〈안티오페〉, 〈크레스폰테스〉, 〈알케스티스〉, 〈메데이아〉, 〈감금된 멜라니페〉, 〈현명한 멜라니페〉, 〈이피게네이아〉, 〈헤리클레스의 후손들〉, 〈오레스테스〉, 〈힙시필레〉, 〈박코스 여신도들〉, 〈트로이 여인들〉, 〈멜레아그로스〉, 〈키클롭스〉, 〈페니키아 여인들〉, 〈헬레네〉, 〈화관을 바치는 히폴리토스〉

에우세비우스; 〈복음의 준비〉

에우스타티우스 〈호메로스 주석집〉

오비디우스; 〈변신이야기〉, 〈헤로이데스〉, 〈달력〉, 〈로마의 축제일〉, 〈사랑의 기술〉

요한 요하임 빙켈만; 〈박물지〉

월터 카우프만; 〈비극과 철학〉

이시도루스; 〈어원지〉

이진성; 〈그리스 신화의 이해〉

임철규; 〈그리스 비극, 인간과 역사에 바치는 애도의 노래〉

작자 미상; 〈아르고나우티카 오르피카〉

작자 미상; 〈호메로스의 찬가〉

제프리 초서; 〈캔터베리 이야기〉

존 드라이든; 〈돌아온 아스트라이아〉

존 키츠; 〈라미아〉

최복현; 〈신화, 사랑을 이야기하다〉

카를 케레니; 〈그리스 신화〉

카시우스 디오; 〈로마사〉

칼리마코스; 〈데메테르 찬가〉, 〈제우스 찬가〉

퀸투스 스미르네우스; 〈호메로스 후속편〉

크리스토퍼 말로; 〈포스터스 박사의 비극〉

크세노폰; 〈헬레니카〉, 〈테로크리토스에 대한 주석집〉

클라우디우스 아에리아누스; 〈다채로운 역사(varia historia)〉

키케로; 〈신에 관하여〉, 〈의무론〉

토마스 불핀치; 〈그리스 로마 신화〉

투키디데스; 〈펠로폰네소스 전쟁사〉, 〈역사〉

트제트제스; 〈리코프론 주석집〉

티투스 리비우스; 〈로마건국사〉

파르테니오스; 〈사랑의 비애〉

파우사니아스; 〈그리스 안내〉

파테르쿨루스; 〈로마사〉

포티우스(콘스탄티노플); 〈비블리오테카〉

폴리아이누스; 〈전략〉

프로페르티우스; 〈애가〉

플라톤; 〈국가론〉, 〈향연〉, 〈고르기아스〉, 〈프로타고라스〉, 〈파이드로스〉, 〈티마이
     오스〉, 〈파이돈〉

플루타르코스; 〈모랄리아〉, 〈사랑에 관한 대화〉, 〈로물루스〉, 〈사랑에 관한 대화〉,
     〈영웅전-로물루스편〉, 〈영웅전-테세우스편〉, 〈강에 대하여〉

플리니우스; 〈박물지〉

피에르 그리말; 〈그리스 로마 신화사전〉

핀다로스; 〈네메이아 찬가〉, 〈올림피아 찬가〉, 〈피티아 찬가〉

필로스트라토스; 〈아폴로니오스의 생애〉

헤라클레이토스; 〈단편〉

헤로도토스; 〈역사〉

헤시오도스; 〈신들의 계보〉, 〈여인들의 목록〉, 〈헤라클레스의 방패〉, 〈일과 날〉

헤시키오스; 〈사전〉

호라티우스; 〈서간문〉

호메로스; 〈일리아스〉

히기누스; 〈이야기〉, 〈천문학〉

히에로니무스; 〈요비니아누스 반박〉

그리스 로마 신화 인물사전 5

1판 1쇄 인쇄 2021년 3월 12일
1판 1쇄 발행 2021년 3월 22일

지은이 박규호, 성현숙, 이민수, 김형민

디자인 씨오디
지류 상산페이퍼
인쇄 다다프린팅

발행처 한국인문고전연구소   발행인 조옥임
출판등록 2012년 2월 1일 (제406-251002012000027호)
주소 경기 파주시 가람로 70 (402-402)
전화 02-323-3635 팩스 02-6442-3634 이메일 books@huclassic.com

ISBN 978－89－97970－60－5 04160
      978－89－97970－55－1 (set)